中国近北极民族研究

题

U1002205

近北极民族研究丛书

编委会

主　编　曲　枫

编委会成员（按姓氏音译排列）

白　兰　崔向东　范　可　高丙中　郭淑云

何　群　林　航　刘晓春　纳日碧力戈

潘守永　祁进玉　曲　枫　色　音　汤惠生

唐　戈　许永杰　杨　林　张小军

近北极民族研究丛书

主编　曲枫

环境、语境与民族生境

中国近北极民族生态人类学研究

主　编 | 曲　枫
副主编 | 王丽英

上海三联书店

国家社科基金重点项目“爱斯基摩史前史与考古学研究”

（项目编号：18AkG001）阶段性成果

近北极民族研究丛书总序

依据地理学理论，北极地区指北极圈（北纬 66°34′）以北至北极点之间的广大区域。然而，从文化上的一般性表述来说，北极概念又往往超出这一范围，这是因为它不单单是一个地缘概念，还具有包含生态性、历史性和文化性因素在内的文化地理意义。首先，北极并非是静止的地理板块，其苔原与针叶林的界线历史上随气温的变暖或变冷上下波动，北极人类历史上处于不断地流动与迁徙过程之中，其文化生态一直处于变化和非稳定状态。其次，北极人类与环境生态之间的互动有着上万年的时间深度，北极文化生态体现了人类对寒冷环境的高度适应性。其三，在对特殊环境的适应中，北极人类形成了独特的生计方式与民族文化。

据约翰·霍菲克尔的《北极史前史》，人类在 7000 年至 15000 年之间开始在北极地区定居、繁衍生息[①]，渐渐形成了今天的北极民族。当今北极民族包括北欧的萨米人（Saami），阿拉斯加、加拿大和格陵兰岛的因纽特 - 阿留申人（Inuit - Aleut），阿拉斯加与加拿大的印第安人以及俄罗斯西伯利亚的数十个原住民集团。引人注意的是，与俄罗斯、蒙古交界的中国北方少数民族与以上所述北极民族在生存环境、生态系统、生计方式、生存策略、艺术与物质文化、仪式信仰等诸多方面都有着

---

① 约翰·霍菲克尔. 北极史前史. 北京：社会科学文献出版社，2020 年第 10 页. 本书是聊城大学北冰洋研究中心“北冰洋译丛”系列推出的第一本译作.

强烈的相似性，其中许多民族本身还属于跨境民族，与西伯利亚高纬度地区以及该区域民族有着密不可分的历史关系。由于国际社会对北极国家的认定仍然采用了地理学概念，中国政府则在 2018 年 1 月颁发的《中国的北极政策》白皮书中将我国定义为“近北极国家”。按照这一表述，我们有理由将有关的中国北方少数民族称为“中国近北极民族”。这一概念强调北极的文化概念，将中国近北极民族视为北极文化圈的重要组成部分。同时，这一概念的建立可以帮助我们将对上述中国境内民族文化的研究纳入到国际北极原住民研究的大框架中，从而构成中国在北极人文社会科学研究方面与世界对话的基础。

北极圈之内的陆地大体为苔原覆盖，而苔原与其南端泰加（taiga）针叶林的交界线基本在北纬 66 度线上下波动。环境意义上的北极既包括以苔原为特征的生态系统，也包括以泰加林为特征的次北极（subarctic）生态区域。北极与次北极生态系统以永久冻土（permafrost）、低温、冰川（glaciers）、特有的动物群（包括陆地和海洋动物）和植物群为特征。这些环境特征构成了北极民族生存的生态情境与地理景观。

北极民族的生计方式主要有三种。一是海猎，是俄罗斯楚克奇半岛、阿拉斯加、加拿大和格陵兰的爱斯基摩人（包括阿留申人）的传统生计方式。二是驯鹿放牧。驯鹿民族全部生存在欧亚大陆上，包括西伯利亚东北部的内地楚克奇人和内地科里亚克人，北欧斯堪的纳维亚半岛北部的萨米人，以及大陆中部的埃文人（Even）、埃文基人（Evenki）、涅涅茨人（Nenets）以及北方雅库特人（Yakut）等。三是人类历史上最古老的采集－渔猎经济。此外，一些北极民族如布里亚特人（Buryak）和雅库特人等还从事半定居的游牧业，放养的动物为牛、马、鹿等。引人注意的是，所有的北极民族都有着或轻或重的狩猎和捕鱼经济成份，这是他们适应北极环境的重要生计特征。

中国北方少数民族如达斡尔、鄂伦春、鄂温克、赫哲、满族、锡伯族、布里亚特等民族生存在属于次北极生态系统的泰加林以及森林边缘地带，不仅在生存环境上与北极民族类似，在生计策略上与上述北极民族也极为一致。如中国鄂温克人与俄罗斯境内埃文基人同族，传统上同萨米人、楚克奇人、埃文人、涅涅茨人一样以牧养驯鹿为文化特色。至今，敖鲁古雅的使鹿鄂温克人仍然饲养驯鹿，他们在大兴安岭地区的放牧历史已达300年之久。鄂伦春族在历史上也牧养驯鹿，17世纪中叶迁至黑龙江南岸后因新的居住环境缺乏苔藓而放弃驯鹿，改以狩猎为主要生计。在鄂伦春语言中，“鄂伦春”一词即包含两种含义，一种为“山岭上的人们”，另一种为“使用驯鹿的人”。

赫哲族与俄罗斯境内的那乃人同为一族，主要分布在黑龙江、松花江与乌苏里江的交汇之处，即三江平原，以及完达山余脉。传统经济依赖捕鱼与狩猎，饮食以鱼肉、兽肉及采集的野生植物为主。赫哲人喜穿鱼皮服饰，以桦皮船为夏季捕鱼用交通工具，冬季则使用狗拉雪橇旅行，其水猎生计方式、鱼皮文化与爱斯基摩文化有许多相似之处，体现了在高纬度寒冷环境中的适应性生存智慧。达斡尔族也是中、俄跨境民族，生存环境为森林边缘的林地草原地带，传统上依赖农牧渔猎多元混合经济，由于森林生态恶化，现以农业经济为主。其经济方式的变迁轨迹与西伯利亚的南部雅库特人有很多相似之处。居住于内蒙古呼伦贝尔的布里亚特人属于中、俄、蒙三国跨境民族，虽然其生计策略以畜牧经济为主，但同时有着鲜明的与北极民族一致的狩猎文化特点。

中国近北极民族的社会组织与北极民族一样，以氏族社会为特征。如史禄国在研究通古斯社会组织所阐述的那样：“氏族是一种社会形态，没有这种社会形态，保持通古斯自己复合的通古斯氏族单位就不能存在，因为它形成了整个通古斯社会组织的基础，并由自我繁衍和生物学要求而体现出来”。[1] 无庸置疑，氏族组织是北极民族与狩猎、游牧等生计方式与文化生态相适应的结果。此外，中国近北极民族与北极民族的传统信仰为萨满教，其神灵系统、仪式特征、萨满产生方式、萨满教社会功能等诸方面均有高度的一致性。中国近北极民族的萨满教信仰显然是西伯利亚－北极萨满文化圈中不可分割的一部分。

中国北方民族与北极民族在文化、社会组织与宗教艺术传统等方面的一致性已引起了有关中国学者的强烈关注。内蒙古社会科学院的

---

① 史禄国. 北方通古斯的社会组织. 呼和浩特：内蒙古人民出版社，1985年，第184页.

白兰研究员在多次会议演讲中，极力主张将鄂伦春与鄂温克族称为“泛北极民族”。如她在2019年12月于黑龙江大学召开的“首届东北亚社会文化论坛”上发言所说：“我们在研究通古斯诸集团时，从接壤的地缘、类似的文化模式、相近的体质特质，可以互通的语言选择，就以学术的视野俯瞰和贯穿了中国置身北极地区的必然——我们以文化与北极相连。2008年，中国敖鲁古雅使鹿鄂温克加入世界驯鹿养殖者协会（这是北极理事会中的三个非政府组织之一）。我们的文化优势是敬畏自然而遵从自然，这是泛北极地区诸族，包括中国的鄂伦春族、鄂温克族、赫哲族等共同的文化理念，在北极治理中有着与工业文明不一样的独特方式。”①黑龙江大学唐戈教授也在近期发表的论文中提到：“北极地区原住民文化包括渔猎、饲养驯鹿、生食动物（特别是内脏）、圆锥形帐篷、小集群（相比农业社会的村庄）和游动性、萨满教等多个基本特点。那么在中国，与这种文化最接近的民族就是鄂伦春族、赫哲族和一部分鄂温克族，其中鄂温克族又包括驯鹿鄂温克人和一部分索伦鄂温克人。”②

中国近北极民族历史上一直处于迁徙流动之中，与西伯利亚高纬度地区以及该区域民族有着密不可分的历史关系。因而，中国近北极民族的历史构成了西伯利亚北极民族历史不可分割的组成部分。鄂伦春、鄂温克、赫哲人与俄罗斯境内的埃文基人、那乃人同属北通古斯语族集团，主要居住在叶尼赛河、勒拿河和黑龙江三大流域。史禄国认为，尽管北通古斯人居住的地域辽阔且居住分散，但他们所有的方言都有着密切的联系，因而很可能有着共同的起源③。

综上所述，将中国近北极民族研究纳入到北极文化研究的大框架中是十分有必要的，这样可以使我们得以在国际视角中考察中国近北极文化。文化特殊性存在于世界的各个角落，但是没有独立于国际学

① 白兰.他者我者的鄂伦春一百年——围绕史禄国《北方通古斯的社会组织》而论.2019年12月21日“首届东北亚社会文化论坛”发言稿.

② 唐戈.中国近北极民族北方通古斯人及其文化变迁.北冰洋研究集刊第一辑.北京：社会科学文献出版社，2019年，第122—123页.

③ 史禄国.北方通古斯的社会组织.呼和浩特：内蒙古人民出版社，1985年，第221页.

术领域之外的特色研究。无论是本土化的人类学还是民族学，它们都应该是世界性学术建构的组成部分。既然我们将中国近北极民族研究与国际上的北极民族研究连接，我们就必须意识到，中国的人文社会科学知识生产应该是国际知识体系中必不可少的部分。基于这一思考，聊城大学北冰洋研究中心计划与上海三联书店合作推出"中国近北极民族研究丛书"。

聊城大学北冰洋研究中心是目前国内唯一的以北极人文社会科学为研究对象的学术机构，于 2018 年 3 月在时任校长蔡先金先生的大力支持下成立。成立之后，中心很快建立起一支由国际、国内学者组成的研究团队，与国际上多家北极研究机构建立了学术合作关系。中心研究人员代表聊城大学多次参加国际上的各种学术活动，中心已成为国际北极研究领域的重要力量。2020 年 2 月，中心代表聊城大学加入国际北极大学联盟。

中心于 2019 年始创办了《北冰洋研究》集刊，同时与社会科学文献出版社合作推出"北冰洋译丛"出版系列。以上成果与即将出版的"近北极民族研究"丛书一起必将为中国与国际社会在北极研究上的合作贡献力量。

感谢上海三联书店对这一出版计划的全力支持。感谢付出辛勤劳动的丛书编委会成员、各位作者、各位编辑。中国北极人文社会科学学术史将铭记他们的开拓性贡献和筚路蓝缕之功。

蔡先金先生虽已调离聊城大学至山东省政府重要岗位上任职，仍时时关心北冰洋研究中心的建设与发展。在得知"近北极民族研究"丛书出版事宜之后，先生应邀欣然为丛书题字。我们在此深致谢忱。

曲　枫

2020 年 6 月 26 日

于聊城大学北冰洋研究中心

目 录

《近北极民族生态人类学研究》前言

在人类学学术史上，朱利安·斯图尔德(Julian Steward)被视为生态人类学的开创者，虽然生态人类学术语并未出现在他的著述中。斯图尔德最早将生态学观点引入到人类学研究之中，并据此创立了"文化生态学"方法。他对文化与环境关系的探讨奠定了生态人类学的理论基础，其对技术与经济配置的强调以及"文化核心"概念的提出至今对生态人类学研究保持着强大的影响力。

20 世纪 70 年代，生态人类学作为人类学的分支得以充分建立。以马歇尔·萨林斯(Marshall Sahlins)和埃尔曼·赛维斯(Elman service)等人为代表的新进化论学派与以马文·哈里斯(Marvin Harris)、安德鲁·维达(Andrew Vayda)、罗伊·拉帕波特(Roy Rappaport)等人为代表的新功能主义学派兴起。从两个学派中均可以看到斯图尔德的影响。前者强调斯图尔德的多线进化理论，提出特殊进化的观点，进而审视人类社会的文化适应过程和阶梯式社会发展进程。后者则基于斯图尔德文化适应论观点，进一步强调文化和社会的适应性功能。拉帕波特的生态系统论将关注点从环境方面转移到生态系统内部，将人口、食物生产、环境承载力、能量流动、营养循环等因素纳入研究框架之中。这种量化研究方式与系统平衡研究范式盛行于 20 世纪 70 年代的人类学领域，考古学的进程主义学派也深受影响，作为人文社会科学的人类学呈现出与自然科学合流的趋向。文化的能动性在生态系统研究中被有意排斥。

受认知人类学影响的民族生态学于70年代构成了生态人类学的另一个进路。它采用结构语言学作为分析方法，关注地方性知识与原住民分类概念，主张从原住民本地人的立场来理解文化与环境的关系。与新功能主义进路不同的是，民族生态学强调文化的主导地位，即环境的文化建构特性。

无论是深受斯图尔德影响的新进化论学派、新功能主义学派还是独树一帜的民族生态学，均陷于笛卡尔式文化/自然二元论的争论之中。自20世纪90年代开始，这一趋向随历史生态学和环境人类学的产生而得以转变。美国人类学家托马斯·海兰德(Thomas Headland)呼吁将历史概念引入到对环境的研究之中，因为世界上所有的生态环境已完全为人类历史与文化所重塑。显然这一历史主义观点完全超越了文化与自然的二元划分。环境人类学则将包含政治、社会、历史因素在内的社会环境与自然环境视为一个整体，以全球化为背景探讨人与自然关系的变迁，将分析单位从以往的地方扩展到国家乃至世界，试图在全球化浪潮与地方性知识之间建立连接。

中国的生态人类学研究起始于20世纪80年代，进入21世纪之后进入盛期，大量有关论文和专著面世。其中，有关中国近北极民族环境与生态的研究构成了中国生态人类学的重要组成部分。本书选取了16篇具有代表性的论文结集出版。这组论文既包含了对文化生态学与系统生态学理论的运用与分析(如戴嘉艳文)，也涉及到对民族生态学知识的调查研究(如林航文、张箭飞文)；既包含了对资源开发与生计变迁及国家政策之间关系的讨论(如麻国庆文、何群文、王俊敏文)，也涉及到对现代化与传统文化生态之间的张力结构的探索(如于长江文)。这些论文既遵循了西方生态人类学的理论逻辑，同时又立足于中国现实，体现了中国生态人类学研究的整体实力，也为与世界对话，加入国际北极民族研究框架并贡献中国智慧奠定了学理基础。

文集还选取了法国人类学者吴红博士的一篇论文。该文将生态知识、政治表述与仪式实践视为一个整体，并将草地环境视为能动的主体，进而揭示人与环境的互惠交换，在某种程度上体现了环境人类学的研究取向。

最后，感谢各位作者对该文集出版的大力支持。同时，也将感谢送给上海三联书店的郑秀艳编辑，她在编辑工作中体现的职业精神和高水准的业务水平使本书的质量得到了保证。

曲　枫

2020 年 6 月 27 日

于聊城大学北冰洋研究中心

人与自然适应状态和和谐关系的生态人类学观照及阐释
——基于达斡尔族农业民俗的考察

戴嘉艳[①]

摘　要：生态人类学对农耕生计及其文化创造所做的多角度研究，为深入理解人类社会、文化与环境之间的关系提供了更为直接的认识途径和更加广阔的阐释空间。本文在对学科发展进行梳理的基础上，结合村落个案以生态文化特征为视角认识达斡尔族农业民俗的社会功能、生态价值以及发展变迁状况，并就资源的合理开发利用、环境与人类社会的耦合和可持续发展等问题，运用生态人类学理论从文化多样性的价值、文化与环境的适应关系以及文化支持体系的调适作用等几个方面做出分析和阐释。

一、生态人类学的研究视域及其对农耕文化的学术观照

人类、文化和生态环境之间的关系是生态人类学研究的主题之一。自20世纪60年代以来，在环境问题日益受到关注的学术背景和人文科学研究跨文化视角及多学科结合的发展趋势影响之下，生态人类学应运而生，并且不断在理论和实践层面加强对与环境因素相关的文化现象的研究。由于农业生产受自然环境因素的影响和制约非常显著，伴随农业长期发展所形成的农耕文化即是适应和改造环境过程中的文

① 戴嘉艳，女，回族，河北张家口人，大连民族大学东北少数民族研究院副教授，博士，主要从事民俗文化研究。

化产物，对它的考察和认识在生态人类学研究中历来受到重视。从学科特点出发，主要探讨农耕生计方式所涵盖的耕作制度、生产方式、土地利用、环境适应和社会组织等问题，建树斐然，推动学科日臻成熟。在结合达斡尔族农业民俗展开具体探讨之前，先根据生态人类学自身学科发展状况，对国内外相关研究试做梳理和说明。

（一）生态学观点的引入与生态人类学的理论构成

追溯起来，生物有机体与环境之间关系的研究最初是从自然科学领域展开的。1866年，德国生物学家恩斯特·海克尔（E. Haeckel）提出“生态学”这一概念，并将其定义为“是研究（任何一种）有机体彼此之间、以及与其整体之间是如何相互影响的学问”。从一开始，生态学关注的就是共同体、生态系统和整体。[1]这门专注于生物及其生存环境生物学关系研究的学科最初并未受到人们的重视，20世纪60年代以来，随着人类活动对地球环境的影响日益显著，促使许多人文学科诸如社会学、人类学、伦理学、经济学、政治学等也纷纷介入人类文化及其生态环境关系的研究之中，生态学界的一些概念和原理也开始被运用到人类社会研究领域，由此创建和发展起来一系列相关分支学科和理论模式。

其中生态人类学就是在这样的学术背景下产生的。虽然“生态人类学”一词是1968年由美国学者维达和拉帕波特首次提出的，但学界普遍认为美国人类学家、新进化论学派的代表人物之一J.斯图尔德是生态人类学的开创者，他1955年出版了《文化变迁的理论》一书，被视为文化生态学诞生的标志，而生态人类学正是由文化生态学发展而来的，它是运用人类学的理论和方法研究人类、生态环境及文化之间关系的一门人类学的分支学科。以下结合生态人类学的产生和发展过程来了解其基本理论构成，从而认识这一学科的特殊学术贡献与影响。

生态人类学在产生和发展过程中形成的主要理论包括环境决定论、环境可能主义、文化生态学、文化唯物论、生态系统论以及民族生态学。其中环境决定论与早期西方社会思想中的相关理论有着直接的渊源关系。古希腊学者希波克拉底的体液理论被视为最早的环境决定论，他认为气候决定人体内特定的几种体液的相对比例，进而决定人的体格和人格。依据体液理论发展而来的环境决定论认为环境是决定人类社会和文化特点的关键因素，人类的生产、生活方式、习俗等文化特征和社会结构都可以通过所处的自然环境得以解释。其合理性在于充分认识到环境对人类社会产生着重要影响，但它过于强调简单的线性因果决定关系，而忽视了人、环境与文化之间的相互作用。20 世纪 20、30 年代，人类学界的环境决定论认识受到环境可能主义的修正。美国历史特殊论学派的开创者博厄斯主张文化特征和文化模式的起源应归因于历史传统而非环境，但他并非完全忽略环境对文化的影响，认为环境只是在文化的发展方向和水平上起到一定限制作用，它只指示事物的可能性。因而环境可能主义在本质上是一种较弱的环境决定论。[2] 虽然它缺乏对人类社会及文化多样性加以解释的潜力，但在对于环境和文化关系的认识上已开始由决定论向互动和辩证的观点转向，因为它既看到环境能够为文化提供一定的可能性或可供选择的机会，又看到了文化本身具有从中做出选择的能力。

斯图尔德在他的《文化变迁理论》中提出了“文化核心”的概念，特指“与生计活动和经济安排有最密切关系的特征丛”，[3] 是文化中易受环境因素影响的部分。他强调具体的环境模塑着特定的文化特征，认为某一文化现象是某种特定的生态特征的产物，文化之间的差异是由社会与环境相互影响的特殊适应过程引起的（地形、动植物群的不同，会使人们使用不同的技术和构成不同的社会组织）。[4] 他确立了包含三个基本步骤的文化生态学研究方法：第一，分析生产技术与环境之间的相互关系；第二，分析以一项特殊技术开发一特定地区所涉及的行为模式；第三，确定环境开发所需要的行为模式对其他文化层面的影响程度。[5] 斯图尔德通过深入研究美国内华达州西部的肖肖尼人的居住环境与生产生活情况对上述方法做出有力说明。

文化生态学开辟了人类学关于生态研究的新局面，从一个新的视角，把文化与环境联系起来创建了学科理论，这一理论也因此常被称为生态人类学。文化生态学的理论贡献在于两个方面：其一，强调环境与文化不可分离，两者之间不是线性的因果关系，它们相互界定，彼此关联，共同构成辩证的互动体系。其二，所倡导的对地域集团的生产方式和生态环境进行深入研究的方法论，成为此后生态人类学研究的基本方法。

其后，M. 哈里斯通过追溯各种技术、居住模型、宗教信仰与仪式等文化特征与环境之间的关联性，论证所有文化特征都是适应环境的产物，都具有适应环境的生态意义，由此揭示了唯物的合理性，这一理论主张被称为文化唯物论。生态人类学发展至此，已由早期环境决定论和环境可能主义等理论派别侧重于从自然环境条件阐释文化形态与结构，转向为结合生态环境条件、运用生态学原理进行文化解析。

20 世纪 60、70 年代，系统生态学和民族生态学发展成为生态人类学领域的主要理论学派。其中前者因 1963 年格尔茨首倡在文化人类学研究中运用生态系统方法而逐渐形成。该学派采用了生物学中的系统概念，注重人类活动的物质后果，研究人作为有机体与生态系统的其他组成部分进行物质交换过程中的相互影响与相互作用。虽然在研究方法上对人类学传统范式有所突破和创新，但仍存在明显的局限性。"由于生态系统途径有浓厚的生物学色彩，这样就难以避免以下缺陷：由于过分关注环境（受达尔文主义支配的生物学强调环境的决定性作用）而倾向将文化从人类学的研究中排除出去。"[6]

而民族生态学则是认知人类学的一个亚领域，"其主要任务是描述人们对其自身环境模式的理解"。[7]尤其对特定文化传统中的生态知识给予关注和重视。在方法论上强调从被研究者的角度而不是以研究者的观点界定知识体系，认为环境不是一个实在，而是人类感知与解释外部世界的产物，是社会文化建构的产物，因此，不同的人群对自然环境有不同的解释。

综上可见，"生态学的引入也为文化人类学这一学科增添了新鲜的、科学的视野，对传统的单纯文化解释文化是一种校正"。[8]从此，生态学观点和方法成为人类学家认识问题和解释问题的有效途径之一。由于在斯图尔德的文化生态学理论中把与生计活动最密切相关的社会文化特征视为"文化核心"，将文化核心跨文化的相似性作为学科研究的重点，由此所确立的详细研究地域集团的生产方式和生态环境的方法论，成为后来生态人类学的基本方法。因此，将狩猎采集民族、农耕民族和畜牧民族的生计方式以及各社会群体与环境之间的互动作用作为重要研究对象。而对本文有重要启发和借鉴意义的农业社会或农业生产方式的研究在生态人类学研究中就涉及较早。例如文化生态学在利用历史文献、考古学著作或口述史资料等对史前农业灌溉系统、非洲农村生活在若干个世纪内的变化等情况做过详细研究,并试图以此为依据,了解地区和社会的“生态变迁”。其中斯图尔德的相关研究最具影响力,他曾对东西半球五个最早的文明区即美索不达米亚、埃及、中国、秘鲁和墨西哥进行了比较研究,认为各地的水利措施与耕作制度等农业生产技术要素在文明区崛起过程中起了重要作用,并直接促进了当地相应的社会政治、军事制度和文化习俗的形成。文化生态学有关农业社会的研究,往往通过对不同耕作制度的比较,把人口密度等因素与耕作方式、生产强度和支撑这些耕作制度的社会组织形式联系起来加以分析阐释,在研究方法上显示出一定优势。自从格尔茨在文化人类学研究中倡导并应用生态系统方法,生态人类学侧重于生产方式研究的学术传统才发生根本改变。格尔茨将生态系统视为一个有活力的分析单位,1963 年,他对印度尼西亚农业发展进行生态人类学研究的新作《农业过密化》发表,“以其对那里农村社会、生态、文化系统的互动关系的系统分析而成为生态人类学的早期经典”。[9]也被看作生态人类学发展史上的一个里程碑。在国外生态人类学界关于农业社会的研究方面,日本学者也做出了自己的贡献。20 世纪 60—80 年代,日本生态人类学研究领域对非洲土著农业生活与食物结构问题较为重视。通过田中二郎在《生态人类学》一文[10]中对这一时期的研究成果所做的简要回顾,我们既了解到日本学者关于苏丹萨凡纳地区的农耕民兰巴人的作物种植与蛋白质摄取、扎伊尔农耕民博耶拉人猎捕动物或昆虫补充饮食蛋白,以及坦桑尼亚的刀耕火种农耕民通格韦人自给自足的生活和相应形成的与贫穷环境的适应性等研究个案,也可从中看出,生态人类学研究对农耕民生产方式和与之密切相关的营养平衡问题的高度关注。

由于农耕生计与环境之间具有特殊的密切联系,生态人类学关于农业社会的多角度研究,一方面能为理解人类、文化与环境之间的关系提供一个更为直接的认识途径；另一方面，还可以透过相关民族的文化特征与文化逻辑去获得其农耕生计方式的本原意义。

（二）生态人类学在中国的本土化发展与农业社会研究

20世纪80年代，生态人类学随着人类学在中国的整体复兴而正式起步，在初期阶段对国外研究成果的译介和深入理解的基础上，逐步走上致力于本土化研究的发展之路，并取得了丰硕的研究成果。

1. 对国外研究成果的翻译和评介

最初以译介一些国外生态人类学著述的篇章为主，如R. Mc. C. 内亭的《文化生态学与生态人类学》（1985年）[11]、冈田宏明的《文化唯物论与生态人类学》（1986年）[12]、田中二郎的《生态人类学》（1987年）[13]、J. H. 斯图尔德的《文化生态学的概念和方法》（1988年）[14]等。80年代末，国外生态人类学著作陆续被完整翻译出版，如梅棹忠夫的《文明的生态史观》（1988年）[15]、斯图尔德的《文化变迁的理论》（1989年）[16]、哈里斯的《文化唯物主义》（1989年）[17]、埃文斯・普里查德的《努尔人》（2002年）[18]、唐纳德・L. 哈迪斯蒂的《生态人类学》[19]、秋道智弥的《生态人类学》（2006年）[20]、全京秀的《环境、人类、亲和》（2007年）[21]等。这些译著关于生态人类学的基本概念、原理与理论、方法的系统介绍和阐述，不仅有助于国内学者更好地认识该学科理论的实质与核心，也对推进中国生态人类学的学科建设起到积极的作用。而此时国内学者就生态人类学的思想渊源、理论流派、研究方法、学科定位与发展趋势等进行介绍和评述的论文，如李霞的《生态人类学的产生和发展》（2000年）、罗康隆的《生态人类学述略》（2004年）、任国英的《生态人类学的主要理论及其发展》（2004年）、蔡琼的《生态人类学的理论源流及其后现代特征》（2005年）、蒋俊的《生态人类学概论》（2007年）等，也均有一定见地，表明中国学者对生态人类学学科的认识和理解在不断深入。

2. 本土化发展概况与农业社会研究相关成果

虽然，“从生态人类学的角度开展研究在中国的人类学界仅是近十几年以来的事情”。[22]但中国的人类学研究从最初就注重在社区或族群研究中将其所处生态环境作为研究背景，体现出生态人类学取向。

为了全面认识中国生态人类学本土化研究的渐进发展历程，拟分三个时期做概述。同时，由于农业是我国绝大多数民族的主要生计方式，因此关于农耕文化和农业社会的研究历来受到我国人类学研究者的重视，在不同时期的研究中均有涉及，在此略作梳理。

（1）20 世纪 30—50 年代：20 世纪 30 年代末 40 年代初，费孝通和张之毅在云南内地农村所作的调查被哈里斯看作是中国生态人类学研究的范例。出版的三本调查报告即《禄村农田》、《易村手工业》和《玉村农业和商业》①，合称为《云南三村》。其中《禄村农田》以土地制度为研究中心，分析阐释农田利用过程中的种种社会现象。并且针对其中为农村剩余劳动力寻找出路和提高劳动力价值等现实问题，提出“农村应当发展自己的乡村工业”的主张。《易村手工业》通过剖析易村的经济结构来明确乡村工业所占的位置。《玉村农业和商业》则是对农村社会的农作活动、土地利用、家庭消费、人口外流等问题的详尽调查与呈现。这些调查研究在现实中推进了中国人类学与社会学的发展。

20 世纪 50 年代，苏联民族学家提出了“经济文化类型”的概念和理论，着重于对人类社会的经济文化特点与生态环境之间的关系问题进行探讨，与西方生态人类学在学理上多有相合之处。我国民族学家林耀华与苏联学者切博克萨罗夫合著了《中国的经济文化类型》一文，全面运用经济文化类型理论，从纵横两个方面对中国乃至东亚的经济文化类型进行了详细的划分，并周密地阐述了各个类型的特征和它们的地理及生态基础。[23]

（2）20 世纪 80—90 年代：受生态人类学研究传统的影响，立足于中国本土的生态人类学研究从一开始即体现出对族群生计方式的关注。庄孔韶于 1980—1983 年在云南对山地民族进行了 5 次田野考察，得出有序的游耕业是那里最简单、最经济和最具适应性的农作形式的认识。1987 年，庄孔韶发表了《云南山地民族（游耕社会）人类生态学初探》一文，在描述云南游耕生态系统特征的同时，阐释了这种耕作方式与地域文化之间的关系。90 年代后期，宋蜀华先生从生态人类学理

① “禄村”、“易村”和“玉村”分别指禄丰、易门和玉溪的一个村庄。

论出发，对中国的生态环境与民族文化之间的关系进行了深入探讨，并依据生态环境、生计方式和民族状况等因素，划分了中国的几大生态文化区，在运用生态人类学理论进行本土问题研究方面做了有益的探索，学术贡献显著。[24]崔延虎主张文化研究中应具有系统的整体观念，认为只有在对各民族的生计系统和各自对生态环境的适应能力进行研究的基础上，才能从总体上把握新疆文化的本质特征。[25]这些研究表明，国内学者对于人、文化和环境之间关系的认识上，非常重视生产方式所具有的文化起源和文化变迁的本原意义，相关探讨和分析不断深入，从而推动生态人类学研究与现实发展问题结合得日益紧密。高立士的专著《西双版纳傣族传统灌溉与环保研究》(1999 年)通过分析傣族民众传统生产方式与水利资源利用方式，阐明其中所体现的人与自然的关系对于当地经济发展和环境保护方面的重要作用与意义，是这类研究的早期代表著述之一。

(3) 2000 年以来至今：进入新世纪以后，立足于本土现实问题的研究渐成规模，相关著述不断涌现。尹绍亭长期致力于对云南山区少数民族刀耕火种农耕文化系统的研究，早期著作有《一个充满争议的文化生态体系——云南刀耕火种研究》(1991 年)和《森林孕育的农耕文化——云南刀耕火种志》(1994 年)，2002 年又出版了新著《人与森林——生态人类学视野中的刀耕火种》。这些著述运用生态人类学的观点和方法，对各种类型的刀耕火种农业的历史原由和现状、生态学原理以及发展规律进行了充分的研究，揭示了这种传统生计方式与环境相适应的合理性，并且在此认识基础上，强调指出保护生态环境和生物多样性的重要意义。杨庭硕、吕永锋的专著《人类的根基：生态人类学视野中的水土资源》在结合实例对水土资源维护和水土流失治理进行研究中重视文化制衡原理与机制，提出了通过民族文化对自然生态系统的诱导性适应而实现对水土资源的控制的治理对策。这些研究凝聚着学者们对民族发展与资源环境状况的现实关切，并且是在长期田野调查的基础上开展的，资料详实，考证细致，现实意义较强，对中国生态人类学的发展具有十分深远的影响，受到国内外学界的广泛关注。

这一时期不少涉及农作方式和农业经济方面的研究论文从多角度

对民族地区环境、生计和民生发展问题予以关注与思考。杨伟兵的《由糯到籼：对黔东南粮食作物种植与民族生境适应问题的历史考察》从历史学角度探讨黔东南地区粮食种植与地区物质生产变化情况，揭示环境因素与民族地区文化因素在其中的作用和适应关系。梅军的《略述黔东南苗族传统农林生存中的生态智慧》对苗族传统农林生产中的生态智慧和有效经验进行初步的梳理，进而说明其所发挥的保护自然环境和维持生态平衡的重要作用。崔海洋在《从混种、换种制度看侗族传统生计的抗自然风险功效》对侗族的传统农事制度及其抵御自然风险的功效进行了分析和阐释。这些研究都着眼于民族地区，侧重于对某个单一民族的生态问题进行探讨，特别是关于民族生态文化知识的挖掘。而尹绍亭、秋道智弥主编的《人类学生态环境史研究》一书也包含关于传统农业与土地利用变迁研究的内容，收录了《适应的变迁——勐海布朗山土地管理的生态环境史研究》(杨雪吟)、《景颇族刀耕火种文化的变迁》(石锐)、《澜沧江拉祜西山地农业与生态环境变迁》(王正华)等8篇论文，主要论述了瑶族、布朗族、景颇族、哈尼族、基诺族等云南山地民族的传统土地制度、“刀耕火种”的农耕生计方式及其在自然和社会环境发生变化的现实背景下的变迁情况。从中可见，国内生态人类学研究领域进一步拓宽，已将生态环境史纳入研究视野，并遵循通过田野调查，从生态环境的角度去认识人类文化的变迁，或从文化的角度去解读生态环境的变化这一基本研究途径，迈出了可喜的一步。

理论建设是推进学科发展的关键环节，虽然我国的生态人类学本土化研究尚处于初期阶段，但已有学者在理论探索方面付诸努力，并做出一定的贡献。杨庭硕等著的《生态人类学导论》一书着重探讨人类群体对环境能动适应的过程以及此间社会文化得以被塑造、生成的客观机制。从中国生态人类学发展历程来看，它是第一本由国内学者撰写的系统阐述本土生态人类学理论的著作。罗康隆在《文化适应与文化制衡》(2007年)一书中，较为系统地阐释了国际人类学界的相关前沿理论，同时还结合自身有关民族地区的研究心得提出一定的理论见解。

通过以上梳理可见，国内生态人类学研究在对本土问题的实证研究方面已取得了一定成就，这一点在关于农业社会相关问题的研究中也有所体现。但还处于探索的初期阶段，整体上存在许多不足，特别是在如下两方面有待改进和加强。首先，对国外生态人类学理论成果的吸收还不够系统、完整，多停留于理论套用和验证的层面，未能真正为我所用，未进行深入的理论探讨和分析，更缺乏独立的理论建树。其次，目前对本土现实问题的研究，多局限于某一民族的生态问题研究，研究视野亟待扩展，应当有意识地立足于多元文化并存的现实，在更广的范围内对民族生态问题予以关注，只有这样才能在实践中推进学科的发展。

二、基于村落个案的达斡尔族农业民俗生态人类学研究

（一）研究的缘起及意义

农业民俗是广大农耕民众在长期的农业生产实践中逐步积累形成的文化产物，它涵盖了农业生产的全过程，主要包括农业耕作的时序、节令习俗，生产工具及生产技术过程习俗，测农事习俗，祈福禳灾习俗，农业禁忌、祭祀习俗等，既是生产经验的总结，又是指导生产的手段。传统农业时代，人们使用铁制农具，利用人力、畜力、水力和风力以及自然有机肥料，主要依靠民俗知识的积累与传承来从事生产活动，是农业民俗得以形成和发挥重要作用的时期。自 18 世纪 60 年代开始，全球陆续开启了向现代农业转化的进程。然而与现代农业高效益多功能的特点相伴而来的环境污染和农业生态危机，使人们日益认识到现代农业需要在更高的层次上吸取传统农业的合理经验和生态思想，如今在农业产业化经营过程中，大力提倡发展绿色农业和生态农业，反映出在变迁中对传统农业生态文化价值的回归和重视。我国的农业生产于新中国成立后正式向现代化起步。目前，不同地区、不同民族的农业现代化程度和水平不尽相同，围绕农业所形成的农业民俗却都经历着显著而深刻的变化。由于农业生产受环境和生态因素的制约最为明显，因而体现出较为鲜明的生态文化特征。以此为研究视角，可以较为全面地认识到它在传统和现代语境中的变迁特点与功能。本文结合具体地域和族群的农耕实践加以考察，对达斡尔族农业民俗展开相关研究和探讨，以期能够以点带面，从中认识传统农耕文化对少数民族农业生产

本身和民族地区经济社会发展的作用与影响。

达斡尔族是我国北方少数民族中一个较早过渡到农耕生计方式的民族，农业生产活动的发端可以追溯到其先民契丹人生活的时代。据钦同甫撰《达斡尔族民族志稿》一书所载："契丹旧俗，以射猎为业，以禽兽为食。辽之先世始教民稼穑，树艺五谷，相对而耕。太祖之兴，尤以农事为重。于是契丹民族始易渔猎生活，而为农业生活。"1125 年辽亡后，一部分契丹人北迁至大兴安岭西北和黑龙江中上游地区，达斡尔族就是这部分契丹人的后裔。农耕技术从那时被带到黑龙江北，经过几个世纪的发展，到清初这里的农业生产已形成一定的规模。17 世纪中叶由于受沙俄的侵略而南迁至嫩江流域。当地良好的地理环境和自然条件，为达斡尔族社会经济的发展提供了优越的物质基础，他们成为嫩江流域的农业开拓者，农业生产取得了更大的发展。在长期的农耕实践中，形成了内涵丰富且具有民族特色的农业民俗。传统农业时期，它为维系农耕文化系统和村落生活提供了一种社会秩序框架或社会环境，体现着人与自然的和谐状态，反映出人与人、人与社会的互动关系。与我国农业的整体发展情况相同，达斡尔族农业进入现代农业阶段之后，为提高农业生产效率，也曾有过滥垦乱伐的短视行为，现代农业技术应用过程中也造成了环境污染、资源破坏、土壤退化等一系列问题，加之经营形式由传统的多种经营过渡到农业一元化模式，严重影响着农业的增产增效和农民生活的改善。特别是 20 世纪末以来，面对频发的自然灾害，抗御能力低下，重陷发展困境，严峻的现状直接制约着民族经济社会的整体发展。当前，调整产业结构，发展绿色农业、生态农业，走可持续发展之路已成为达斡尔族农业发展的现实选择。社会与自然条件变化之下，达斡尔族农业民俗不可避免地呈式微之势，许多民俗事象逐渐汰失；但同时传统农耕技术和经验中所包含的科学理念与合理性又在应对环境资源问题和探寻农业可持续发展新路径中重新显示其既有价值。

综观国内外研究状况，虽然迄今将农业民俗作为一个整体进行全面、系统的研究尚无先例，但一些关于农耕文化的研究成果中有不少涉及农业民俗的某些方面。根据具体内容和研究视角，大致可归纳为两类：一类是关于农事信仰、仪礼和节事庆典等精神文化事象的研究。由于与农业生产紧密相关的这些精神文化事象不仅承载着人们的宇宙观、价值观和伦理观，还反映出社会规范、社会关系和权力构成等内涵，通过对这些“非常态”事象的分析，可以更深入地理解特定区域与族群的社会内部结构和关系。如安德明的博士论文《渭水中上游地区的农事禳灾研究》[26]对特定区域中农事禳灾习俗做了详尽的描述和分析，全面呈现相关信仰活动和仪式过程，既展示了这一习俗在整个文化系统中的位置，也对其中的文化本质、内涵、结构和功能作了深入的探讨，堪称关于农业民俗中农事信仰研究的一个较好的范本。又如《农耕文化中的“孕育仪式”及其在少数民族中的遗存》[27]、《侗族稻作民俗与傩文化关系研究》[28]、《大理白族稻作祭仪及其变迁》[29]和《中国古代农业礼仪、节日及习俗简述》[30]等论文，也都是联系相关信仰、仪礼的产生和传承基础来认识它们对社会和族群发展所产生的影响。另一类是关于农业生产工具、生产技术与经验等方面的考察和研究。这方面的研究实践体现着物质民俗研究向整体研究方向发展的渐进过程。一些较早的研究论文，如《我国古代踏犁考》[31]对宋代的踏犁形制、用法及其历史地位进行了考证分析；《侗族的农具和耕作技术》[32]结合侗族的农耕生产方式对其农业生产工具和耕作技术特点加以探讨；《中国传统耕犁的发生、发展及演变》[33]透过犁耕农业的发展变迁历程论述历代犁具的演进情况，等等。总体看来，这类研究大都侧重于对农具的构造、形状、功能和使用方法等自然属性以及考古学意义的探讨，而鲜有社会文化和经济生活层面的关注。

这种物质民俗研究中见“物”不见“人”，缺乏整体研究意识的局面到20世纪90年代有所改观，如尹绍亭主编的《云南物质文化·农耕卷》[34]依据详实的田野调查资料，不仅对云南少数民族的农具在功能、结构、分布、源流和变迁方面展开全面、系统的探究和阐释，还结合各地的生计方式对农具的文化意义加以探讨；田传江的《红山峪村民俗志》[35]对村落农耕生活做了全面细致的描述，其中所涉及的传统农具使用和管理方面的内容就比较注意将人的因素——农民与农具的关系融入其中进行整体考察。近年来，随着整体研究的观念日益受到民俗学界重视，无论是农具研究还是农耕技术民俗研究都注重将研究对象置于民众的日常生活中进行审视，既关注“物”的因素，也关注“人”的因素，结合民俗事象的发生空间和传承场域进行整体研究。然而，这些突破和进展仍未给整个现状带来根本性改观，仍需在今后的研究中改进。

鉴于实际研究现状和物质民俗研究方式、思路的整体研究趋向，本项研究尝试以全新的视角对农业民俗进行全面考察与审视。旨在结合达斡尔族农耕生计方式了解和认识达斡尔族农耕民众在与自然环境的适应和互动中进行文化选择与民俗建构的基本情况。同时，通过总结农业民俗中包含的生态智慧和生产技能，探究传统生态知识和技术与现代科技有效兼容的途径，发挥其在推进达斡尔族农业生态系统的全面恢复和农业经营的良性运作中的积极现实作用。

（二）达斡尔族农业民俗整体研究的路径与方法

本项研究在田野调查的基础上，选取我国达斡尔族的主要聚居地——内蒙古莫力达瓦达斡尔族自治旗的一个典型的农耕村落为个案，从特定族群和区域出发，以生态文化特征为视角，运用生态人类学的相关理论着重考察农业生产技术过程民俗和农事信仰、仪礼民俗的表现形态、社会功能、生态价值以及发展变迁状况，在此基础上揭示农业民俗的本质以及生成、演进的基本规律和相关文化内涵。同时也希望对它所作的研究，能够为将农业民俗置于一定的发生空间与传承场域，并结合具体族群的民俗生活、生计和生境进行整体研究提供个案依据。

在研究方法的采用和实际操作中主要注意从以下几个方面加以把握：

首先，田野调查与文献研究相结合。农业民俗贯穿于农业生产过程和农耕社会生活之中，因而深入基层的田野调查显得更为关键和必要。而田野调查的有效进行必须遵循民俗学学科的基本规范，同时还要充分考虑到研究内容所涉及的相关理论的具体要求。本项研究所作的达斡尔族农业民俗及其生态文化观的考察，对生态人类学在学理和方法上多有借鉴之处。其中民族生态学作为生态人类学的主要理论主张和研究路径之一，认为对特定文化传统中的生态知识只有在其所在的语境中才能得到正确的理解，强调从被研究者的认识而不是从研究者的观点来界定当地人的知识体系，旨在通过参与观察来呈现当地人的文化特征和“描述人们对其自身环境模式的理解”。[36]研究中注重了解当地人对其环境的感知，并从中认识他们的世界观。受此启发，笔者在田野调查中一方面遵循民俗学的学科规范，努力消除主观性和认识成见，对研究对象及其文化进行全面客观的观察、记录和分析，在这一点上也是与民族生态学的研究实践相一致的；另一方面，着重了解达斡尔族在其所处自然环境、生产条件及文化传统制约下而形成的生存意识和生存方式，因为其中包含着民族的自然观、生态观、价值取向等观念因素，是其民俗文化的本质特征所在。这种以相关学理为指导的田野调查，无疑有助于拓展研究视野和思路，进而得出科学的认识结论。

由于民俗具有传承性和变异性的特点，在通过田野调查把握民俗的现实状况或通过其文化持有者的记忆对过去形态追溯的同时，还需要结合相关文献来对其原初的情形以及发展变化的过程加以了解和印证。因此，与田野调查相结合的文献研究同样十分重要。又因为稳定性也是民俗的一个基本特性，在传承中它虽然并非变动不居，而是在渐进中变化，但其存在状态总体上呈现为在传承中变异和在变异中传承。任何民俗事象今天的状貌都是历史积淀的结果，而古今各种文献资料的相关记述正是我们把握民俗传承变异的线索和动态发展情形的主要依据。本项研究也将涉及达斡尔族历史、文化、经济等各方面情况的相关史籍、方志、年鉴、统计普查记录、综合性资料汇编等文献资料作为基础性材料，从中可以理清农业民俗的发展脉络和自然与人文环境变迁的整体情况。

通过田野调查与文献研究相结合的考察，可见“文献与田野是连续的”，在二者的相互补充、印证和参照中，能够“将历史与现实衔接起来”。[37]无疑增强了研究的科学性。

其次，整体论的方法。这一方法在学术研究中历来受到重视，在人类学领域中，倡导和运用整体论研究方法并确立了成功研究典范的当首推功能学派。该派创始人马林诺夫斯基以科学的整体论方法对库拉现象进行了研究，总结其中的经验时他指出：“毕竟，孤立的事实，无论怎样新奇动人，对科学都没有价值。真正的科学研究与猎奇不同，后者只重古怪、反常、独特，只能满足收集异物癖好者的感官。另一方面，科学要把事实加以分析、归类，以便把事实置于一个有机的整体内，整合进一个可以把现实的方方面面条理化的系统。”[38]而结构功能主义的代表人物拉德克利夫-布朗则坚持文化整体观，认为“只有当文化被看成是一个各部分相互联系的整体时，才能确定任何文化元素的意义”。[39]

近些年来，民俗学界在研究范式和研究方法上进行深入反思的过程中也体现出对人类学整体观及其方法论的取法与借鉴。民俗学整体研究作为一种新的学术取向也是将民俗主体视为生活整体的一部分，对民俗事象进行研究时注重把握民俗与民俗主体及其发生情境所构成的活动整体，进行动态研究。[40]中国民俗学界还在此基础上就新式民俗志的撰写展开探索，刘铁梁提倡和实践的“标志性文化统领式”民俗志具有特别的学理和范式意义。他认为以往按“物质民俗、社会民俗、精神民俗、语言民俗”这种四分法对民俗现象进行分类所撰写的民俗志，未能将原本在一定时空中作为一个整体的生活文化完整地描述出来，因而缺乏对地方生活整体与民俗文化逻辑的解释力。为克服这种局限性，他主张采用系统的观点进行民俗志的撰写，“不能仅停留在将民俗文化进行种类划分和类型比较上面，更需要在‘生活文化’或‘生活层面的文化’的理解上对各地方民众的生活进行整体的观察”。[41]

此外，今天无论是生态学、地理学和环境科学等自然学科，还是生态人类学、环境社会学和生态民俗学等人文学科，在对“人类与环境相互作用”或“环境与发展”以及“文化与环境的关系”等问题进行的研究探讨中，都非常强调事物的整体性并加以综合研究，这也成为这些学科所必须遵循的某些共同的科学认识论和方法论之中的一个关键点。

由于农业民俗也关联到农耕社会生产生活的各个方面，构成一个有机的系统，只有进行整体考察，才能把握其中的文化特征与规律。因此，结合环境因素对达斡尔农业民俗的研究，同样需要将民俗事象置于民俗生活的背景中全面观察认识，力求做到兼顾民俗事象的生活层面与文化层面，进行动态的整体研究。

最后，历时性与共时性的方法。民俗学的内容决定了它既是一门“现在之学”，也是一门“历史之学”，因此对民俗事象的研究既要重视对它的产生、发展和变化的历程作历时性的考察，又要将它与民俗文化系统内的其他部分联系起来进行共时性的研究。

历时性的研究方法在19世纪的社会科学研究中普遍受到重视，对文化现象的研究多侧重于对其发展变化过程的历时性把握。人类学当时也是如此，主要研究文化的历史起源和变迁过程，强调文化在历时性方面的演进形态及规律，而忽视文化的多样性和文化系统之间共时存在的异同。结构功能主义开创了研究方法由历时性向共时性的转变，并注重二者的结合。拉德克利夫-布朗从整体观出发，把任何文化都看成是一个整合的系统，着重研究作为这个系统各部分的制度、习俗和信仰的功能。而这正是对文化现象的共时性研究，对文化现象的现实意义给予应有的关注。针对共时性和历时性这两种研究方法的特点，他强调在某种程度上共时性问题的研究必须优先于历时性问题的研究。在他看来，在共时性的研究中，我们仅仅注意历史上某个特定时期的文化，关注文化和社会生活的本质，力图发现在资料所呈现的许多特殊性下面起作用的普遍性；在历时性研究中，我们注意的是文化变迁的过程，力图发现这种变迁过程的一般规律。[42]“只有当我们认识了一个民族的制度的功能时，这个民族的制度中所发生的变迁才真正能被理解。”但他同样认为历时性研究方法必不可少，指出：“如果我们能对文化某些方面所发生的变迁进行研究，在功能的研究方面，它也会给我们极大的帮助。”[43]

这两种研究方法的有机结合在民俗学研究中也得到很好的体现。因为所有民俗事象的产生、发展和演变都表现为一定的历史过程，结合发展变迁的脉络予以历时性考察至关重要。同时，还要从横向维度关注民俗事象之间的内在关联，进行共时性研究，以期对民俗文化的现实意义和特征做出正确的理解和解释。本项研究是对达斡尔族农业民俗的动态考察，把握历史发展变迁的线索，注重在今昔对比中呈现族群及其生计方式和经营传统的选择与嬗变的轨迹。同时也对特定时期内自然环境和社会文化环境中对农业民俗具有影响作用和关联性的相关因素予以共时性关注，尝试两种研究方法的结合运用，从而获得更为全面的认识。

（三）围绕生态文化特征拓新达斡尔族农业民俗研究的关注点与认识思路

目前对达斡尔族农耕文化的研究尚很薄弱，相关的论著寥寥可数。这种现状表明，对于一个有着悠久农耕文化传统，长期以农业为主要产业的民族来讲，必要的学术关怀还十分有限。已有的研究成果大致可以归纳为三类：一是部分资料汇编或地方志、民族志中对达斡尔族农业情况进行的记录和介绍。如《达斡尔资料集》、《莫力达瓦达斡尔自治旗志》、《达斡尔族社会历史调查》和毛艳、毅松主编的《达斡尔族：内蒙古莫力达瓦旗哈力村调查》等著述中对农业发展概况的介绍和对农业生产方式的调查记录；二是从不同学科的研究视角出发，对达斡尔族农业文化和农业社会以及农民生活进行的研究。相关的论文如丁石庆的《从语言看达斡尔族农耕文化的特点》，通过对相关语言材料的分析，来认识达斡尔族农业生产本身和经营形式所体现的特点；又如陈烨的《达斡尔族经济变迁略论》和敖爱玲的《达斡尔族历史上农业生产的特征》，则是从民族经济研究的角度探讨达斡尔族农业生产的发展与演进情况；而祁惠君的专著《传统与现代：达斡尔族农民的生活》，则是从民族学的视角描述和阐释达斡尔族农民生产、生活方式的变迁情况；三是从民俗学物质文化和精神文化研究的角度来探讨和认识达斡尔族农耕社会生活以及与农事相关的民俗文化事象。主要论文有吴依桑的《达斡尔族的村落、庭院及房屋》；毅松的《达斡尔族的节日习俗》、《达斡尔族的农业民俗》和《达斡尔族的种烟和用烟习俗》；王咏曦的《浅谈达斡尔族饮食文化中的荞麦食俗》；瑜琼、丰收的《达斡尔族的饮食习惯及其在当代的发展变化》等。本项研究结合特定地域和族群生活，从生态文化特征切入展开探讨，就是要在深化农业民俗整体研究方面做些探索和尝试。

不囿于这些已有研究成果所涉及的单纯就达斡尔族农耕生计方式、农业经济或农业生活的某个侧面进行的研究，从深度和广度上拓展、扩充关注点与问题意识。农业民俗在传统文化体系中占有重要地位，是农耕文化中最具代表性的组成部分，以农业民俗为考察对象实质上把握了农耕文化的精髓和要义。且摒弃对于达斡尔族农业民俗的浅近记录，以生态文化特征为核心，运用生态人类学的相关理论在惯习与生态之间进行互释性研究，进而理解其农耕生计的本原意义。通过对以下问题的着重关注和思考，拓新视野和思路，丰富了理论认识的同时，在实践层面针对区域和民族生存、生计、生态等现实问题进行了有益探索。

第一，结合地方文献和田野调查材料，充分了解达斡尔族东北聚居地的自然地理及社会历史概况，认识达斡尔族农耕生计及相应文化传统形成的客观生态条件和民族际遇方面的社会原因。特别是明确其中对达斡尔族农业民俗形成和传承产生直接影响的生态资源与生态制约这一双重因素及其生态环境基础，进而通过社会因素说明环境提供的可能性与农耕生计方式择取之间的必然关联。

第二，从生态认知的角度对农业生产技术过程民俗进行描述和分析，以此呈现达斡尔族农耕民众在与自然环境的适应和互动中进行文化选择与民俗建构的基本情况。达斡尔族的农业生产技术过程民俗体现出较强的民族地域特征，它主要涉及耕作传统与技术方式、农具制作使用以及时序节令运用和相应农事安排等方面的民俗事象。在长期的积累和社会功能的发挥过程中，不仅为维系农耕文化系统和村落生活提供了一种社会秩序框架，而且在与生态环境的适应中推动民族社会向前发展。

第三，通过对农事信仰、禳灾仪礼以及其中所包含的生态动因、生态思维和生态观念的探讨，揭示民众在农耕实践中建立起来的人与自然之间精神联系的内涵和本质。并在此基础上从主客位深入解析达斡尔族民众的精神生活世界，认识这种联系在引导人们敬畏自然，谋求生存和发展的物我同构中，实现人与自然万物相互依存、和谐发展的作用机制。强调正是在这种文化建构中使民族生存发展的实践被赋予了秩序和意义。

第四，结合环境恶化和现代技术应用及生活方式改变所造成的传统农业民俗的汰失与异化情况，总结和阐释农业民俗现代传承变异的特点及规律。农业民俗历经千百年的传承,在当今农业现代化进程中随着自然生态环境和人文生态环境改变而不可避免地发生嬗变。就现代语境下如何继续发挥其固有的生态文化功能和实现生态价值的全新提升,推进农业可持续发展等问题进行深入探讨与思考,并得出相关结论。在全面认识农业民俗文化的本质和社会功能的基础上,探寻达斡尔族农业民俗中包含的生态智慧和生产技能等传统生态文化因素与现代科技有效兼容的途径,发挥其对现代农业发展的指导作用。

第五,明确现代农业发展使农业民俗的既有价值重新受到重视的事实,在此基础上,探讨伴随当今达斡尔族农业现代化发展进程构建新型农业文化支持体系的具体路径和现实意义。阐明绿色农业、生态农业注重对传统农业生产习俗和技术经验中合理成分的吸收,虽在某种程度上显示出向传统生产方式回归的倾向,但这种回归绝不是简单地要回复到传统农业状态,而是在更高层次上向传统生产方式的回归。这其中不仅依靠现代农业技术为支撑,还有观念领域的更新和调整以及新型农业文化支持体系为其提供助力。

通过以生态文化特征为视角的研究,表明农业民俗在传统农业社会中的稳定传承和文化功能的充分发挥,实质上体现的是一种人与自然互动中的适应关系和和谐状态。随着农业现代化进程的推进,生产生活方式的改变和生态环境在人为作用下的恶化,已改变并打破了这一适应与和谐状态,人与自然之间的精神联系也被疏离,农业民俗趋向式微。而生态危机引发的现实困境唤起人们对农业民俗的重新重视,使其既有的生态价值在现代语境下获得全新提升,则意味着现代民俗观的重塑和人与自然之间原本具有的那种相依存的精神联系得以再度加强,从而有机会实现可持续发展。

三、变迁语境下个案考察的生态人类学阐释

生态人类学注重对与生计活动密切相关的社会文化特征进行考察,因此,将狩猎采集、农耕和畜牧民族的生计方式以及各社会群体与环境之间的互动作用作为重要研究对象。其中,对农耕生计及其文化创造所做的多角度研究,为深入理解人类、文化与环境之间的关系提供

了更为直接的认识途径和更加广阔的阐释空间。本项目结合村落个案对于达斡尔族农业民俗的研究即立足于当代谋求农业可持续发展的社会现实，依据变迁语境和历时考察的线索建立起传统文化与现实的紧密关联，从中获得了若干关于人与自然之间适应状态和互动关系的有益启示。

（一）以生计为中心的文化多样性及其生态价值体现

文化生态学理论的创立者斯图尔德非常强调文化与环境之间的相互作用和相互关系，认为文化之间的差异是社会与环境相互影响的特殊适应过程引起的。以生计为中心的文化的多样性，其实就是人类适应多样化的自然环境的结果。[44] 人类在长期的发展历程中，在适应自然环境的基础上通过生产生活实践创造和积累了丰富多元的文化。其中社会群体或个体获取生存必需品的生计方式是其文化的基本体现，自然环境和人类文化的多样性决定了生计方式的多种多样。人类因而能够做到凭借多元化的资源利用途径进行合理的生产和开发，实现可持续发展。

我国传统农业在自然资源的利用方面一向关注农作物生长与环境之间的依存和制约关系，形成并沿用着休耕轮作、多熟种植、耕地用养结合、多种经营等经验和技术，力求对资源进行多层次开发和合理利用。在经营模式上，注重因地制宜，建立起以农为主、农林牧副渔多种经营的农业结构，构建了功能良好的农业生态系统。达斡尔族作为我国北方少数民族中一个较早由渔猎为业过渡到农耕生计的民族，所处的我国东北地区的主要聚居地内蒙古莫力达瓦达斡尔族自治旗（以下简称莫旗）是一个重要的全国商品粮生产基地。传统农业固有的特点和优势在 20 世纪中期之前的达斡尔族农业中也有较全面的体现，特别是多种经营的传统习俗一直以来对支撑农业生产的稳定发展发挥着积极的作用。从达斡尔族先民于辽亡后北徙黑龙江中上游地区时，就利用精奇里江一带适宜的气候和肥沃的土地以及丰富的江河和山林资源，进行农牧渔猎多种经营。17 世纪中叶南迁至嫩江流域之后，生态资源更利于农业的发展，同时，多种类型的地形地貌、气候条件和丰富的地方物产，使居住其中的达斡尔族发展农、牧、林、猎和采集业等多种经济有着天然的优势和基础，正是得益于此，他们凭借勤劳和智慧适应生境特点，在多项生产领域中展示出较高的生存本领和技能，“以上自盖建房屋、使用车辆以及一切梓人之业，达人皆能为之。惟无原料不能纺织；农耕不如汉民，狩猎不如鄂人，亦其原来非专之故也。如言其杂业，朝为农而暮为猎，今日为匠而明朝为渔，及善养畜类、能驯劣马等艺术，则他部人罕能及也。”[45]人们曾形象地概括达斡尔族传统经济生活是“朝猎、午农、夕渔、圈养畜”。生存环境为人类提供了选择合宜的生计方式，谋求生存发展的潜力与可能。人类只有对此加以认识和把握，才能通过劳动和技术投入开发出相应的产业，从而获得产出和收益。直到 20 世纪 50 年代之前，莫旗达斡尔族经济仍然保持着多种产业的格局，显示出结构的合理性与民族地域特色及优势。新中国成立以来，由于政策的调整，人口的增长和迁移，技术的进步及社会需求的变化和生态环境的改变等因素的影响，使得一些传统产业日益失去存在和发展的基础而逐渐萎缩和停滞。传统的多元经济逐渐为农业一元化经济所取代，因而民族经济在现代发展中也就丧失了那种各业相互依托、相互支撑，丰歉互补的合理性和内在实力。加之，种植结构受市场因素左右也趋于单一化，主要是由于从 20 世纪 80 年代至 90 年代中期大豆的销售价格一直攀升；再者莫旗地区的气候和土壤等自然条件有利于大豆的生长，产量稳定；还因为这一作物从播种到收获适宜于大面积机械化作业。利益因素驱动，加上种植大豆的客观优势，致使人们对其他粮食作物很少种植，种植结构严重不合理。“由多种经营走向单一农业，农业中又以生产大豆为主要目标，这是 20 世纪达斡尔族经济的重大变迁。”[46]这表明不仅达斡尔族经济结构由多元经济转变为农业一元化格局，而且农业种植结构也形成了莫旗当地人所说的“大豆一统天下”的单一化状况。近十多年的连续自然灾害造成农业减产减收，甚至农民收入负增长，因灾返贫现象已不鲜见。严峻的现实表明，经营模式的单一化，使农业生态系统无法维持正常运行。

人类社会与生物生态系统一样都是具有自组织能力的复杂系统，只有保持多样性才能确保系统的稳态延续，因此生态人类学强调多样性是稳定性的关键。[47]在生物界，维护生物多样性最为关键的意义在于能够最大限度地增加有机体处于生存逆境条件下发挥适应机制的作用得以存活的机会。而对于人类社会来说，“文化多元并存水平越高，越能高效地利用各不相同的生态系统，越能广泛地利用各不相同的生物资源，人类社会的存在对地球生命体系的压力就越小，人类社会与地球生命体系和谐并存也就越有保障。”[48]任何一个社会系统，结构越复杂也意味着具有越强的抗风险能力。因为其多元的文化构成中包含着应对环境突变的社会整合方式与手段，能够有效抵御和化解来自无机环境和生态环境中的各种风险。

“保持文化的多样性，是当今人类社会缓解生态危机、合理利用地球资源最具根本性的凭借。”[49]现实困境，使莫旗农业发展的重点放在调整产业结构上来，并且注重吸收传统经济中多种经营的模式和理念，进行合理布局。近年在发展畜牧业、养殖业和经济作物种植等方面已渐有起色。2000 年，全旗开展“结构调整年”活动，发展畜牧业作为其中着力推进的环节之一，与之并行的是发展养殖业。其中在畜牧业生产方面加大投入力度，陆续购进大批优质母畜，扩大饲草饲料的种植面积。在相关部门的引导和扶持下，达斡尔族农民对养畜的重视程度有所提高，各地养畜头数都有增加，养畜数目在十几头的农户较多，还出现了养几十头的大户，甚至还有个别农户养畜达上百头。如今农牧结合的互补优势已逐渐显现出来，历经近几年的自然灾害，养畜户显示出较强的抗御灾害的能力。养殖业方面，大鹅养殖发展较快。莫旗大鹅养殖的产业化经营是于 2002 年开始的，当时由辽宁客商在莫旗投资兴建了内蒙古蒙鹅工贸有限公司，通过孵化和购进鹅雏赊给莫旗农民饲养的形式于当年投入生产，并由此确立了“公司 + 基地 + 农户”的生产模式。经过创业和前期发展阶段，到 2005 年，公司生产销售运行良好，经营趋向成熟化，基本实现公司发展和农户致富的产业化经营目标。此外，还有一些特色养殖，如獭兔、蓝狐、水貂、林蛙等，发展前景也较为乐观。种植业也提出“增粮减豆”等指导方针，明确“粮（粮食）、经（经济作物）、饲（饲料）”的种植比例，同时在种植业中增加名、特、优，新品种的种植，主要推出“滑子蘑栽培”、“中草药种植”、菇娘种植和白瓜籽种植等特色种植品类。其中，中草药的种植以“关防风”为主，收益是种植大豆的10倍以上。其他中药材如板蓝根、五味子、黄芩、柴胡、赤芍、白芍等都有一定的种植。由于莫旗土壤和气候条件适宜于中草药的生长，所产药材品质好、药量足，广受商家欢迎，因此还展开中草药基地建设，种植面积也不断扩大。2005年，全旗中草药种植面积达3万亩，到2009年，已增加到4万多亩。菇娘种植也因效益可观而进行了种植基地建设。市场需求的不断扩大和种植技术的提高，菇娘种植开始改变过去分散小面积种植的传统，已形成莫旗的一项特色种植产业。虽然多元种植养殖模式有待根据市场的走向不断调整完善和扩展，但这些为重建和维护以生计为主的文化多样性而付诸的行动与所取得的收效，标志着莫旗农业已向实现生态系统的全面恢复和良性运作迈出了坚实的一步。

（二）文化的生物性与社会性适应——生态系统动态平衡的实现机制

文化是人类适应自然环境和社会环境的产物。为了应对变化和变迁，文化既要具备像生物物种那样适应环境的能力，体现为文化对所处自然生态系统的生物性适应，也要拥有能动地适应所处社会环境的本能，体现为文化的社会性适应。

生计适应是人类最基本的文化适应，主要体现在人类对自然资源的利用和对环境的认知方面。就农耕生计而言，传统农业时期，受限于技术水平和社会分工不充分等因素，体现出对自然环境的顺应和依从。农耕民众合理利用土地、光热、水源等自然资源和能量，使农业生态系统尽量按照自然生态系统的演替规律运行，确立了良好的生态适应体系。达斡尔人在传统农业阶段从民族实际生存状况出发，努力做到与所处环境相适应。除了以农为主多种经营的生计策略以外，还体现在园田经济、休耕轮作和对二十四节气的变通应用等其他农业生产开发与文化创造中。其中，早在黑龙江流域定居时，达斡尔族园田种植就已成风习。《苏联通史》中有对十七世纪时达斡尔人在那里定居农耕，种植五谷和蔬菜的经济生活情况所做的相关描述；《黑龙江旅行记》中也留下相关记录："……在阿穆河上游一带，在我们上面提到的从结雅河口到兴安岭的草甸地带，也仅仅在七十五俄里的一段地区内才能看到比较稠密的居民。他们都是满人和达斡尔人，主要种庄稼和蔬菜。……我们经过大黑河屯，村中约有四十栋土房，散布于树荫之中。每栋土房附近都有围着篱笆的菜园。”达斡尔族的园田开辟在各家的房前屋后或房屋左右两侧，面积一般有几亩到十几亩，多者也有数十亩的，四周用柳条编笆围起来，以防牲畜侵害。园田中种植各种蔬菜和烟叶、玉米、豌豆、麻、苏子等作物。达斡尔族的园田经济较为鲜明地体现了中国小农经济的自足性特征。过去园田所出产的各种蔬菜就是一年的副食，不仅在夏秋季节保证了人们有充足的新鲜菜食，其中许多种蔬菜还可窖藏，或晒成干菜，或腌制成酸菜、咸菜，用于冬春季节食用。加上园田里种的啃青玉米、苏子、豌豆等还可添补粮食的不足，起到主食的作用，因此，在达斡尔族民间素有“园田半年粮”的说法。另外，园田中种植的烟叶除供自家享用，还可送礼和出售；麻可用来制作各种麻线、绳套和编织鱼网，在满足自己使用之外还可将多余的制品用于出售。售烟和麻制品的收入又可补贴生活。园田经济从一个侧面折射出在资源利用和生产消费层面所形成的人、自然和社会之间的和谐状态。而休耕轮作这种从农业发展早期流传下来的合理利用土地、保持农业生态系统平衡的有效手段，从清代直至民国初年在达斡尔族农业中也被广泛采用。历史上，达斡尔族居住地区，地广人稀，可开垦的荒地较多，同时由于耕作技术所限和传统习俗使然，种地不施肥，不铲不耥，一块耕地连续耕种六七年后，认为土地养分不足时，就停种撂荒，休耕三年后，当地里开始长出茂密的杂草时，则表明地力已恢复过来，这时再翻地耕种。达斡尔族地区所拥有的辽阔的土地，使达斡尔人可以长期维持一种开垦生荒与休耕地力不足的熟地并行的生产模式，在粗放经营中尚能够获得相对高的产出。在休耕之前的连种期间内，实行不同作物的轮作，即在同一块田地上有顺序地在季节间和年度间轮换种植不同作物或复种组合的种植方式，是用地养地相结合的一种生物学措施。达斡尔族地区作物的轮作，由于耕地土质、地形和耕种面积的不同，各地的轮作顺序也有所不同。基本上按照稷子——荞麦——谷子——燕麦——小麦的顺序进行[50]，可以有效保持地力和均衡利用土壤养分，提高产量，还能抑制病虫害的发生。民国初期，达斡尔族地区的轮作制耕作方式受到社会环境因素的影响也出现了新的变化。通过有意识地向汉族学习精耕细作的生产技术，达斡尔人不仅重视铲耥和施肥环节，还形成了以大豆为中心进行轮作的新的轮作形式。补充和丰富了作物轮作方法，也带给达斡尔族农民切实的收益。由于农业生产受季节和气候变化的影响与制约最为直接，我国农耕先民自古就重视对天象、物候、岁时、节令的观察和探究，在长期感知自然节律和把握自然时序的基础上，形成四时八节二十四节气等节令民俗。农业生产的顺利进行，必须准确把握农时。《荀子・五制篇》中有这样的说法："春耕、夏耘、秋收、冬藏，四者不失时，故五谷不绝，而民有余食也"。受汉族农耕文化的影响，达斡尔族的岁时节日基本上是根据我国农历确定的，同时也将二十四节气作为安排农业生产活动的重要依据。并结合当地的生态实际，加以发挥和调整。在农作物品种的选择、农事活动的安排等方面都形成自己的规制，体现出一定地域和民族化特征，也凸显出达斡尔族农业民俗文化的独到之处和地方性知识的生态指导意义。

可见，合理的生物性适应使环境与民族社会这两大系统显示出良好的耦合状态。然而，"人类社会的存在，对生态环境来说，必然具有双重性，既有依赖的一面，又有偏离的一面。两者在正常状态下，总是相互耦合"[51]人类社会虽依存于生态体系，但是其自身运行特点和规律又使它在一定范围内与所处生态系统发生偏离，文化的社会性适应导致这种偏离的发生，生态危机正是偏离长期积淀的后果。笔者认为其实质在于人类的主观需求与环境的客观属性和发展规律之间的对立统一关系。人类自身的发展需要不断地从周围环境中获取物质和能量，而环境的客观属性与发展过程却并不因人为需求而改变，人类与环境的偏离不可避免。这就使得二者之间关系总是体现为从适应到不适应再到重新适应的动态关系，相应的在人类活动影响下的自然生态系统也总是处于平衡——失衡——再平衡的无数个动态发展循环过程。生态人类学坚信，缩小偏离和阻断偏离积淀，才是有效救治生态危机的根本手段。[52]因此只有通过改变生态资源的利用方式，也就是引导文化的重构，修正相关社会群体文化之中能够导致生态失衡的文化内容，使其获得新的适应能力，才是实现人类社会及其环境协调发展的有效途径。

在农业生产领域，20 世纪以来开启了农业现代化进程。随着机械化程度的日益提高，掠夺式开发和使用土地的情况普遍严重，加之发展方式的不合理，与农业生产力的提高相伴而来的是农业资源短缺、环境污染、土壤退化、水土流失和病虫害加剧，从而影响和制约了农业的增产增效。莫旗地区经历了 20 世纪不同时期的几次大规模的山林砍伐和荒地开垦高峰，自然环境遭到严重的破坏，造成水土流失和土壤沙化，降雨量明显减少，干旱频发等生态问题。自 20 世纪 90 年代末开始实施的生态建设工程虽取得了初步成效，但目前形势依然严峻。再有，近二十年来由于化肥和农药的大规模应用所造成的环境污染，也使农业生态质量大为下降。在推进农业现代化建设的进程中，一方面，既要抓好退耕工作，保护土地资源，还必须注重提高土地的综合经济效益；另一方面，在调整产业结构的同时，大力倡导循环经济，走绿色农业、生态农业的发展道路。2002 年 4 月，莫旗退耕还林工程全面启动。具体实施过程中，充分考虑到群众利益和实际成效而适时进行相应的政策调整。原先要求坡度在 15 度以上的耕地就得退耕的规定，实际操作起来非常难。因为当时村民们都开了荒地，这种坡度的地量非常大，山上的地都超过了 15 度，全部退耕群众难以接受。后期旗里政策进行了调整，改为坡度在 25 度以上的耕地必须退耕。这个坡度基本上就不适合耕种，因为即使耕种也基本不打粮食。莫旗主管部门还针对一时不能还林的坡地采取一律改做横山垄，进行土壤改良、畜水保土，在耕地四周开挖水平截水坑，植树造林以固土保苗等灵活、变通的措施。还根据地方实际，确立了退耕后以生态自然恢复为主的退耕还林模式。同时，注重做好长期规划，加以综合治理。经过七、八年的努力，到 2005 年森林覆盖率提高到 23.9%，水土流失程度得以减轻，退耕面积逐年增加，生物多样性有所恢复，一些绝迹多年的野生动物又重新回到故地。2001 年投入建设的莫旗尼尔基水利枢纽工程，已于 2006 年 7 月并网发电。这项工程具有防洪、工农业供水、发电、环保、航运、调水、渔苇等综合利用价值，其环境效益在于扩大了湿地面积，调节和改善四季气候，保护生物多样性，无疑给当地生态建设带来巨大助益。总体来看，随着莫旗各项生态建设项目的进展，农业生态环境也随之得到相应改善和优化。从历史和现实的角度出发，可以认识到：只有遵从农业自身所具有的自然再生产和经济再生产相结合的本性，确立与环境合理的适应关系，恢复农业生态系统的平衡状态，才是现代农业的未来出路所在。

（三）回归与重构：建立农业经济可持续发展的文化支持体系

生态人类学十分关注文化在人与环境之间关系中的调适作用，斯图尔德指出："在自然环境和人的活动之间，总有一个中间项：一个特定目的和价值的综合，即一个知识和信仰的实体。换句话说，就是文化型式。文化本身不是静止的，对自然条件既能适应又能改变。"[53]文化在人与环境之间发挥着能动的中介作用。人类通过文化认识和利用环境资源，而当人类活动对环境造成危害，引发生态失衡时，又可通过自身的文化机制加以调节，恢复和重建人与自然的协调关系。倡导尊重自然、谋求人类与自然协调发展是当代生态文化的基本精神，也是当代生态文明的集中体现。随着以此为核心的新型文化支持体系的逐步确立，必将有效发挥其调适作用，重塑人与自然的平衡与和谐关系。

对于进入20世纪以来出现的自然资源消耗过度，农业生态失衡，环境质量下降的严峻现实，以及因此而导致的农业难以增产增效的局面，只有走可持续发展的道路，才是现实出路和明智选择。为此，我国引入"可持续农业"的理念，就是要通过确立人与自然的和谐关系，谋求农业生态、农业生产、农村社会的可持续的发展。与可持续农业相关的观念、意识和经营模式等，构成了新型现代农业文化。由于千百年来农业发展的延续性和农业生产与自然环境之间亘古不变的依存关系，所以新型农业生态文化的构建，必须观照传统农业文化，对其中包含生态智慧和生态价值的思维方式、观念意识及生产方式、技术经验和措施等加以吸收和借鉴，一定程度上体现为回归传统基础上的文化重构。这种文化回归与重构，贯穿于物质层面和精神层面。

绿色农业、生态农业作为当今所倡导的可持续农业发展模式，具有生态化与集约化内在统一的特性，非常注重对传统农业生产习俗和技术经验中合理成分的吸收，在某种程度上显示出向传统生产方式回归的倾向。但这种回归绝不是简单地要恢复到传统农业的状态，而是依靠现代农业技术为支撑，在更高层次上向传统生产方式的回归。例如，虽然重视对轮作、有机肥等传统技术方法的继承和应用，但也注意与当前的种植结构调整相适应，还必须与新兴生物工程技术的开发和运用相结合。其间，传统农业文化习俗的既有价值得以实现现代提升。这一点，通过莫旗今天绿色农业、生态农业发展过程中所体现出的与传统农业习俗之间的现实关联可以得到一定的印证和说明。自莫旗环境建设工程启动以来，对土地和其他自然资源的保护和合理利用一直作为工作重心。其中对土地资源注重在保护性利用的基础上提高经济效益，除退耕还林以外，还积极推广林粮间作、林草间作和林药间作。这是在现有条件下，合理利用土地资源，调节土壤养分平衡，实现土地增产增收，改善和恢复生态的举措。2000 年，莫旗在登特科镇建立起第一个生态农业示范园区，发展果树种植业和粮果兼种。其后又在西瓦尔图镇永安村、宝山镇等地先后建立起 17 个生态农业综合开发项目。其中永安村自 2001 年采取林粮间作模式，就是在山坡荒地上植树造林，在山坡耕地上栽种果树，果树间空地种植大豆，取得了良好的收效。2008 年果树每亩实现收入 500 多元，大豆产量也比过去增加 20%。此外，还在以发展中草药特色种植业为主的坤密尔堤乡搞起林药间作，也获成功。间作这种复合式种植方式，可以有效利用地力、光能和土壤中的水分、养分，还能抑止病虫害的发生，有利于改良土壤理化性状，增加肥力。不但与传统的轮作有着异曲同工的效果，更主要的一点是能发挥林木和作物间的互利作用，促进生长，提高作物产量，它为莫旗的环境建设和生态农业发展实现效益双赢发挥着积极的作用。同时，着力推进的深松浅翻和秸秆留茬或粉碎覆盖技术，也是对耕地实行保护性耕作的新型耕作方式。深松浅翻是一项旱作农业增产新技术。采用深松浅翻犁作业，特点是深松底土，浅翻表土，不翻转土壤，但能改变土壤板结状况，增强通透性。有利于土壤蓄水保墒，提高抗旱、抗涝能力，还具有提高地力，减少草害、虫害的作用。而秸秆留茬或粉碎覆盖技术，就是为减轻地表土的风蚀，收割时把茬子留得高一些。第二年耕地时再将茬子翻除，或者头一年将秸秆粉碎覆盖农田，第二年翻地时把它翻入地里作肥料。两种耕作技术都起到保护地表土的作用。此外，在对土地用养结合、永续利用方面，也充分体现对传统农耕经验智慧的继承与发展。传统农业时期重视通过施用有机肥来改良土壤，"变薄田为良田，化硗土为肥土"，保持"地力常新壮"。绿色农业、生态农业的发展就是要尽量依靠生物内在机制来取得农业增效，采用有机肥、生物肥、生物农药或低残留无公害农药和生物防治病虫害技术等，有效减少化肥、农药的使用量，生产安全、优质的农产品。目前莫旗主要采用秸秆根茬粉碎还田和秸秆养畜、过腹还田的形式，以提高有机肥料的利用率。同时，沼气的综合利用也为农业有机肥的应用开辟了新途径。莫旗的沼气建设工程从 2006 年起步，主要承担了当年"农村沼气国债项目"任务 635 户和"2007 年自治区高标准示范村农村沼气建设项目"任务 250 户。登特科安民村于 2007 年首批建成 39 户砖混型沼气池，同年 8 月投入使用，既安全又方便，农户深感满意。目前，全旗 6 个乡镇办事处 23 个行政村共建沼气池 885 座，均已通过国家和自治区专家组验收，并投入使用。沼气在发展循环经济开发中大有前景，它既是环保、绿色、清洁能源，沼渣、沼液也是生产无公害农产品的优质有机肥料。将其用于大田作物能够增产 15%以上，用于大棚蔬菜能够增产 25%以上，对于推进莫旗农业生产逐步向生态化方向发展发挥着积极作用。迄今，对可持续农业发展模式的选择和实施，实际上也是围绕新的生产和生活方式而进行的物质文化建设，它正在起步阶段，方兴未艾。

人类的生态价值观直接关乎生态问题的最终解决，因而在文化重构过程中，与物质层面的建设应同步进行的是精神领域的价值观念建构。发掘和利用传统文化中体现生态情怀和生态意义的思想资源，并结合现代生态理念培育支撑生态文化的核心价值观十分必要。农业民俗中农事信仰、仪礼等事象包含着人类以敬畏自然，与自然相生相谐为前提，谋求生存与发展的观念、信仰和生存原则，实质上体现了人类及其生态环境之间密不可分的精神关联。这些习俗在传统农耕时期得以形成并被稳定传承。而随着现代科技的进步，人类改造自然和应对灾害的能力大为提高以后，对自然的敬畏心理减淡，与自然之间的精神联系也开始弱化和松弛。许多传统的农耕仪礼和农事信仰意识与行为也随之消失，这在农业社会中已成为普遍现象，达斡尔族的情况也是如此。为适应达斡尔族地区的生态建设和可持续农业发展的现实文化需求，应当从民族传统文化中，特别是从一些至今仍在传承的文化习俗中吸收和承继原初的生态思维与生态观念。例如，敖包祭祀习俗所包含的对自然的敬畏、依赖和感恩的观念与情感；求雨习俗所体现的人类将自己看作自然界的一部分，与天地万物相依存，物我同构，生生和谐的生态认知和价值理念，都极具生态意义。源于原始萨满信仰的达斡尔族敖包祭祀习俗由来已久。自清代以来，随着在达斡尔族地区实行八旗制，在今莫力达瓦地区设置了布特哈八旗总管衙门敖包和旗敖包这两个官方敖包，通称为官敖包，敖包祭祀由此还出现了官祭和民祭之分。无论官祭敖包还是民祭敖包，都出于祈盼风调雨顺，人畜平安，五谷丰登，各业兴旺的共同心愿和目的，并且在每年春季播种完和秋天收获时举行。“春祭通常在五月，祈求天地山河、白那查诸神保佑风调雨顺，安居乐业；保障五谷丰登，各业兴旺。秋祭则多在八月，感谢天神恩都日和白那查诸神恩赐丰收。”[54]其中寄托的文化心理，与汉族农耕文化中的“春祈秋报”很一致。敖包祭祀习俗随着自然和社会环境的改变而发生一定的变化，在现代传承中，已逐渐将多种祭祀目的合并起来，祭祀仪式也逐渐改为集中举行。据调查了解到，现在达斡尔族各村落的民祭主要是以求雨为目的而举行，而且是天旱时才祭，不旱则不祭。上世纪 80 年代以来，由于生态破坏所致的自然灾害，尤其是旱灾频繁，不仅使农业生产受到直接的影响，甚至导致农民的生活重陷困境，因而敖包祭祀中必然会带有明显的农事禳灾的心理寄托。官祭敖包的惯制也并未一直得以完整地延续，其中旗敖包自设置以来，每年由旗里组织祭祀；而布特哈八旗总管衙门敖包的祭祀活动自 1882 年（光绪八年）随着总管衙门的撤销而停止，2001 年这一敖包因一个特殊的历史机遇又得以重返现实。2000 年因兴建尼尔基水库拟占用原旗敖包所处地段，旗里决定将旗敖包于 2001 年 8 月迁至原布特哈八旗总管衙门敖包处，将两座官敖包合并，并举行了庄严的祭祀仪式。还确立了一年一度在此举行敖包会的定制，称为“斡包节”，官祭敖包在现代社会的传承形式也由此确立下来。它可以有意识地强化民众尊崇自然、保护环境的心理意识，使人与自然之间互通互融的情感联系得以持续维系下去。同样，求雨习俗中体现的朴素自然观与和谐观在今天仍具有宝贵的思想价值。农业生产历来对自然降雨具有较强的依赖性，同时雨量是否适中直接关乎农业的丰歉。水涝求晴，天旱求雨，历来就是一种近乎本能的群体心理。在我国广大农区，尽管存在地域和族群发展进程的差异，但几乎都曾有过求雨习俗。达斡尔族祭敖包求雨是久已形成且一直流传至今的一种求雨形式，是寄希望于自然力以消除灾害的农事仪礼，从其诞生之日就具有鲜明的农事禳灾的性质。达斡尔人通过对自然崇拜观念中的“天”以献祭的形式虔诚祈求，以期获得其佑助，禳除灾情，实现农业丰收，人畜平安。其中包含的生态思维具有合理性，体现的积极的生存态度值得充分肯定。民众依据物我相通，相互感应互动的认识，调动主观能动性以期禳除旱灾。相信天地万物处于互动相关的状态之中，在求雨仪式中，有人的参与，有物的参与，又有信念中与神灵之间能动的信息沟通，期望在由人及物，由物及人的关联中克服现实困难。以群体参与祭祀活动调动起民众信仰的力量，顺乎天意神谕，在与自然万物相通相谐中获得所期待的结果。伴随习俗的现代传承，其中的观念和思维，一方面，经吸纳、转化，用以重构民族生态价值观；另一方面，以其特有的精神内涵作用于民族心理，恢复和加强人与自然之间的精神联系。

贯穿于新时期达斡尔族农业现代化进程中的农业文化重构启示我们：只有观照民族传统并结合相关现实条件与环境因素来构建符合本民族文化心理需要，同时又能与所处生境有效适应的新型农业文化，才能使这种新型文化既包含一定的民族性内涵，又在变迁的语境下具备当下的价值与意义，显示出生机与活力，从而能够为农业经济的可持续发展提供可靠的支撑和助力。

生态环境提供的资源与民众通过文化选择建构的传统在历史的发展过程中构成互动互存的关系。从古至今，不同地域不同民族的人们始终努力追寻适合自身生存的文化模式，使生态环境向着有利于人类文明进化的方向发展。这种文化建构和实践的过程，也是生态文化传统积淀与世代相沿的过程。为谋求人与自然良性互动基础上的协同发展，当代社会面临着进行生产生活方式的转变与现代化发展模式的生态转型这一现实任务，在推进它实现的同时，生态文化和生态文明也将随之进入全新发展阶段。

本文根据作者发表于《黑龙江民族丛刊》2013 年第 6 期的《文化人类学研究的生态视域及其对农耕文化的学术观照》与《青海民族研究研究》2014 年第 4 期的《人与自然适应状态和互动关系的生态人类学阐释》两篇论文改写而成。

参考文献：

[1] [美]罗德里克·弗雷泽·纳什著，大自然的权利[M]. 青岛：青岛出版社，1999：66－67. 转引自王正平. 环境哲学[M]. 上海：上海人民出版社，2004：12.

[2] 李霞. 生态人类学的产生和发展[J]. 国外社会科学，2000(6).

[3] [美]J. H. 斯图尔德. 文化生态学的概念和方法[J]. 世界民族，1988(6).

[4] 宋蜀华. 人类学研究与中国民族生态环境和传统文化的关系[A]. 中国民族学理论探索与实践[C]. 北京：中央民族大学出版社，1999：74.

[5] [美]朱利安·史徒华著. 张恭启译. 文化变迁的理论[M]. 台北：台北允晨文化实业公司，1989：49—50.

[6] 李霞. 生态人类学的产生和发展[J]. 国外社会科学，2000(6).

[7] [英]凯·米尔顿著，袁同凯，周建新译. 环境决定论与文化理论[M]. 北京：民族出版社，2007：63.

[8] 蒋俊. 生态人类学概论[M]. 青海：青海社会科学出版社，2007(4).

[9] 崔延虎，海鹰. 生态人类学与新疆文化特征再认识[J]. 新疆师范大学学报，1996 年(1).

[10] [日]绫部恒雄编. 文化人类学的十五种理论[M]. 北京：国际文化出版社，1988：115－126.

[11] R. McC. 内亭. 文化生态学与生态人类学[J]. 世界民族，1985(3).

[12] 冈田宏明. 文化唯物论与生态人类学[J]. 国外社会科学，1986(6).

[13] 田中二郎. 生态人类学[J]. 世界民族，1987(3).

[14] J. H. 斯图尔德. 文化生态学的概念和方法[J]. 世界民族，1988(6).

[15] [日]梅棹忠夫著，王子今译. 文明的生态史观[M]. 北京：三联出版社上海分店，1988.

[16] [美]朱利安·史徒华著，张恭启译. 文化变迁的理论[M]. 台北：台北允晨文化实业公司，1989.

[17] [美]哈里斯著，张海洋等译. 文化唯物主义[M]. 北京：华夏出版社，1989.
[18] [英]埃文思·普里查德著，褚建芳等译. 努尔人[M]. 北京：华夏出版社，2002.
[19] [美]唐纳德·L. 哈迪斯蒂著，郭凡等译. 生态人类学[M]. 北京：文物出版社，2002.
[20] [日]秋道智弥等编著，范广融，尹绍亭译. 生态人类学[M]. 昆明：云南大学出版社，2006.
[21] [韩]全京秀著，崔海洋译. 环境、人类、亲和[M]. 贵阳：贵州人民出版社，2007.
[22] 罗康隆. 文化适应与文化制衡[M]. 北京：民族出版社，2007：2.
[23] 林耀华. 民族学通论[M]. 北京：中央民族大学出版社，1997：84.
[24] 宋蜀华. 人类学研究与中国民族生态环境和传统文化的关系[J]. 中央民族大学学报，1996(4).
[25] 安德明. 渭水中上游地区的农事禳灾研究[D]. 北京师范大学民俗学专业博士学位论文，1997.
[26] 赵世林. 农耕文化中的“孕育仪式”及其在少数民族中的遗存[J]. 贵州民族研究，2006(2).
[27] 刘芝凤. 侗族稻作民俗与傩文化关系研究[J]. 中国民族，2005(2).
[28] 金少萍. 大理白族稻作祭仪及其变迁[J]. 中南民族学院学报，2001(3).
[29] 李锦山. 中国古代农业、节日及习俗简述[J]. 农业考古，2002(3).
[30] 宋兆麟. 我国古代踏犁考[J]. 农业考古，1981(1).
[31] 宋兆麟. 侗族的农具和耕作技术[J]. 中国农史，1983(1).
[32] 王星光. 中国传统耕犁的发生、发展及演变[J]. 农业考古 1989：1－2；1990：1－2.
[33] 尹绍亭. 云南物质文化·农耕卷(上下册)[M]. 昆明：云南教育出版社，1996.
[34] 田传江. 红山峪村民俗志[M]. 沈阳：辽宁文化艺术音像出版社，1999.
[35] [英]凯·米尔顿著，袁同凯，周建新译. 环境决定论与文化理论[M]. 北京：民族出版社，2007：63.
[36] 吉国秀. 文献、田野与自我：关于民俗学研究的方法论反思——以《婚姻仪礼变迁与社会网络重建》为例[J]. 民俗研究，2005(3).
[37] [英]马林诺夫斯基著，梁永佳，李绍明译. 西太平洋上的航海者[M]. 北京：华夏出版社，2002：441.
[38] [英]拉德克利夫-布朗著，夏建中译. 社会人类学方法[M]. 北京：华夏出版社，2002：63－64.
[39] 高丙中. 民俗文化与民俗生活[M]. 北京：中国社会科学出版社，1994：110—111.
[40] 刘铁梁. “标志性文化统领式”民俗志的理论与实践[J]. 北京师范大学学报，2005(6).
[41] [英]拉德克利夫-布朗著，夏建中译. 社会人类学方法[M]. 北京：华夏出版社，2002：71－72.
[42] [英]拉德克利夫-布朗著，夏建中译. 社会人类学方法[M]. 北京：华夏出版社，2002：71－72.

［43］罗康隆. 生态人类学述略［J］. 吉首大学学报，2004（3）.
［44］钦同普. 达斡尔族志稿. 转引自《达斡尔资料集》编辑委员会. 达斡尔资料集（第二集）［M］. 北京：民族出版社，1998：205－206.
［45］毅松. 莫力达瓦达斡尔族自治旗达斡尔族经济发展对策研究，转引自《达斡尔资料集》编辑委员会. 达斡尔资料集（第八集）［M］. 北京：民族出版社，2008：1331.
［46］杨庭硕等著. 生态人类学导论［M］. 北京：民族出版社，2007：35.
［47］江帆. 满族生态与民俗文化［M］. 北京：中国社会科学出版社，2006：2.
［48］内蒙古自治区编辑组. 达斡尔族社会历史调查［M］. 呼和浩特：内蒙古人民出版社，1985：53.
［49］杨庭硕等著. 生态人类学导论［M］. 北京：民族出版社，2007：2.
［50］罗康隆. 生态人类学述略［J］. 吉首大学学报，2004（3）.
［51］斯图尔德. 文化生态学的概念和方法［J］. 世界民族，1988（6）：3－4.
［52］巴图宝音. 达斡尔族风俗志［M］. 北京：中央民族学院出版社，1991：124.

由敖包看东北亚环境问题：草地主位的生态知识、政治表述及仪式实践[1]

吴红(Aurore Dumont)，台湾中央研究院民族学研究所

马惠娟[1] 译

摘　要：本文探讨的是敖包与东北亚地区环境问题之间的关系。笔者认为，祭敖包是主位的生态知识、政治表述及仪式实践共同作用的产物。本文首先勾勒出当地民众与自然环境中的神灵进行沟通的方式，描述环境退化对人们及其经济的影响，进而展示了当地民众及政府如何将敖包作为一个表达环境保护政治话语的主要场所。最后，分析了当地民众如何调适敖包仪式内容以应对气候变化问题。

前言

北亚游牧民族将自然环境[2]视为由自然物与超自然物构成的统一体。生态系统、气候、山脉、牧场以及动物们，与各种各样的地方的敖包和祖先的灵共同占据着圣地。以主位的观点看来，每一事物都有其能

---

* 本文为吴红英文论文“What Do *Oboo* Caivns Tell Us about Znvivonmental Issues in Northem Asia? Zmic Ecoloyical Knowledye, Politilal Discourse and Ritual Actions in the Grasslands”的汉语译本，其英语原文附于文后。

① 吴红(Aurore Dumont)女，法国籍。法国社会科学高等研究院博士，现为台湾中央研究院民族学所的博士后研究员。研究方向为中国蒙古族及通古斯民族的游牧及宗教实践。马惠娟，女，香港中文大学人类学博士，现为南京理工大学讲师，研究方向为民族认同、民俗宗教学。

② 本文用“自然环境”这一惯用语来指称蒙古概念中的 *baigal*(自然)。

量和有益力量，且可以经由人类仪式行为而得到加强（Humphrey，1995：137）。因此，蒙古人和其他北亚民族崇拜山峦，据信山峦中寓居着强大的神灵和神灵之主。建在山顶的敖包[①]是人们的拜山之所，也是将人与自然联结起来的福地。在集体的敖包仪式中，“参与者求得山神的祝福，庇佑土地丰饶，生命繁衍不息。”（Humphrey/Onon，1996：151）同样的，人与自然在敖包祭祀中达成的互惠交换，象征性地确保着畜群多产、草场丰饶和雨水充沛。山顶的石堆不仅代表着无处不在的草地，也被认为是助力自然的神圣标志。

中国改革开放和1991年苏联解体以来，祭敖包在当地民众中间变得更为广泛、普遍，至今已经成为其仪式生活的重要组成部分。在过去的十年间，敖包仪式复苏也越来越与环境问题相关联。煤矿业的发展、草场退化、干旱和污染等问题，形成了一种新的话语，促使当地民众及地方政府调适自己的敖包仪式以适应这些新状况。因此，敖包不是石堆，而是与各种环境问题相关的多元进程的组成部分。

本文认为，敖包体现了主位生态知识、政治表述以及应对气候变迁的共同作用。本文在综合笔者2011至2019年间[②]在内蒙古自治区呼伦贝尔地区的民族志田野调查，以及其他学者已出版的关于中国、俄罗斯和蒙古国等各个蒙古文化地区的研究成果的基础上，叙述了当地民众通过敖包及祭祀活动与栖居在自然环境中的神灵进行交流的方式，介绍环境恶化如何影响人们及经济发展，分析敖包如何成为地方及国家权威针对环境保护问题传达政治理念的主要场所，地方民众如何创造自己的仪式策略，并针对气候变化调整自己的敖包仪式内容。换言之，本文提出了这样的思考：关于当前北亚环境问题，敖包究竟告诉了我们一些什么？

在自然中建敖包：生态知识的一项实践

敖包在蒙语中是“堆”或“石冢”的意思，是北亚草原上最为普遍的

---

① 敖包也会被建在路边、关口或圣泉附近。

② 本民族志田野调查要感谢2018年法国社会·宗教·政教关系研究所（GSRL）的资助，以及2019年台湾中央研究院民族学所的资助。

人类建造物。依据周边环境，它们的形状、大小各不相同。在蒙古文化地区，敖包一般都是圆形石堆，顶部中心留洞并覆以树枝。它们被建在诸如圣山或关口等高地上：人们通过选择高地，表达俯瞰人类统治的自然环境的愿望。野外建造敖包是一项十分精妙的工作。人们相信敖包充满了力量，能够控制那些可以为人类带来福祉的重要神灵。关于敖包的地理位置及朝向，建造敖包使用的材料，都需要特别的生态知识。这样建造出来的敖包，与自然景观相适应，勾勒出一幅人与自然共处的美丽图景。

蒙古人，尤其是游牧民的畜群依赖水源和牧场，因此对自身自然环境有精准认知和独特感知。人们认为环境是一个广阔的互动网络，囊括了人们生活其中的所有物质的和社会的维度。人、动物、植物、牧场、人类建造物、神明以及附着其上的情感，共同建构了这一自然环境。汉弗莱(Humphrey)观察到，在蒙古文化中，"重要的并非土地本身，而是关于土地的互动关系。人类选择及其代理人被认为是与土地之物的代理人相互关联，并附属于后者。"(Humphrey，1995：135)

敖包体现了人类与作为一个整体的自然环境之间的互动关系。敖包总是被建成吉祥的形状，以此被赋予招待神灵的能力。尽管被祭拜的神灵各自有基于其属地的名号，但就分类而言，都属于"土地神"(gazarin ezen)、龙神（luus）[①]及天神（tengeri）等类别。蒙古人同环境的关系与生态维度密切相关。所谓生态维度，即维持特定的规则以保护环境交换系统中的所有实体都能得其所需。生态维度相关的范式，普遍存在于人们敖包祭祀以及日常生活中的话语、信仰和行为当中。

集体的敖包仪式通常于六月进行，即牧草生长、牧群初生获得初乳的季节：

> "绿草、牛犊、牛奶——自然以同样的方式经历又一轮重生，敖包则需要由人类助其完成重生。每个人都在中央的木

① 即水神，具体解释见下文——译者注。

孔旁边放一支新砍下来的树枝，或者再加几支旗子、石头祈祷，让敖包看起来像五彩绽放的花丛，融入周遭环境中。”（Dumont，2017：207）

通过在敖包祭仪中与神灵建立友好关系，人们不仅祈求好运富足，也祈求草场经济所需要的良好自然环境。良好的自然环境要有雨水、阳光和丰茂的草地，这些都是由人们通过祈祷、祭品和祭仪向栖居在敖包周围的神灵们交换得来的。了解这些规矩，人们可以在土地上流转的不同能量和力量之间维持一种有效的平衡，并纠正诸如严冬（*zud*）、干旱和污染等灾害中的不平衡。在敖包祭祀的调节之下，人与神明之间的关系像链条一样运转。祭祀带来雨水、阳光和丰茂的草地，让畜群多产，进而保证了社区的繁荣富足。

在进行敖包祭祀的午后，一般都会举行那达慕，即“男儿三艺”：赛马、摔跤和射箭。人们通过敖包祭祀的供品和祈祷完成人神互惠，同样的，在那达慕中，人们也继续娱神以“确保年景会好，畜群充足，狩猎多获，蒙古包牢固”（Hamayon，2012：150）。以游戏的形式向自然环境献祭，使群体存续和自然资源再生得到保证。

代表社会群体特定观念的实践活动，也蕴含在敖包当中。汉弗莱和奥农指出，通过向石堆添加石头的方式使山脉更新，类似于通过添男丁使宗族延续（Humphrey/Onon，1996：152）。此外，建敖包作为标志地界的做法，也把人与他们的集体领地联系在一起：它实体化了土地使用的合法性，由此确定了人与神灵互动的权利。建敖包、祭敖包，是生态知识的法则，该法则允许当地人维系与他们故乡强大神灵之间的互惠。

污染、矿藏与干旱：当神灵被触怒

三十多年来，中国和蒙古的一些地区都面临着严峻的环境问题。影响传统牧场的生态不稳定因素包括：水污染、雨水稀缺导致的草地面积减少、荒漠化和干旱，这仅是最常见的因素。自然环境的退化不是新近发生的，而是几十年前就已开始。畜牧业等传统经济方式被纳入国家规划政策当中。尽管不同国家（蒙古、中国和俄罗斯）、不同地区的执行方式各不相同，但20世纪30年代到80年代的政策都积极推动草场的高度工业化、开垦耕地、畜群集体化以及定居运动[①]，导致了土地不可逆转的退化。随着中国、蒙古国、俄罗斯经济的快速发展，人类对草地的开发日益增多，譬如金矿开发、工厂建设、为获取羊绒而过度放牧，都加剧了对草场的破坏。大量著作通过对全球各个地区的研究，强调了环境退化与游牧业衰退的关系（Merkle，2013；Humphrey/Sneath，1996，Warg Næss，2013）。如今，全球趋势是不断地定居化、游牧灵活性削减、新型的人畜空间关系和牧业管理的新变化。

自然环境的逐步变化不仅影响了数百万人的游牧经济，也催生出了关于环境的新态度、新话语，以及与祭祀相关的新形式。游牧民族通过自己的生态知识理解和感知自然环境的衰退，这种理解和感知是地方化的、细节化的。在蒙古国的荒漠草原地区，人们会区分暴雨和细雨，并认为两种雨都是近来气候变化导致的（Marin，2010：167）。在内蒙古东北部的呼伦贝尔，有一片广阔的牧场，当地人会解释某年某时的干旱是如何影响草场某种植被的品质的。当然，对环境威胁的主位感知并不限于确切的观察："对环境受人类行为影响的感受，要比对自然进程的观察更为强烈。"（Humphrey/Mongush/Telengid，1993：53）这也嵌入在使用恰当方式利用自然以娱神的本土意识当中。

有不同的规则规定着人们应当如何对待自然环境及其中生物。其主要的理念是，环境中的人类与非人类、生命体与非生命体的理想状态应当是通过人类恰当的行动而维持和谐。人类只可以使用他们日常生存所需的自然资源，譬如畜群所需的草地和水。神灵和土地上的其他魂灵应当被定期供养，这样表明人类能意识到灵的存在并对其负责。恰当的行为还包括不损害环境，譬如人们不能用血和垃圾污染水源，因为水被认为是神圣的，可能是龙神的居所。

因此，过度使用资源、矿业、砍伐树木以及其他的破坏行为被认为

① 关于此问题的详细分析，参见 Humphrey（1998[1983]），Merkle（2013）以及 Sneath（2000）。

是不当的行为，会造成人与自然之间的失调。当地人认为这种失调就是神灵在向人类复仇。这说明这样一种理念，即当地人认为灾祸源自神灵的怒火。神和其他的魂灵可以带来好运和丰茂牧场，但他们如果被打扰，也会变得有害并带来厄运。北亚有不计其数的故事，讲述神灵如何应对人类的不端行为。梅兰（Merlan，1998）记录了在北澳大利亚的土著当中，由于外来者不断侵入传统土地，祖灵之蛇被从其旧居中驱逐出来之后，最后在该地区竟被完全清空，人们因此无所依托。在呼伦贝尔，常有这样的故事：某人在用垃圾污染了河流之后生病，又有某人在敖包上粗暴打破一瓶酒之后失去了一条腿。人们必须遵循特定的规则来保护环境，在敖包圣地也必须有恰当的行为方式。

过去的十年里，敖包已经变成生态恢复之地，当地人试图重新平衡由环境威胁造成的失调。同时，敖包也是政治权威建立环境保护话语的首选之地。分布在野外各处的敖包，是本土自然观念的组成部分，今天成为蒙古人环境保护的象征，也被用来服务政治话语。

敖包：环境保护的政治话语之地

在北亚的很多地方，环境恶化和气候变化对城乡居民而言都是严峻问题。在乌兰巴托和呼和浩特这样的大城市，人们抱怨空气污染；而乡下的牧民则面临草地荒漠化和缺水等问题。环境威胁影响了数百万人的日常生活，也影响了经济发展。因此，中国和蒙古政府都发起若干国家项目以保护和修复环境。这些环境政策不断调整，从应对空气、水源和土壤污染问题，到与森林滥伐和濒危物种灭绝问题抗争。在蒙古，政府“于 20 世纪末建设了一个由自然公园和严格的保护区构成的生态系统。”（Atwood，2004：166）

边境的另一侧，中国政府也建立了自然保护区体系并颁布很多环保优先的法律，以此维持经济发展并保护脆弱的生态系统。[①] 包括但不限于：“草地恢复政策”（王向阳等，2003），季节轮牧（Hu/Nacun，

① 对中国环境政策及其过去三十年来五个主要阶段的全面分析，参见 Biechele-Speziale (2018) and Wang (2010)。

2018：2)，牧场围栏和力图将牧民由牧场安置到村庄的"生态移民政策"等。在内蒙古，现在敖包周围可能被设立了围栏，提醒人们牧场要服从生态政策。民族国家向人民及其环境施以法律、话术、义务、管制等框架的目标，被一些学者称为"绿色治理术"(Kolås，2014；Yeh，2005)。敖包及敖包祭祀作为"绿色治理术"的组成部分，已经变成政策传达各种意识形态信号的理想地点。笔者认为，敖包曾经被用来表达国家对蒙古文化及认同的尊重，现在也依然是这样，如今还被用来宣传环境保护。

过去几个世纪的蒙古历史中，敖包始终是传达政治行动的首选之地。敖包之所以成为政治话语传达的合适地点，因为它们是著名的聚众场所，很容易动员群众获得支持。在敖包祭祀中，集体的参与者共享对神灵的顺服。20世纪初，一些经过蒙古文化地区的旅行者、学者和其他观察者们注意到祭敖包是政治领袖获得公共合法性的主要途径。英国学者波拉德·厄克特(Pollard-Urquhart)于1935年经过锡林郭勒盟(内蒙古东部)的时候，被邀请参与德王组织的敖包祭祀。德王的蒙古名为德穆楚克栋鲁普(1902—1966)，是苏尼特右旗旗长和锡林郭勒盟盟长。波拉德·厄克特(Pollard-Urquart)观察到德王在随从簇拥下的政治表达，反映了地区领袖和政治下属之间的关系(Pollard-Urquart，1937：459)。这在蒙古文化地区很常见，领导现身敖包祭祀以强化他们对土地及下属的权力，并传达信息。斯内特(Sneath)记录了"敖包仪式是高度政治化的，会指示那些人类社群的合法代表也代表着与超自然世界的关系。"(Sneath，2014：461)尽管敖包曾被禁止，但在20世纪80年代中期和90年代的北亚地区，它们又被逐渐重建起来，并带来祭祀活动的重兴，成为政治、区域和身份的展示之所。敖包很快成为当地民众和政治领袖们有力的象征和关键场所：当地民众急于表达与敖包的关系，他们认为这是他们"传统文化"中不可缺失的要素；而政治领袖则将敖包视为表达国家认同的话语表达途径。

不同层级敖包仪式的不断增长，是与蒙古和中国的社会经济变革及其带来的政治话语的不断发展同时发生的。国家和旗层级的敖包祭祀中，政治话语的关注点已经从蒙古族身份的表达转向了环境保护。

20 世纪 80 年代，斯内特(Sneath)于呼伦贝尔的巴尔虎蒙古人中观察到，地方政府组织了第一次敖包祭祀，个人和群体随之效法(Sneath，1991：58)。20 世纪 90 年代，敖包祭祀更多地出现，并作为蒙古族集体身份和传统复兴的一部分，这也是祭拜活动中政治话语的核心要素。蒙古政府还建立了官方的敖包圣山：第一座于 1994 年建于肯特省的肯特山，随后建立了更多座，“总统在讲话中强调敖包仪式的重要性，它是在民主时代对蒙古传统、历史、人和环境的颂扬”(Sneath，2010：259)。如今蒙古国有十处国家级敖包，由前总统额勒贝格道尔吉(Elbegdorj)于 2004 年批准(Madison-Pískatá，2019：1)。在中国，祭敖包的复兴也被认为是“少数民族”文化再现和“传统重建”的组成部分(邢莉，2009)。祭敖包在蒙古地区日渐普遍之后，于 2006 年被列入中国国家级非物质文化遗产名录并成为当地人所称的“草原文化”的不可分割的部分(王其格、塔娜，2010：21)。在今天的蒙古国，官方鼓励祭拜自然，并支持矿业公司要保护当地的圣地(Davaa-Ochir，2008：16)。环境保护和生态意识成为蒙古传统的新的核心价值，也成为政客推行的文化认同。

国家和地方(旗、苏木和嘎查)官员密切参与到祭敖包的组织活动中，他们也是祭拜活动不可缺少的参与者。他们提供供品、那达慕获胜者的奖品以及酬谢喇嘛的钱。领导者的重要性体现在敖包周遭的位置等级中，喇嘛诵经时，他们坐在喇嘛身旁的前排尊贵座椅上。在过去几年中，敖包祭祀的公开发言中，环境保护已经成为一项关键主题。

最初嵌入环境政治话语的象征行为是祭拜者敬献给神灵的供品。在中国，除了羊头(有的地方是敬献全羊)以外，供品还包括蜡烛、蛋糕、水果、奶制品、酒和哈达，都被放置在石堆前面。它们一般被装在塑料袋和玻璃瓶里，之后被丢弃在原地，留下大量垃圾。从 2010 年代中期开始，祭拜活动之后清理垃圾成为呼伦贝尔地方官员倡导的一项生态责任，以此来保护自然环境。每一位参与者都被要求遵守规矩；仪式结束之后，有专人负责回收塑料袋和空瓶子。2011 年，内蒙古自治区佛教协会设立了八年保护计划，提供环保服务，例如在佛寺、敖包和其他祭祀区域的周围建立特别的哈达点，以避免哈达对环境造成的负面影响(Lkhaajav，2019：11—12)。这些新的生态规约是敖包复兴的一部分，结合了一种新的生态维度，在政府的领导下(乌仁其其格，2012)通过各种行动“继承和重塑传统”(张曙光，2010)。祭敖包和环境关怀是蒙古族“传统文化”中密不可分的概念，也是一种政治资源。国家和地方政府的目标是通过为圣地建立生态标准来平衡不恰当的人类行为。同样的，一些重要圣山上的敖包也变成了环境保护的有力象征。蒙古国乌兰巴托最大佛寺以南的博格多山已经变成了保护区(Atwood，2004：166)，而中国呼伦贝尔西部的博格多山也有自己的自然保护区，以保证人们可以欣赏圣山周围的风景(孛・蒙赫达赉，2006：26)。在政治话术的描述里，蒙古草原上有五彩斑斓的敖包，俯瞰着被保护着的自然风景。对政府人员和普通参与者而言，参与祭敖包是表达其关注环境保护的有效方式。确实，蒙古传统复兴与环境保护是同步进行的。此外，“很多知识分子将祭敖包视为建立社区环保意识的重要中介”(Davaa-Ochir，2008：129)。

敖包及其祭祀是地方实践和政治话语进化的有益指标。敖包起初是蒙古族传统文化的象征，现在是蒙古国和中国的生态保护象征。

使雨落下：祭敖包及仪式实践针对环境威胁的调整

敖包是政治话语、政治行动的理想地点，它们对当地人而言依然是很重要的圣地。敖包是人神之间的有力中介，人们向神提出各种祈求。社区安康富足、牲畜繁衍以及草场丰茂都是祭拜者常见的祈求。不过，消除环境威胁的新祈求已经出现，有些时候还导致了祭敖包仪式内容的调整。

在北亚，人们针对生态变化的解释越来越广泛，尤其是那些严重依赖自然资源的游牧民们。从 2000 年代中期以来，大力发展“广阔美丽草原”旅游业的呼伦贝尔，时常被干旱困扰。当地人这样形容干旱导致的各种外在表象：5 月，本应转绿的草地却依然是黄的。因为缺雨，草也变得不一样了。2019 年 5 月，俄罗斯和蒙古国的几次火灾加剧了本就干燥的草地的旱情。内蒙古自治区其他地方时常发生的严重干旱、暖冬和酷夏都被认为是主要的环境威胁(Wang/Zhang，2012：74)。

除了环境恶化的外在表现，人们还会描述其直接影响。如冬季饲草匮乏，畜群遭受草场退化、水质恶化之害。气候变迁的地方话语往往伴随着各种调适策略。这种可能被称为“生态适应力”的行动，嵌入在放牧技术、经济措施和日常仪式当中。例如，在内蒙古，牧民日益依赖远距离游牧，以理性地使用草场并温和地克服自然灾害。

人们通过游牧实践表明其生态适应力，同时也调整他们的仪式实践及信仰以应对环境变化。拉夫里耶(Lavrillier)记录了西伯利亚以狩猎和驯鹿放养为生的通古斯人当中，气候及环境变化已经深刻改变了人与环境的关系，包括其宗教实践。环境变化诱使他们创造新的仪式、再造萨满传说并出现了土著预言家(Lavrillier, 2013: 261)。在蒙古族地区，气候变化和环境脆弱性已经导致了仪式变革。敖包及其年度祭祀启发我们看到北亚地方社会如何针对生态威胁调整自己的仪式信仰和仪式实践。敖包是生态适应力的象征，是人们平衡生态失调所使用的神圣中介。

按照主位的集体表述，敖包被认为具有某种特定的联通能力。敖包的力量在于其通过供品和祭拜创造出人与神之间的联结的能力。通过这种联结，诸如石头、肉、香和其他礼物等物质资源被供奉给神灵，以换取非物质的回报，譬如财富、能量、庇护等。环境保护也是由敖包联结的神灵赋予的非物质回报。人们相信最具力量的灵栖居在自然当中，因而最具效力的仪式必须在自然环境中举行。但如果自然环境已经被毁坏了，惹怒了神灵，当地人又如何得到自然神灵的善意并从中得益呢?

政治领袖的代表在敖包祭祀中扮演关键角色，他们发表演讲倡导环境保护，带着整个社区的信众祈祷、行仪和献祭。仪式内容的调整有很多种具体方法，包括祈祷时召唤特定神灵而忽略其他，或者更改举行仪式的日期。解决环境问题近来成为敖包仪式的中心。在年度祭祀中，人们祈祷环境保护。更准确点说，信众和仪式专家(通常是喇嘛，有时也会是萨满)的关注点都在雨水。雨的象征是祭敖包的基本要素。蒙古人通常相信一次成功的敖包祭祀之后都会下雨，代表神明对祈祷和供品表示满意。同样的，蒙古族佛教宇宙观是由各种与水有关的龙神组成的。敖包也通常俯瞰着水源，以吸引这种神灵。水与龙有关，龙被认为控制着雨和水；或者说，他们有对抗干旱的能力。这也是为什么近年来祭敖包对龙神特别关注，要特别取悦他们。因此，过去三十年的呼伦贝尔，喇嘛们强化了献给龙神的祈诵。喇嘛一般会在祭敖包前几天向龙神诵经。不过，为了向龙神表达意愿有多么强烈，喇嘛们将这些祈诵延长，进行几天之久。

以仪式调整来平衡环境失调的另一个例子是布里亚特人，他们在呼伦贝尔首府南部的鄂温克自治旗有几座敖包。按照惯例，人们按特定的顺序祭拜这些敖包，而祭拜顺序取决于喇嘛制定的天文历以及圣堆的历史重要性。在这几座布里亚特敖包中，巴音汗敖包通常是第一个被祭拜的，因为其是于 20 世纪 20 年代由布里亚特人在中国领土上建立起来的第一个圣堆。2017 年夏天，草场受到连续数月的严重干旱影响。同年 7 月，为了让草场下雨，喇嘛们决定首先在额尔德尼敖包祭拜，因为它被认为拥有最强大的龙神。因此，举行仪式的日期是可以为了地方环境相关目的而调整的。今天，人们为了求雨而更改或调整仪式行为已经很常见了。布里亚特敖包的例子显示的是宗教领袖选择新日子聚集整个社区，而仪式行为的变革和调整也发生在个人层面上。很多牧民会特意经过敖包，献上供品以求雨；很多老人会坚持每天向窗外天空的方向洒牛奶，同时念特定的咒语，以此求雨。调整敖包祭祀和仪式行为的一项功能就是在人与神灵之间再造一种平衡，以影响神灵并营造一个更好的环境。

敖包被视为圣山的一种自然延伸，被认为可以影响超自然力。敖包也代表着一种挑战，与栖居在蒙古族神圣土地之上的各种神灵和谐共处的挑战。在当今的北亚，祭敖包不仅是宗教及族群复兴的生动表达，也突显了仪式、政治和环境变迁之间的联结。几个世纪以来，敖包一直是政治和仪式行动最重要的场所。正因如此，敖包被认可为环境保护的有力象征。敖包及敖包祭祀已经成为政府工作人员及信众保护家乡环境的表达方式。敖包不仅被用来支持政治话语，也是象征性保护自然及其相关地方实践的主要场所。

原文刊登于《北冰洋研究》2019 年第 2 期。

参考文献：

[1] Atwood, Christopher (2004): *Encyclopedia of Mongolia and the Mongol Empire*, New York, Facts on File.

[2] Biechele-Speziale (2018): "Chinese environmental protection policies and implementation", *Honors College Capstone Experience*, *Thesis Projects*, *Paper* 738, Western Kentucky University.
https://digitalcommons. wku. edu/cgi/viewcontent. cgi? article = 1745&context=stu_hon_theses

[3] 孛・蒙赫达赉. 试论以宝格德乌拉为代表的敖包文化[J]. 呼伦贝尔学院学报. 2006,5(14):25－27.

[4] Davaa-Ochir, Ganzorig (2008): *Oboo worship*: *The worship of earth and water divinities in Mongolia*, M. A. thesis, University of Oslo.

[5] Dumont, Aurore (2017): "Oboo sacred monuments in Hulun Buir: Their narratives and contemporary worship", *Cross-Currents. East Asian History and Culture Review* 24, pp. 200－214.

[6] Hamayon, Roberte (2012): *Jouer. Une étude anthropologique à partir d'exemples sibériens*, Paris, la Découverte.

[7] Hu Yunfeng/Nacun, Batu (2018): "An analysis of land-use change and grassland degradation from a policy perspective in Inner Mongolia, China, 1990－2015", *Sustainability* 10(4048), pp. 1－22.

[8] Humphrey, Caroline (1995): "Chiefly and shamanist landscapes in Mongolia", in Eric Hirsch, Michael O'Hanlon (eds.), *The anthropology of landscape*, Oxford, Clarendon Press, pp. 135－162.

[9] ——(1998)[1983], *Marx went away-but Karl stayed behind*, Ann Harbor, University of Michigan Press.

[10] Humphrey, Caroline/Mongush, Marina/Telengid, B. (1993): "Attitudes to nature in Mongolia and Tuva: a preliminary report", *Nomadic Peoples* 33, pp. 51－61.

[11] Humphrey, Caroline/Onon, Urgunge (1996): *Shamans and elders. Experience, knowledge and power among the Daur Mongols*, Oxford, Clarendon Press.

[12] Humphrey, Caroline/Sneath, David (1996): *Culture and environment in Inner Asia*, Cambridge, The White Horse Press.

[13] Kolås, Åshild (2014): "Degradation discourse and green governmentality in the Xilinguole grasslands of Inner Mongolia", *Development and Change* 45 (2).
https://onlinelibrary. wiley. com/doi/full/10. 1111/dech. 12077.

[14] Lavrillier, Alexandra (2013): "Climate change among nomadic and settled Tungus of Siberia: Continuity and changes in economic and ritual relationships with the natural environment", *Polar Record* 49(250), pp. 260－271.

[15] Lindskog, Benedikte Victoria (2016): "Ritual offerings to Ovoos among nomadic Halh herders of West-Central Mongolia", *Études mongoles et sibériennes, centrasiatiques et tibétaines* 47.

https://journals.openedition.org/emscat/2740

[16] Lkhaajav, Bolor (2019): *Dilemma of the sacred lands: Ovoo and its environment*, Draft paper presented at the conference: Points of Transition: Ovoo and the Ritual Remaking of Religious, Ecological, and Historical Politics in Inner Asia, University of California Berkeley, February 2019.

[17] Madison-Pískatá, Jessica (2019): *The center may not hold: Sacrifice, love, and uncertainty at Altan Ovoo's national Takhilga*, Draft paper presented at the conference: Points of Transition: Ovoo and the Ritual Remaking of Religious, Ecological, and Historical Politics in Inner Asia, University of California Berkeley, February 2019.

[18] Marin, Andrei (2010): "Riders under storms: Contributions of nomadic herders' observations to analysing climate change in Mongolia", *Global Environmental Change* 20, pp. 162 - 176.

[19] Merkle, Rita (2013): "Fifty years of transformation: the decline of nomadic pastoralism in China-a case study from Inner Mongolia", *Études mongoles et siberiennes, centrasiatiques et tibetaines* 43 - 44.
https://journals.openedition.org/emscat/2166#quotation.

[20] Merlan, Francesca (1998): *Caging the rainbow: Places, politics and aborigines in a North Australian town*, Honolulu: University of Hawaii Press.

[21] Pollard - Urquhart, Arthur Lewis (1937): "An Obo festival of Western Sunit", *Journal of the Royal Central Asian Society* 24(3), pp. 454 - 467.

[22] Sneath, David (1991): "The Oboo ceremony among the Barga pastoralists of Kholon Buir, Inner Mongolia", *Journal of the Anglo-Mongolian Society* 13 (1 - 2), pp. 56 - 65.

[23] ——(2000): *Changing Inner Mongolia: pastoral Mongolian society and the Chinese state*, Oxford: Oxford University Press.

[24] ——(2010): "Political mobilization and the construction of collective identity in Mongolia, *Central Asian Survey* 29(3), pp. 251 - 267.

[25] ——(2014): "Nationalising civilisational resources: Sacred mountains and cosmopolitical ritual in Mongolia", *Asian Ethnicity* 15(4), pp. 458 - 472.

[26] 王其格，塔娜. 敖包祭祀与草原文化[J]. 内蒙古民族大学学报. 201036(3): 21 - 24.

[27] 王向阳，王济民，张蕙杰，杨汝荣. 中国西部牧区退牧还草的政策支持[J]，农业经济问题. 2003，7:45 - 50.

[28] Wang Lijun (2010): "The changes of China's environmental policies in the latest 30 years", *Procedia Environmental Sciences* 2, pp. 1206 - 1212.

[29] Wang Xiaoyi/Zhang Qian (2012): "Climate variability, change of land use and vulnerability in pastoral society: A case from Inner Mongolia", *Nomadic Peoples* 16(1), pp. 68 - 87.

[30] Warg Næss, Marius (2013): "Climate change, risk management and the end of nomadic pastoralism", *International Journal of Sustainable Development & World Ecology* 20(2), pp. 122 - 123.

[31] 乌仁其其格. 政府主导下的民间信仰—基于额尔敦敖包祭祀的田野考察[J]，西北民族研究. 2012，3(74)：105－110.
[32] 邢莉. 当代敖包祭祀的民间组织与传统的建构—以东乌珠穆沁旗白音敖包祭祀为个案[J]，民族研究. 2009(5)：74－82.
[33] Yeh, Emily T. ："Green governmentality and pastoralism in Western China: 'Converting pastures to grasslands'", *Nomadic Peoples* 9(1－2), pp. 9－30.
[34] 张曙光. 传统的保持与再塑——关于白音敖包祭祀组织的观察与思考[J]. 大连民族学院学报. 2010，12(4)：289－294.

What Do *Oboo* Cairns Tell Us about Environmental Issues in Northern Asia? Emic Ecological Knowledge, Political Discourse and Ritual Actions in the Grasslands

Aurore Dumont①

Institute of Ethnology, Academia Sinica, Taiwan

Abstract: This article explores the relationship between *oboo* cairns and environmental issues in Northern Asia. We argue that *oboo* worship lies at the intersection of emic ecological knowledge, political narratives and adaptation to climate change. After outlining the way local populations interact with the deities inhabiting the natural environment, the article describes the way environmental degradation has affected people and their economies. It then shows that *oboo* became major sites for both local and national authorities in terms of conveying a political discourse on environmental preservation. Finally, the article analyses how locals have adapted *oboo* ritual content in order to face climate change.

---

① Aurore Dumont is an anthropologist. Her research focuses on the nomadic pastoralism and religious practices of Mongol and Tungus peoples of the People's Republic of China from the late Qing time up to the present. After completing her PhD from Zcole pratique des hau fesétudes, paris, France in 2014. she was a postdoctoral fellow of the Centre for China Studies at the Chinese Unirersity of Hong Kong(2015 - 2017). Currently she is a postdoctoral fellow at the Institute of Ethnology. Academia Sinica, Taiwan.

The pastoralists of Northern Asia perceive their natural environment[①] as a coherent whole made up of natural and supernatural entities. The ecosystem, the climate, the mountains, the pasturelands and the animals are all complementary to various local and ancestral spirits that occupy the sacred landscape. According to the emic conception, every entity is accredited with energies and beneficial power that can be reinforced by ritualized human actions (Humphrey, 1995: 137). As part of this process, Mongolians and other peoples of Northern Asia worship mountains believed to host powerful spirits and masters. Built on top of mountains,[②] *oboo* cairns represent auspicious sites for worshipping mountains and connecting people to their environment. During collective *oboo* rituals, "participants acquired the blessing of the mountain spirit to make use of the land for the reproduction of life" (Humphrey and Onon, 1996: 151). In the same manner, the reciprocal exchange between people and their natural environment during *oboo* worship symbolically ensures the fertility of the herds, green pastures and abundant rain. Mountain-top cairns are not only a ubiquitous feature of the grasslands; they are also sacred monuments considered to have the power to act favorably on the natural environment.

Following the collapse of the USSR in 1991 and the "Opening reforms" in the People's Republic of China in the 1980s, *oboo* worship gained widespread popularity among native populations and are nowadays an important component in their ritual life. Over the last decade, the revival of *oboo* rituals has also become more intensively intertwined with environmental issues. The growth of the mining

---

① I use the conventional term "natural environment" to refer to the Mongolian concept of *baigal* (nature).

② *Oboo* are also found along roads, passes or near sacred springs.

industry, the degradation of pasturelands, pollution and drought have brought about a new discourse and caused local populations and governments to adapt their *oboo* rituals to the changing conditions. An *oboo* is thus more than just a cairn; it is part of a multi-faceted process that challenges various matters related to environment.

The present article argues that *oboo* cairns lie at the intersection of emic ecological knowledge, political narratives and adaptation to climate change. It combines data collected during ethnographic fieldwork conducted in the Hulun Buir area of the Inner Mongolia Autonomous Region between 2011 and 2019① with published data from other scholars working in different parts of Mongolian cultural areas in China, Russia, and Mongolia. After outlining the way native populations interact with the deities inhabiting the natural environment through *oboo* and their worship, the article describes how environmental degradation has affected people and their economies. It then explores how *oboo* became major sites for both local and national authorities in terms of conveying a political discourse on environmental preservation. Finally, the article analyses how locals have created their own ritual strategies and have adapted *oboo* ritual content in order to face climate change. To put it another way, the article asks the question: what do *oboo* cairns ultimately tell us about environmental issues in contemporary Northern Asia?

Erecting an *Oboo* in the Natural Environment: An Act of Ecological Knowledge

Meaning "heap" or "cairn" in Mongolian, *oboo* are one of the most ubiquitous human constructions scattered across the grasslands

---

① This ethnographic fieldwork was realized thanks to the financial support of the French research centre Groupe Sociétés, Religions, Laïcités (GSRL) in 2018 and 2019.

of Northern Asia. They appear in different shapes and sizes, depending on the local surroundings. In Mongolian cultural areas, *oboo* generally consist of a round heap of stones topped with a central pole and branches. They are built on high grounds, such as the tops of sacred mountains, hills or passes: the choice of a high position expresses the desire to overlook a natural environment domesticated by humans. The erection of *oboo* in wild territories free of buildings is a delicate matter. *Oboo* are perceived as powerful objects with the ability to control influential deities responsible for human well-being. The geographical position and orientation of the *oboo*, as well as the material used in its construction, thus require a particular ecological knowledge. *Oboo* are built in such a way that they fit harmoniously with the landscape, creating an aesthetic and meaningful picture of people's perception of their natural environment.

Mongolians — especially pastoralists, whose herds are dependent on water and pastures — possess a precise knowledge of and a particular sensitivity to their natural environment. The environment is perceived as a broad interactive network including all the physical and social dimensions that local people attribute to the land where they live. People, animals, plants, pasture, human constructions, deities and emotional attachments constitute this natural environment. Humphrey observes that in Mongolian culture, "it is not the contemplation of the land that is important but interaction with it. Human choice and agencies are conceived as interrelated with and subordinate to the agencies attributed to entities in the land" (Humphrey, 1995: 135). *Oboo* reflect the interactive relationship between people and their natural environment in its entirety. Always built with auspicious shapes *oboo* are physical constructions empowered to host deities. Although they have their own appellations depending on the locality in question, the deities worshipped belong to the common categories of "masters of the land" (*gazarin ezen*), the divinities of water and dragon (*luus*) and the divinities of the sky (*tengeri*). The Mongolians' relationships with their environment are tied to what may be referred to as an ecological dimension, which can be defined as the maintenance of specific rules to protect all the entities that constitute the environment in exchange for gaining some kind of benefit from them. The paradigm of the ecological dimension is pervasive in people's discourse, beliefs and actions both during *oboo* worship and in their everyday lives.

Collective oboo rituals are generally held in June, the season of the growth of the grass after the first rains of May, newborns in the herds and the first milking: "In the same way that nature goes through a cycle of renewal — providing green grass, calves, and milk — the *oboo* need to be renewed by the actions of people. Each man places a freshly cut branch around the central wooden pole and may add prayer flags and stones, making the *oboo* seem as if it is blossoming with colors, thereby blending in with the surrounding environment." (Dumont, 2017: 207).

Through the establishment of favorable contacts with deities during the *oboo* ritual, people not only ask for luck and prosperity, but also act to obtain the favorable natural environment needed for the pastoral economy. A favorable environment consisting of rain, rich grass and sun is thought to be granted by the deities dwelling around the *oboo* in exchange for prayers, offerings and ritual gestures. Observing these rules allows them to maintain an adequate balance between the different energies and powers circulating in the land and to correct imbalances in case of calamities such as the *zud* (winter disaster), drought and pollution. Mediated by *oboo* worship, the relationship between people and deities works like a chain. The worship brings rain, good grass and sun that will in turn make the herds fertile: this preserves the prosperity and well-being of the community.

Oboo worship is habitually followed in the afternoon by the *naadam* (the "three manly games"): horse racing, wrestling and archery. Just as people engage in reciprocal relations with the deities through offerings and prayers during *oboo* worship, during *naaadam*, people keep pleasing the spirits to "make sure that the year will be good, the cattle numerous, the hunt fruitful, and the yurt solid" (Hamayon, 2012: 150). Therefore, offering the natural environment a tribute in the form of games ensures the perpetuation of the group and the renewal of natural resources.

Oboo cairns are also constitutive of practices that represent a certain idea of the social group. Humphrey and Onon have shown that the renewal of the mountain by adding stones to cairns parallels the renewal of the clan through a new male birth (Humphrey, Onon, 1996: 152). Moreover, erecting an *oboo* serves as a territorial marker connecting men to their collective territory: this materializes the legitimacy of land use and thus the right to interact with the deities. Building and worshiping at oboo are acts of ecological knowledge that allow local people to sustain auspicious interactions with the powerful masters of their homeland.

Pollution, Mines and Drought: When the Spirits Become Angry

For more than three decades, several areas in both China and Mongolia have been facing severe environmental threats. The grasslands traditionally used by pastoralists are affected by various ecological instabilities, ranging from water pollution and decreased grass cover to a lack of rain, desertification and drought (to mention only the most common). However, the degradation of the natural environment is not recent, as it in fact started several decades ago.

Aiming at developing livestock herding, the socialist countries of Northern Asia integrated pastoralists and their traditional economies within state planning policies. Although they were implemented differently depending on the country (Mongolia, China and Russia) and the locality, the policies launched between the 1930s and the 1980s actively promoted intensive industrialization in the grasslands, the opening of land for agriculture, the collectivization of herds and campaigns of sedentarization:① these led to the irreversible degradation of land. Following the "Opening Reforms" in China and the fall of the USSR in Mongolia and Russia, rapid economic growth and increased human activities on the grasslands such as gold mining, the construction of factories and overgrazing due to the demand for cashmere have accelerated the damage to pastures. Numerous works have highlighted the close connection between environmental degradation and the decline of nomadic pastoralism in various areas of the globe (Merkle, 2013; Humphrey and Sneath, 1996, Warg Næss, 2013). Today, the global trends are growing sedentarization, the reduction of pastoral mobility new human and animal spatial configurations and shifts in herding management.

The gradual alteration of the natural environment has not only affected a pastoral economy made up of millions of people, but has also generated new attitudes and discourses towards the environment and related forms of worship. Through their ecological knowledge, pastoralist peoples perceive and sense the degradation of their natural environment on a localized scale and in great detail. In the desert-steppe region of Mongolia, people differentiate between hard rain and soft rain and explain how both may have been affected by recent

① For a detailed analysis of this question, see the works of Humphrey (1998 [1983]), Merkle (2013) and Sneath (2000).

climate change (Marin, 2010: 167). In Hulun Buir, a vast pastoral area situated in the north east of Inner Mongolia, locals explain how drought at a given point in the year may affect the quality of certain types of vegetation present in the grasslands. Nevertheless, the emic perception of environmental threat is not restricted to physical observations: "The sense that natural entities react to human actions is stronger than observation of process within nature" (Humphrey, Mongush, Telengid, 1993: 53). This is also embodied within the indigenous perception of using the natural environment in the right way in order to satisfy the spirits.

There are various principles regulating the way people should behave towards their natural environment and related living beings. The main idea is that, ideally, all human and non-human, animate and inanimate beings of the environment should be kept in harmony through the proper actions of people. Humans are only allowed to use the natural resources they need for their daily existence, such as grass and water for their herds. The deities and other master spirits of the land should be regularly fed with an offering, which signifies that humans are aware of the presence of spirits and thus have a duty to take care of them. Proper actions also include not harming the environment: for example, they should not pollute sources of water with blood and waste since water is considered sacred and might eventually be a dwelling for water and dragon divinities (*luus*).

Thus, overusing resources, mining, cutting down living trees and other disruptive activities are seen as improper behaviors that create an imbalance between people and their environment. According to locals, this imbalance is the result of deities taking revenge on humans. This illustrates the idea that, instead of attributing environmental degradation to a specific person or organization, local people consider calamities as the consequence of the deities' anger. Deities and other spirits may be helpful by bringing luck and flourishing pastures, but they can also become harmful when they are disturbed and bring misfortune. Numerous stories in Northern Asia recall how spirits react to human misbehavior. Among the Aborigines of Northern Australia, Merlan (1998) has shown that due to repeated incursions by non-indigenous people into traditional land, the ancestral spirit snake finally vacated the area after having been extracted from its former home, leaving people without any protection. In Hulun Buir, common are the narratives telling how someone became sick after having polluted a river with waste or how another person lost one of his legs after having violently broken a bottle of alcohol on an *oboo*. Since people must follow specific rules to protect their environment, they also have to behave in the right way at sacred *oboo* sites.

Over the last decade, *oboo* have become places of ecological resilience for local people trying to rebalance the disharmony created by environmental threats. At the same time, they are the favored places for political authorities to establish discourses on environmental preservation. Scattered across the wilds and part of the indigenous concept of nature, *oboo* today are a symbol for the preservation of the Mongolian environment and are used as such in political discourses.

Oboo as Sites for Political Discourses on Environmental Preservation

In many places in Northern Asia, environmental degradation and climate change are serious issues for people living in both urban and rural areas. In big cities such as Ulaanbaatar or Hohhot, people complain about air pollution, while pastoralists are facing the desertification of grasslands and water scarcity in the countryside.

Since threats to the environment are affecting the daily lives of millions of people and the economy, the governments of Mongolia and China have both launched several state projects aimed at protecting and restoring the environment. These environmental policies have evolved over time, from struggling against air, water and soil pollution to fighting back against deforestation and the disappearance of endangered species. In Mongolia, the authorities "developed in the late 20th century an ecologically based system of natural parks and strictly protected areas" (Atwood, 2004: 166).

On the other side of the border, the Chinese state has also set up a system of nature reserves and promulgated many laws prioritizing environmental protection in order to sustain economic development and to protect vulnerable ecosystems.① These include, among others, the "Grassland Restoration Policy" (Wang, Wang, Zhang, Yang, 2003), seasonal grazing (Hu, Nacun, 2018: 2), pasture fencing, and the "Ecological Migration Policy" which sought to relocate pastoralists from their pasturelands to villages. In Inner Mongolia, *oboo* may nowadays be enclosed by fencing, reminding the local people that the pastures are subject to ecological policy. The objectives of the nation-state in applying a framework of laws, discourses, obligations and restrictions towards people and their environment have been labeled "green governmentality" by some scholars (Kolås, 2014; Yeh, 2005). As part of this "green governmentality", *oboo* and their worship have become ideal sites for policies to convey their various ideological messages. I suggest that, as the *oboo* was and is used for expressing national values about Mongolian culture and identity, the cairn today is also explored to broadcast vigorous

① For a complete analysis of China's environmental policy and its five main stages over the last three decades, refer to a Biechele-Speziale (2018) and Wang (2010).

political discourses on environmental protectionism.

Over the past few centuries of Mongolian history, *oboo* have always been privileged places for conveying political actions. *Oboo* thus appear to be appropriate sites for conveying political discourses because they are renowned places for gatherings and joyous moments where public support can be easily mobilized. During *oboo* worship, participants form a collective entity sharing a common deference for the deities. Several travellers, scholars and other observers passing through Mongolian cultural areas in the early 20th century noted that *oboo* worship was the main source of popular legitimacy for political leaders. Travelling through the Xilingol League (eastern Inner Mongolia) in 1935, the English professor Pollard-Urquhart was invited to take part in *oboo* worship organized by Prince Te (also known under his Mongolian name Demchugdongrub, 1902 - 1966), the leader of the West Sunit Mongol and the chief prince of the Xilingol Mongols. Pollard- Urquart observed the political appeal of the prince surrounded by his followers, reflecting the relationship between political subjects and the district authorities (Pollard-Urquart, 1937: 459). This was a common scene in the Mongolian region, where leaders made appearances during *oboo* worship to strengthen their power over the land and their subjects and to convey messages. With regards to the pre-revolutionary period, Sneath notes "*oboo* ceremonies were highly political acts, denoting those who were the legitimate representatives of the human community as they stood in relation to the supernatural world" (Sneath, 2014: 461). Although *oboo* cairns were banned for decades during anti-religious campaigns, they were gradually rebuilt throughout Northern Asia in the mid-1980s and 1990s, leading to a vivid revival of *oboo* worship and the display of politics, religion and identity. *Oboo* rapidly emerged as powerful symbols and crucial spots for both indigenous people and political leaders. While the former were keen to express their attachment to the *oboo*, which they consider to be an inseparable element of their "traditional culture," the latter saw the *oboo* as a means for articulating discourses on national identity.

The growing number of *oboo* ceremonies at different levels was accompanied by gradual variation in the content of the political discourses following the socio-economic transformation of Mongolia and China. During state- and banner-level *oboo* worship, the focus of political discourse has shifted from expressing Mongolian identity to the preservation of the environment. In the 1980s, the first *oboo* worships were organized by the local authorities, who were then followed by groups of people and individuals, as Sneath witnessed among the Barga Mongols of Hulun Buir (Sneath, 1991: 58). In the 1990s, *oboo* worship gained greater visibility as part of the revival of Mongolian collective identity and tradition, which were core elements of political discourse during worship. Indeed, the Mongolian government set up official *oboo* mountain rites: the first one was conducted on Mount Khentiikhan in Khentii aimag in 1994, which was followed by others where "the president made a speech stressing the importance of the *oboo* ceremony in the democratic era for celebrating Mongolia's traditions, history, people and environment" (Sneath, 2010: 259). Today, ten *oboo* are worshipped by decree of the Mongolian state, ratified by former president Elbegdorj in 2004 (Madison-Pískatá, 2019: 1). In China, the revival of *oboo* worship was also part of rediscovering "ethnic minority" culture and "reconstructing tradition" (Xing Li, 2009). Following the growing popularity of *oboo* worships throughout Mongolian areas, they were inscribed in 2006 on the Chinese national list of Intangible Cultural Heritage and became an inseperable part of what is locally called "grasslands culture" (Wangqige, Tana, 2010: 21). Today in

Mongolia, officials encourage the worship of nature and the protection of local sacred sites from mining companies (Davaa-Ochir, 2008: 16). Environmental preservation and ecological awareness have become new central values of Mongolian tradition and the cultural identity promoted by politics.

National and local authorities (*banner*, *sum* and *gachaa*) are very much involved in the organization of collective *oboo* worship and are indispensable actors in the worship process. They finance the offerings, the prizes for the *naadam* winner, and the money granted to the lama. The importance of politicians and other leaders is reflected in their hierarchical position around the *oboo*, taking the front seats of honor next to the lama as he reads the prayers. Over the last fews years, discourse on environmental protection has become a key theme in public speeches given during *oboo* worship.

One of the first symbolical acts to embody the environmentalist political discourse concerns the offerings presented to deities by worshippers. In China, besides sheep heads (sometimes the entire body, depending on location), the offerings consist of candies, cakes, fruits, milk products, alcohol and ceremonial scarves (*khadag*), which are placed in front of the cairn. They are normally packed in plastic bags and glass bottles that are then abandoned at the site, leaving it full of waste. From the mid-2010s, cleaning waste from the *oboo* in Hulun Buir after worship has become part of an ecological obligation promoted by local authorities in order to maintain the natural environment. Every participant is asked to respect the rules; at the end of the ceremony, designated members are in charge of collecting plastic and empty bottles. In 2011, the Mongolian Buddhist community established the Eight-Year Conservation Plan to provide environmental services such as the creation of special *khadag* poles near monasteries, *oboo*, and other worship areas in order to avoid the negative impact of *khadag* (ceremonial scarf) on the environment (Lkhaajav, 2019: 11 - 12). These new ecological regulations are part of the *oboo* worship revival that has produced different practices with a new ecological dimension for "inheriting and reshaping traditions" (Zhang, 2010) under the leadership of governments (Wurenqiqige, 2012). *Oboo* worship and environmental care are intertwined concepts that are part of Mongolian "traditional culture" and as such are political resources. The system of national and local governance is aimed at counterbalancing improper human activity by establishing ecological standards for sacred sites. In a parallel process, some *oboo* sites on important sacred mountains have also become powerful symbols for environmental preservation. Bogd Uul, a mountain situated to the south of Mongolia's largest monastery in Ulaanbaatar, has become a protected area (Atwood, 2004: 166), while the Chinese Bogd Uul *oboo* mountain, situated in the western part of Hulun Buir, has its own nature reserve in order to allow people to enjoy the pure surroundings of the sacred mountain (Bei, 2006: 26). During political discourse, Mongolian grasslands are narrated as consisting of colorful *oboo* overlooking preserved natural landscapes. For politicians and other commoners, attending *oboo* worship is an efficient method for demonstrating their connection to and desire to protect the natural landscape. Indeed, reviving Mongolian tradition goes hand-in-hand with the protection of the environment: Furthermore, "many intellectuals see *oboo* worship as an important agent to build the awareness of environmental protection among communities" (Davaa-Ochir, 2008: 129).

Oboo and their worship provide a meaningful indicator of the evolution of local practices and political discourse. First a symbol of the traditional culture of Mongolians, the *oboo* are now symbols of ecological protection in Mongolia and China.

Making the Rain Fall: Adapting *Oboo* Worship and Ritual Practices to Environmental Threats

If *oboo* cairns are ideal spots for political discourses and acts, they also remain eminent sacred sites for local people. *Oboo* are powerful agents between humans and deities and, as such, are solicited for various purposes. The well-being of the community, abundance, the fertility of herds and green pasturelands are common requests formulated by worshippers. However, new demands to avoid environmental threats have emerged and have led, in some cases, to the adaptation of the ritual content of *oboo* worship.

In Northern Asia, people's accounts about ecological changes are more and more pervasive, especially among pastoralists whose herding practices largely depend on natural resources. Since the mid-2000s, Hulun Buir, which is promoted for tourism purposes as "vast and beautiful green grasslands," is regularly affected by drought. Locals describe the various physical manifestations caused by drought as follows: in May, the grass should normally be green but it stays yellow. The grass also has a particular look, affected by the lack of rain. In May 2019, several fires from neighboring Russia and Mongolia exacerbated the effects of drought on the already dry grasslands. Warmer winters and very hot summers are also often recounted as major environmental threats, together with regular severe droughts in other parts of the Inner Mongolia Autonomous Region (Wang, Zhang, 2012: 74). Besides the physical manifestations of environmental degradation, people also describe its direct effects. Grass for winter feeding is lacking, while livestock is suffering from degraded pastures and poor-quality water. Indigenous discourses on climate change are often concomitant with various strategies of adaptation. These actions of what may be called "ecological resilience" are embodied in the pastoral techniques, economic arrangements and rituals of everyday life. For example, in Inner Mongolia, pastoralists tend to rely more on long-distance mobile pastoralism in order to rationalize the use of pastures and are thus overcoming natural disasters more smoothly.

As people demonstrate ecological resilience in their pastoral practices, they are also adapting their ritual beliefs and actions to the environmental changes. In Siberia, Lavrillier has shown that among the Tungus populations living from hunting and reindeer herding, changes in climate and the environment have profoundly affected the human-environment relationship, including religious practices. Environmental changes have induced the creation of new rituals, the rebirth of shamanistic legends and the emergence of native predicators (Lavrillier, 2013: 261). In Mongolian areas, climate change and environmental vulnerability have led to the transformation and adaptation of rituals. The *oboo* and their annual worship are an enlightening example of how local societies of Northern Asia adapt their ritual beliefs and practices to ecological threats. *Oboo* are symbols of ecological resilience and sacred agents used by people for balancing out environmental disharmony.

According to the emic collective representation, *oboo* are accredited with a specific connective power. The power of *oboo* is their ability to create a connection between humans and deities through offerings and worship. Within this connection, material resources such as stones, meat, incense and other gifts are offered to the spirits in exchange for the redistribution of immaterial benefits, such as fortune, energy, protection, etc. The protection of the environment is also a kind of immaterial benefit that can be generated by the deities through connection to the *oboo*. The most powerful spirits are believed to dwell in nature, which is why the most efficient rituals are necessarily held in the natural environment. But how do local people benefit from the goodwill of the nature deities if the natural environment has been damaged and the spirits are believed to desire revenge?

While the representatives of the political authorities play a key role during *oboo* worship through speeches that promote environmental protection, the whole community of worshippers acts through their prayers, ritual gestures and offerings. There are numerous concrete ways of adapting ritual content, from modifying prayers to calling upon specific deities instead of others or changing the dates of rituals. Recently, environmental precariousness is at the center of *oboo* rituals. During annual worship, people dedicate their prayers to environmental protection. More precisely, worshippers and ritual specialists (usually a lama, but sometimes a shaman) focus on rain. The symbolism of rain is a fundamental feature of *oboo* worship. For Mongols, it is commonly accepted that successful *oboo* worship is always followed by rain, which means that the deities are satisfied with the prayers and offerings. In the same way, Mongolian Buddhist cosmology is comprised of various deities linked with water, commonly known as luus. *Oboo* also often overlook sources of water that might attract such deities. These water divinities are linked with the dragon and are believed to control rain, abundance and water; in other words, they have the power to act against drought. This is the reason why special attention has been paid to water and dragon divinities in recent years: in order to especially please them. Thus, over the last three years in Hulun Buir, the lamas have intensified prayers given to the *luus*. Normally, the lamas read prayers to the water divinities a few days before *oboo* worship. However, in order to place a more powerful demand before the *luus*, the lamas have extended these prayers to go on for several days.

Another example of ritual adaptation in an effort to balance out environmental disharmony is illustrated by the Buryats, who worship several *oboo* in the Evenki Autonomous Banner in the south of Hulun Buir prefecture. The *oboo* are habitually worshipped in a specific order, depending on astrological calculations made by the lama and the historical importance of the sacred cairn. Among the several Buryat oboo, the Bayan Khan *oboo* is always worshipped first, since it is thought to be the first cairn erected by the Buryats on Chinese territory in the 1920s. In the summer of 2017, the pasturelands were affected by months of severe droughts. Hence, in June of the same year, in order to bring rain to pasturelands, the lamas decided to worship at the Erdeni Uul oboo first because it is known to have the most powerful water divinities (*luus*). Thus, the date of rituals can be adapted for local environmental purposes. Today, it is quite common to see people transforming and/or adapting their ritual behavior in order to make the rain fall. While the Buryat Bayan Khan *oboo* highlights a choice made by the religious authorities to bring the whole community together on a new date, the transformation and adaptation of ritual behavior also occurs on an individual basis. Many pastoralists deliberately pass an *oboo* in order to make special offerings for rain, while many elders who maintain the daily practice of throwing milk through the window in the direction of the sky now add some specific sentences to their incantations in the hope of bringing rain. One of the functions of adapting *oboo* worship and ritual gestures is to recreate a balance between humans and deities in order to influence the deities and bring about a better environment.

Perceived as a natural extension of the sacred mountains, *oboo* cairns are believed to interfere with supernatural forces. *Oboo* also represent a challenge to live in harmony with the various deities that inhabit the Mongolian sacred landscape. In contemporary Northern Asia, *oboo* worship is not only a vivid expression of religious and ethnic revival; they also highlight the interconnection between ritual, political and environmental dynamics. Over the centuries, *oboo* have been the most important sites for political and ritual action. It is in this way that *oboo* were accredited with the powerful function of symbolically preserving the environment. *Oboo* and their worship has recently become an expression for the environmental preservation of the homeland, one that is used by both politicians and worshippers. *Oboo* cairns are not only used to support a political discourse, but are also major sites for symbolically preserving the natural landscape and related autochthonous practices.

References

Atwood, Christopher, 2004, *Encyclopedia of Mongolia and the Mongol Empire*, New York, Facts on File.

Biechele-Speziale, 2018, "Chinese Environmental Protection Policies and Implementation," Honors College Capstone Experience, Thesis Projects, Paper 738, Western Kentucky University.

https://digitalcommons.wku.edu/cgi/viewcontent.cgi?article=1745&context=stu_hon_theses

孛·蒙赫达赉.试论以宝格德乌拉为代表的敖包文化[J].呼伦贝尔学院学报.2006, 5(14), pp. 25 - 27.

Davaa-Ochir, Ganzorig, 2008, "Oboo Worship: The Worship of Earth and Water Divinities in Mongolia," M.A. thesis, University of Oslo.

Dumont, Aurore, 2017, "Oboo Sacred Monuments in Hulun Buir: Their Narratives and Contemporary Worship," *Cross-Currents. East Asian History and Culture Review*, 24, pp. 200 - 214.

Hamayon, Roberte, 2012, *Jouer. Une étude anthropologique à partir d'exemples sibériens*, Paris, la Découverte.

Hu, Yunfeng, Nacun, Batu, 2018, "An Analysis of Land-Use Change and Grassland Degradation from a Policy Perspective in Inner Mongolia, China, 1990 -2015," *Sustainability*, 10 (4048), pp. 1 - 22.

Humphrey, Caroline, 1995, "Chiefly and Shamanist Landscapes in Mongolia," *in* Eric Hirsch, Michael O'Hanlon (eds.), *The Anthropology of Landscape*, Oxford, Clarendon Press, pp. 135 - 162.

Humphrey, Caroline, 1998 [1983], *Marx Went Away-But Karl Stayed Behind*,

Ann Harbor，.University of Michigan Press.
Humphrey，Caroline，Mongush，Marina，Telengid，B.，1993，"Attitudes to Nature in Mongolia and Tuva：a Preliminary Report，" *Nomadic Peoples*，33，pp. 51－61.
Humphrey，Caroline，Onon，Urgunge，1996，*Shamans and Elders. Experience，Knowledge and Power among the Daur Mongols*，Oxford，Clarendon Press.
Humphrey，Caroline，Sneath，David，1996，*Culture and Environment in Inner Asia*，Cambridge，The White Horse Press.
Kolås，Åshild，2014，"Degradation Discourse and Green Governmentality in the Xilinguole Grasslands of Inner Mongolia，" *Development and Change*，45(2).
https：//onlinelibrary. wiley. com/doi/full/10. 1111/dech. 12077.
Lavrillier，Alexandra，2013，"Climate Change among Nomadic and Settled Tungus of Siberia：Continuity and Changes in Economic and Ritual Relationships with the Natural Environment"，*Polar Record*，49 (250)，pp. 260－271.
Lindskog，Benedikte V.，2016，"Ritual Offerings to Ovoos among Nomadic Halh Herders of West-Central Mongolia，" Études mongoles et sibériennes，centrasiatiques et tibétaines，47.
https：//journals. openedition. org/emscat/2740.
Lkhaajav，Bolor，2019，"Dilemma of the Sacred Lands：*Ovoo* and Its Environment，" Draft paper presented at the conference：*Points of Transition：Ovoo and the Ritual Remaking of Religious，Ecological，and Historical Politics in Inner Asia*，University of California Berkeley，February 2019.
Madison-Pískatá，Jessica，2019，"The Center May Not Hold：Sacrifice，Love，and Uncertainty at Altan Ovoo's National Takhilga，" Draft paper presented at the conference：*Points of Transition：Ovoo and the Ritual Remaking of Religious，Ecological，and Historical Politics in Inner Asia*，University of California Berkeley，February 2019.
Marin，Andrei，2010，"Riders Under Storms：Contributions of Nomadic Herders' Observations to Analysing Climate Change in Mongolia，" *Global Environmental Change*，20，pp. 162－176.
Merkle，Rita，2013，"Fifty years of Transformation：the Decline of Nomadic Pastoralism in China — A Case Study from Inner Mongolia，" Études mongoles et siberiennes，centrasiatiques et tibetaines，43－44. \ https：//journals. openedition. org/emscat/2166#quotation
Merlan，Francesca，1998，*Caging the Rainbow：Places，Politics and Aborigines in a North Australian Town*，Honolulu：University of Hawai'i Press.
Pollard-Urquhart，Arthur Lewis，1937，"An Obo festival of Western Sunit，" Journal of the Royal Central Asian Society，24(3)，pp. 454－467.
Sneath，David，1991，"The Oboo Ceremony Among the Barga Pastoralists of Kholon Buir，Inner Mongolia，" *Journal of the Anglo-Mongolian Society*，13 (1－2)，pp. 56－65.
Sneath，David，2000，*Changing Inner Mongolia：Pastoral Mongolian Society and*

the Chinese State, Oxford: Oxford University Press.

Sneath, David, 2010, "Political Mobilization and the Construction of Collective Identity in Mongolia, *Central Asian Survey*, 29 (3), pp. 251 - 267.

Sneath, David, 2014, "Nationalising Civilisational Resources: Sacred Mountains and Cosmopolitical Ritual in Mongolia," *Asian Ethnicity*, 15 (4), pp. 458 - 472.

王其格，塔娜. 敖包祭祀与草原文化[J]，内蒙古民族大学学报，201036(3)，pp. 21 - 24.

王向阳，王济民，张蕙杰，杨汝荣. 中国西部牧区退牧还草的政策支持[J]，农业经济问题，2003(7)，pp. 45 - 50.

Wang, Lijun, 2010, "The Changes of China's Environmental Policies in the latest 30 Years," *Procedia Environmental Sciences*, 2, pp. 1206 - 1212.

Wang Xiaoyi, Zhang Qian, 2012, "Climate Variability, Change of Land Use and Vulnerability in Pastoral Society: A Case From Inner Mongolia", *Nomadic Peoples*, 16 (1), pp. 68 - 87.

Warg Næss, Marius , 2013, "Climate Change, Risk management and the End of Nomadic Pastoralism," *International Journal of Sustainable Development & World Ecology*, 20 (2), pp. 122 - 123.

乌仁其其格. 政府主导下的民间信仰——基于额尔敦敖包祭祀的田野考察[J]. 西北民族研究，2012，(3)(74)，pp. 105 - 110.

邢莉. 当代敖包祭祀的民间组织与传统的建构——以东乌珠穆沁旗白音敖包祭祀为个案[J]. 民族研究，2009(5)，pp. 74 - 82.

Yeh, Emily T. , 2005, "Green Governmentality and Pastoralism in Western China: 'Converting Pastures to Grasslands'," *Nomadic Peoples*, 9 (1 - 2), pp. 9 - 30.

张曙光. 传统的保持与再塑——关于白音敖包祭祀组织的观察与思考. 大连民族学院学报，2010，12(4)[J]，pp. 289 - 294.

鄂温克族驯鹿饲养业的困境与对策

唐　戈[1]

摘　要：2003年8月，驯鹿鄂温克人放下手中的猎枪，实施了“生态移民”。从此，驯鹿饲养业成为其收入的主要来源；目前驯鹿饲养业却陷入了困境，与以往相比较，驯鹿数量不但没有增加，反而有所下降，其原因在于驯鹿大量的非正常死亡，而在诸多死亡原因中，盗猎者的捕猎又是最主要的；恢复和发展鄂温克族的驯鹿饲养业必须打击盗猎。

一、调查过程

鄂温克族是通古斯语民族之一，中国境内有人口30505人（2000年）主要分布在内蒙古自治区和黑龙江省。鄂温克族由三部分（分支）构成，人口最多的为索伦，其次为通古斯，人口最少的则为雅库特。雅库特鄂温克人因饲养驯鹿，故又有“驯鹿鄂温克人”之称。截至2007年底，驯鹿鄂温克人共有62户，250人，其中男114人，女136人。在这250人中，有猎民139人，干部51人（不包括未成年人）。

为保护大兴安岭西北部的野生动物及森林资源，2003年8月，驯鹿鄂温克人在内蒙古根河市政府的组织下，结束了世代保持的游猎生活，走出了大兴安岭的原始森林。通过实施“生态移民”实现了历史性“定居”。5年过去了，这部分鄂温克人的生存状况如何？其驯鹿饲养

---

① 唐戈，男，黑龙江宾县人，黑龙江大学政府管理学院社会学系教授，硕士生导师，主要从事社会—文化人类学、民族学理论及东北地区族群与文化研究。

业的状况又如何呢？针对上述问题，笔者于2008年8月17—22日，对驯鹿鄂温克人进行了一次较为系统和深入的调查。调查主要采取访谈法和参与观察法，访谈法又分为结构式访谈和非结构式访谈两种。8月17—18日，笔者在驯鹿鄂温克人唯一的定居点——内蒙古根河市敖鲁古雅鄂温克民族乡进行了调查。8月18日下午，随鄂温克族猎民金雪峰前往达玛拉猎民点。在那里，笔者除参与鄂温克族猎民的生产和生活外，还就有关问题进行了访谈。8月22日下午，笔者冒雨离开达玛拉猎民点，23日上午回到根河市，下午对中妮好进行了访谈。受访谈人的基本情况见表一。

表一　受访谈人基本情况表

姓名	性别	年龄	民族	任职	鄂温克语程度	是否拥有驯鹿
达玛拉	女	60	鄂温克族	熟练	有	
金雪峰	女	33	鄂温克族	熟练	有	
齐瑞梅	女	70余	俄罗斯族	熟练		
何迎春	女	42	鄂温克族	熟练		
侯树森	女		汉族	不会	有	

姓名	性别	年龄	民族	任职	鄂温克语程度	是否拥有驯鹿
张国付	男		汉族		不会	
中妮好	女	67	鄂温克族	曾担任乡妇主任	熟练	有
何强	男	25	鄂温克族		基本熟练	有
冯训林	男		汉族	乡党委副书记	不会	
张杰	男		汉族	乡党委组织和宣传委员	不会	
安塔	女	64	鄂温克族		熟练	
吴旭生	男	34	鄂温克族		熟练	有

二、鄂温克族饲养驯鹿的历史

经过长期的历史演变和解放后几十年的发展，我们可以把鄂温克族饲养驯鹿的历史大体分为如下三个阶段：

1. 第一阶段：1961年之前。世界上与驯鹿有关的民族和文化大体上可分为三种类型。一种是猎捕野生驯鹿型，主要分布在北美洲北部的森林和苔原地带；第二种是苔原养鹿型，主要分布在亚洲和欧洲北部的苔原地带，这种类型的特点是以驯鹿为主要的食物来源；第三种是森林养鹿型，主要分布在亚洲北部的森林地带，该类型不以驯鹿为食，而仅仅将其作为交通和运输工具，我国的鄂温克族即属于这种类型。新中国成立前，驯鹿鄂温克人均生活在山林里，他们以乌力楞为单位进行游猎。亦偶而到额尔古纳河右岸的奇乾（乌启罗夫）与俄国商人进行交易。由于俄国商人对鹿茸、熊胆等不感兴趣，因而他们主要交易野生动物毛皮。新中国成立后，驯鹿鄂温克人开始到当地的供销社出售鹿茸、熊胆之类的药材。即便那时，他们仍不割鹿茸，而任其生长脱落。

2. 第二阶段：1961—2003年间。1961年，驯鹿鄂温克人开始试割驯鹿茸并获得成功，从此，鹿茸成为驯鹿鄂温克人收入的一项重要来源。在此期间，由于驯鹿鄂温克人仍然在大兴安岭的原始森林里游猎，狩猎照旧是他们主要的经济来源。进入20世纪80年代，由于大兴安岭森林资源的过度开发，当地的野生动物资源越来越少，鄂温克猎民猎取野生动物的机会和数量也相应减少。此时，鹿茸已超过狩猎成为驯鹿鄂温克人最主要的收入来源。

3. 第三阶段：2003年之后。2003年8月，驯鹿鄂温克人通过实施“生态移民”，开始实现第三次“定居”。同时，乡政府所在地也由满归一带的敖鲁古雅搬到了根河市西郊5公里处，该乡仍称敖鲁古雅鄂温克民族乡。为与老敖鲁古雅乡相区别，故称为新敖鲁古雅乡，简称“新敖乡”。

生态移民共分两步走，一是由根河市公安局和敖鲁古雅乡派出所民警到各猎民点收缴枪支，二是将生活在山上的猎民和驯鹿一同搬迁到新敖乡。为此，根河市政府先为猎民修建了新居，新居为砖结构，铁皮屋顶，并设有集体供暖设施和自来水系统。同时，他们还为驯鹿搭建了鹿圈，鹿圈亦为砖结构，并配有自来水。8 月 8 日夜，生活在达玛拉猎民点的全体猎民和驯鹿乘卡车走了一整夜，于 9 日率先到达新敖乡。生活在玛茹莎猎民点、达瓦猎民点以及冬霞猎民点的猎民也陆续搬到这里，但最大的猎民点—玛丽亚・索猎民点的猎民却始终没有从山上搬下来。

虽然根河市政府为驯鹿搭建了鹿圈，并修建了自来水系统，但他们并没有给驯鹿准备好充足的食物。为此，他们动员全市干部到近郊采集驯鹿爱吃的柳树叶，即便这样也没有维持几天。另外，喝惯了山泉水的驯鹿拒喝自来水，因为这种水含有铁锈。迫不得已，人们不得不弄来纯净水饮驯鹿。到后来，驯鹿又只喝一个品牌的纯净水。眼见驯鹿一天天地消瘦、生病甚至死亡，3 天后即有猎民赶着自家的驯鹿重返山林，达玛拉点猎民 7 天后也陆续回到山林中，他们选择了离根河市区较近的五峰一带的森林作为驯鹿新的栖息地。但在返回过程中，猎民们总共损失了 10 余头驯鹿。其中，除在鹿圈死亡的外，还有的是在搬迁过程中死在卡车上，另有一些驯鹿因看管不严走散丢失。事后，根河市政府对各家损失的驯鹿均进行了补偿。虽然鄂温克猎民又回到了山林但由于猎枪已被收缴，他们的生产和生活主要还是围绕驯鹿进行的，饲养驯鹿仍是他们主要的收入来源。

三、猎民点的构成与驯鹿分布

驯鹿鄂温克人依其身份可分为猎民、国家干部及既非猎民亦非国家干部等三类人，其中以猎民为主。与农民、牧民、渔民一样，猎民是计划经济时代的产物，是当时从事驯鹿饲养的鄂温克人的“法定身份”。尽管实施“生态移民”后，这部分鄂温克人已不再从事狩猎生产，但人们仍习惯于称他们为猎民，他们拥有猎民身份，并享有种种优惠政策。

猎民点由若干个个体家庭构成，少则一户，比如像达瓦点、玛茹莎点等，多则 10 余户，像玛丽亚・索点。为加强对猎民点的管理，他们通过政府任命的形式，在猎民点设点长，以负责管理一个点的生产和生活。通常，一个猎民点就用点长的名字来命名，称“××点”，如玛丽亚・索点、达玛拉点、冬霞点、达瓦点、玛茹莎点等。2003 年 8 月，当狩猎生产从鄂温克猎民的生活中退出后，或者当管理驯鹿成为各个点的主要生产劳动后，也有人不再称其为猎民点，而改称“放牧点”。

驯鹿鄂温克人的猎民点系由原来的乌力楞发展而来的，比如玛丽亚·索猎民点系由亚格鲁其千乌力楞发展来的。尽管组成猎民点的各个个体家庭一直处在不断的分化和重组之中，有的点甚至已经变得面目全非，但任何一个猎民点都可以追溯到其原初的那个乌力楞。正是由于不断的分化和重组，才使各个乌力楞原有的父系血缘关系被打破，猎民点也不再是原来的父系家族（家庭）公社，那种共同占有生产资料、共同劳动、平均分配的制度早已不存在了。

表二　2008 年驯鹿鄂温克人猎民点统计表

名称	组成	地点	驯鹿头数
玛丽亚·索	玛丽亚·索	阿龙山	300 余
	杨双虎		
	马林东、马瑞		
	安道、毛谢、吉丽梅、侯树林、侯建平		
	巴拉杰依、维佳、索杨		
	柳霞、雨果		
达玛拉	达玛丽、玛丽亚·布、金波涛、杜静、金昭	金林	120 余
	金雪峰、吴旭生、吴酮		
	中妮好、何强、何磊、范索、那斯塔		
冬霞	布冬霞、肖良库、肖晨吴	下央格气	60 余
	肖良柱、×××		
	戈拉、托娅、刘××		
达瓦	达瓦、郭芳、达丽娅、达维尔	达赖沟	58
玛茹莎	玛茹莎、那如布、依列、依苏	得耳布尔	30 余

四、与驯鹿有关的经济收入

1. 驯鹿茸。这是鄂温克猎民目前最主要的收入来源。割驯鹿茸一般是在春末夏初，由乡政府统一进行。届时，乡政府会派专人到猎民点，一个点一个点地割。割茸由乡政府指定的割茸员来完成，每当鹿茸被割下后，立即称重，然后把它登记在户主名下，接着把驯鹿茸统一送到乡政府下属的鹿茸加工厂，经烤干等几道加工程序，由乡政府统一对外出售，所得款项的一部分按当初各户湿鹿茸的多少进行分配。驯鹿是半野生动物，其茸的价值虽比不上野生的马鹿茸，但比圈养的马鹿、梅花鹿及野生驼鹿的茸的价格高，一般在200—250元/公斤。前些年，中国曾从俄罗斯大量进口驯鹿茸，一度使自产的驯鹿茸价格下跌。而今，由于内蒙古满洲里海关已禁止进口驯鹿茸，其销售价格较前有所提高。据粗略统计，2007年全乡共割湿驯鹿茸500～600公斤，烤干后为300～400公斤，共收入10余万元。其中，达玛拉一家拥有70余头驯鹿，驯鹿茸的收入计18000元。安道一家只有20头驯鹿，驯鹿茸的收入不过2000元。

2. 驯鹿产品及旅游纪念品销售。目前全敖乡共有5家销售驯鹿产品及旅游纪念品的商店，主要经营驯鹿茸(干的切片)、驯鹿鞭、驯鹿角(工艺品)以及毛皮手套、毛皮挎包和桦树皮盒等民族工艺品。随着敖乡特色经济的飞速发展，每年到敖乡旅游的人也很多，游客除到景点和猎民点旅游外，一般都要购买一二件驯鹿产品或民族工艺品。笔者到敖乡时，中妮好的女儿契别一家刚好开了一家经营驯鹿产品及旅游纪念品的商店，据说赚了不少钱还买了摩托车和电脑。

3. 旅游。由于敖乡特殊的民族文化背景，许多游客慕名来这里参观旅游。为延伸旅游经济的产业链条，乡政府于2005年在乡所在地的森林中建起了旅游点，有数处“斜仁柱”和7头驯鹿，由吴旭生负责经营。旅游季节从每年的6月份开始，一直持续到9月，每天都有旅游团前来参观，最多时一天接待10余个旅游团。2007年，旅游点的门票为每人10元，次年涨到每人20元。许多游客除到旅游点参观外，还要到猎民点以观察猎民的真实生活。由于玛茹莎猎民点离敖乡最近，乡政府工作人员多把旅游者领到这里参观，每个团收费200元。游客一般当天去当天回，不在猎民点过夜，个别游客顶多在猎民点用一次餐，但需另付费。

五、驯鹿饲养业的发展举步维艰及其原因分析

由上述调查分析可知，驯鹿茸是当地鄂温克人主要的收入来源，驯鹿茸产量的多少及销售价格的高低直接影响到他们的实际收入，进而影响到他们的生活质量。驯鹿是一种比较有特色的动物，无论雌雄均长茸，只不过雌鹿的茸比雄鹿的茸小而已。当年生的小鹿虽已长茸，第二年才可割取。出生两年后的小鹿即有生育能力，且年年下崽，十几年后方失去生育能力并死亡。依此推算，驯鹿数量应是迅速增加的，但据笔者调查统计，到目前为止，我国驯鹿种群的数量不过 660 头左右。与 1992 年相比，驯鹿数量不但没有增加，反而有所下降，而且下降的速度还相当快（见表三）。如今，距 2003 年 8 月生态移民已整整 5 年了，驯鹿数量为什么始终徘徊不前甚至有所下降呢？经调查分析，笔者认为原因有二：

表三　驯鹿数量统计表

年份	驯鹿数量（头）	资料来源
1938	853	日永田珍馨：《驯鹿鄂伦春族》，敖鲁古雅鄂温克民族乡政府，1985 年
1952	552	吕光天等：《额尔古纳旗使用驯鹿鄂温克人的调查报告》//《鄂温克族社会历史调查》，内蒙古人民出版社，1986 年
1964	815	马逸清、陈兆京：《驯鹿调查报告》1980 年
1992	824	据敖鲁古雅乡政府统计

1. 客观原因。经统计，导致驯鹿死亡的客观原因主要有以下 7 种：一是老死；二是病死；三是车祸，包括汽车祸和列车祸两种；四是走失；五是被其他野生动物伤害，包括熊害、狼害和猞猁害等；六是环境污染，主要是吃了喷洒过农药的植物；七是盗猎者的捕猎。在上述诸多原因中，盗猎者的捕猎是主要原因。2007 年，达玛拉猎民点共损失 30 余头驯鹿，其中达玛拉一家就损失 20 余头，中妮好一家损失 10 余头。除个别驯鹿被列车撞死和 7 头小鹿被猞猁吃掉外，其余全部是被盗猎者

猎杀死亡。

历史上，大兴安岭地区的非法捕猎从来没有间断过，以前每家每户都有猎枪，每一个林场也都有几名职业猎人。1996 年，内蒙古自治区为保护野生动物资源，在大兴安岭地区实施禁猎，下大力气收缴了群众手中的枪支，短期内收到了较为明显的效果。但没过多久，没有枪支的盗猎者以下套、下夹子等形式重操旧业，尤其是下套，这是导致驯鹿直接死亡的主要原因。在达玛拉猎民点，我们发现金雪峰家一头黑色驯鹿的一条后腿患有腿疾。金雪峰告诉笔者：这头鹿的这只后腿去年套住了，后来虽然被及时发现和解救，但这头驯鹿去年十分消瘦，并且差一点死掉。为什么实施禁猎后，盗猎依然成为驯鹿死亡的主要原因呢？

首先，2003 年实施生态移民前，驯鹿鄂温克人的猎民点大多分布在根河市北部地区，这一地区人口密度小，盗猎者自然少。实施生态移民后，除玛丽亚·索猎民点仍在阿龙山一带游动外，其他猎民点均搬到了根河市南部地区，这一地区人口稠密，盗猎者自然多。

其次，猎民们普遍反映，下套比枪支猎杀对驯鹿的伤害更大，因为一个盗猎者一次下套可达数百只。

再次，盗猎者都是汉族人，他们一般都在林场附近的山上下套。这些地区虽然野生动物稀少，但总有驯鹿在此间觅食，结果野生动物没有捕到，反倒将驯鹿套到了。据达玛拉讲，其猎民点最近四年所有被套死的驯鹿均是金林林场的盗猎者下的套，但他们无法查明具体是谁下的套，最后也无法通过法律途径加以解决。

2. 主观原因。目前鄂温克族猎民在猎民点上的主要工作就是找鹿。这项工作劳动强度大，多由青壮年男劳力来承担。按照驯鹿的生活习惯，鄂温克猎民一年要搬三四次家。他们在冬营地的时间较长，从前一年的 9、10 月份一直到次年的 3 月份，然后搬一次家，7 月份再搬一次，有的 8 月份还要加搬一次。当新的帐篷搭建完成后，就要将驯鹿从“老点”赶至“新点”，否则驯鹿不认识新点。由于每次驯鹿在林中进完食后，仍习惯于回到老点，通常只要制驭了其中的一头，其他的就会跟随来到新点。但驯鹿的记忆力不是很强，第二天进完食之后仍可能回到老点，因此需要一次次地将它带到新点。夏季是雨水多的季节，森林中的蘑菇生长得很快，驯鹿因贪吃蘑菇会走得很远，从而给找鹿增加了难度。除正常找鹿外，个别驯鹿因走散或被盗猎者下的套套住，许多天没有回到猎民点，这个时候仍要派人到很远的地方去找，从而给找鹿工作增加了难度。

驯鹿鄂温克人喜欢饮酒，个别人久而久之患有酒精依赖症，嗜酒成性，因饮酒导致的非正常死亡时有发生，这种情况在男性青壮年身上尤为突出，由是之故，致使各猎民点普遍缺乏青壮年男劳力。一些男性青壮年虽然没有死亡，但因为终日饮酒，已不能到猎民点劳动和生活，个别人因饮酒而成为残疾人。除饮酒外，一些男青年适应不了猎民点的生活，总想往山下跑，何强就是一个典型例子。我们这次之所以提前结束对达玛拉点的考察，原因是何强想尽快下山回到根河市里。达玛拉不放心，想让我们陪他一同下山。据说，导致何强下山的原因是他的弟弟何磊和弟媳范索准备到猎民点接替他的工作，可何磊夫妇仅仅在山上待了不到三天时间，也自动回到了市里。如今，在达玛拉猎民点只有一个半男劳力，一个男劳力是金波涛，半个男劳力是何强，因为他并非总待在猎民点上，一个半男劳力管理 120 余头驯鹿谈何容易。与之相比，玛丽亚・索猎民点的情况更糟糕，现在只有维佳和毛谢两个男劳力，却要管理 300 余头驯鹿。

六、解决鄂温克族驯鹿饲养业困境的对策

1. 打击盗猎，扩大驯鹿种群。影响驯鹿种群数量增加的主要原因在于驯鹿大量的非正常地死亡，而在驯鹿诸多非正常死亡原因中，盗猎者的盗猎又是重中之重，占到非正常死亡驯鹿数量的一半以上。自从枪支被收缴上去后，盗猎者转而大规模采用下套等办法实施盗猎，结果野生动物没有套到，反倒将驯鹿套到了。据说如果套到驯鹿的脖子，它会当场死亡；如果套到腿，驯鹿虽然会被解救出来，但久治不愈的腿伤也会致其死亡。从实践来看，打击盗猎决非易事，一方面政府应加大监管力度，另一方面应该给受害的鄂温克猎民以适当的法律援助。此外，政府有关部门还应想办法解决林场工人的生计问题。自 1998 年以来，生活在大兴安岭各林场的林业工人的生计问题一直没有得到切实有效

的解决。现在大部分林业工人已到外地打工自谋生路。但仍有一部分人守在家乡，除了每年秋季“采秋”外，他们毫无生计可言。对此，笔者认为应将解决林业工人生计、打击盗猎和恢复鄂温克族狩猎生产综合起来统筹考虑加以解决。

2. 调动鄂温克猎民养鹿的积极性。缺少劳动力尤其是缺少中青年男劳力，是影响驯鹿饲养业发展和驯鹿种群数量增加的重要原因。为鼓励鄂温克族猎民养鹿的积极性，2007 年呼伦贝尔市政府决定每年给每头驯鹿 300 元补贴款，新增加的驯鹿每头每年多给 50 元，以鼓励鄂温克族猎民养鹿的积极性，从而使驯鹿头数逐年增加，进而达到保护和发展我国唯一驯鹿种群的目的。这笔款项虽然于 2007 年已下拨，但乡政府并不打算将其按驯鹿头数下拨到每家每户，有关款项的具体使用办法，有多少将按驯鹿头数下拨给每家每户，有多少用于医治驯鹿的疾病及有多少用于驯鹿茸的加工，目前还没有相关政策出台。

3. 恢复狩猎生产，防止野生动物对驯鹿的侵害。狩猎问题是广大猎民反映最多也是最强烈的问题，他们一致要求重新发放 2003 年 8 月收缴上去的猎枪，以恢复狩猎生产。笔者认为，政府可以在适当时机或适当条件下考虑恢复鄂温克猎民的狩猎生产。其中一个理由是，恢复狩猎生产是保护和发展中国唯一驯鹿种群的需要。由于鄂温克族猎民手中没有猎枪，他们只能任由野生动物对自家驯鹿的伤害，恢复狩猎生产无疑可以防止其他野生动物对驯鹿的伤害，从而增加驯鹿种群的数量。恢复狩猎生产也不会对大兴安岭西北部野生动物资源和整体生态环境的保护造成太大的影响。首先，截至 20 世纪 80—90 年代，随着大兴安岭的开发，其野生动物的数量已降低到历史上的最低点，鄂温克族猎民已没有猎物可以猎取。1995 和 2000 年，笔者在鄂温克族猎民点生活的近两个月时间中，没有看到任何一个猎民或非猎民猎取到一头野生动物，哪怕是一只灰鼠或野禽。其次，禁猎前，在整个大兴安岭地区的狩猎生产中，汉族或其他民族（不包括鄂伦春族）所猎取的野生动物所占比例相当高，鄂温克族猎民所占比例可能还不到 5%。再次，自从禁猎以来，大兴安岭野生动物的种类和数量增加很快。据报道，禁猎 10 年后，内蒙古大兴安岭林区的野生鸟类已达 267 种，野生兽类达 57 种[1]。

笔者认为，恢复鄂温克族的狩猎生产不会影响大兴安岭西北部野生动物数量的增长和整体生态环境的保护。当然，恢复狩猎生产不是无条件的，而是在充分尊重和考虑鄂温克族猎民利益和传统的前提下，根据我国的相关法律、法规和政府颁行的相关规定制定切实可行的法规，对所猎取的野生动物的种类、数量和枪支的使用与管理加以严格限制，并指定专门人员进行严格的管理和监督。比如，严格限制将猎枪带入人口相对稠密的地区，如敖鲁古雅乡、根河市。同时，将恢复鄂温克族狩猎生产与打击盗猎行为结合起来同步推进。

4. 进一步发展旅游业。从目前来看，旅游业应该是驯鹿鄂温克人未来一个比较有发展前景的产业。它不仅可以增加驯鹿鄂温克人的收入，而且也是保护和发展民族传统文化的一个重要手段。在具体实施中，一是充分考虑驯鹿鄂温克人的利益，积极吸收他们参与到旅游业中去；二是注意把发展旅游业同保护民族传统文化结合起来，鄂温克人不仅是以表演者的形式将自己的传统文化展示给游客，而且应当成为管理者和服务者，最终成为旅游业发展的主体和主要受益人群；三是抓紧筹措资金，加快基础设施建设。2008 年由根河市投资，芬兰贝利集团设计的鄂温克猎民住宅改建及滑雪场建设工程已全面展开。建筑式样仿照北欧沙米人的模式，目的是“将敖鲁古雅打造成中国的北欧”。笔者到达敖乡时，已有一半的猎民住宅正在改扩建之中，预计今年入冬前将完成，另外一半猎民住宅的改扩建将在明年完成。改建后的猎民住宅将由原来的平房变成二层小楼。另外，新建的博物馆也正在紧张施工中。据说，在完成鄂温克族猎民住房改造之后，根河市政府将在敖乡建立一个世界级的滑雪场，它不同于国内其他滑雪场的地方在于，这个滑雪场不但持续时间长，可以从上一年的 10 月份一直持续到第二年的 3、4 月份，而且还有一个特殊的运动项目——即驯鹿拉雪撬。

原文刊登于《黑龙江民族丛刊》2008 年第 6 期。

参考文献：

刘玉荣，王宇新. 内蒙古大兴安岭禁猎 10 年野生动物种群扩大数量增加[N]. 内蒙古日报，2006 - 05 - 30.

鄂温克族驯养驯鹿的本土知识

林　航①

摘　要： 通过分析驯鹿的生物属性和鄂温克族驯养驯鹿的历史发展脉络，梳理具有鄂温克族特色的驯鹿驯养技术体系，从而关注鄂温克族驯养驯鹿的本土知识。结合2011年春对内蒙古根河敖鲁古雅鄂温克民族乡的探访调查，解析鄂温克对驯鹿生物特性的认知和文化涵义的理解，特别对2003年生态移民搬迁前后出现的变化分析，进而探讨鄂温克驯养驯鹿的当代变迁和对当地生态文明建设的潜在影响。

驯鹿(Rangifer tarandus)因其性情温顺，喜欢近人而得其名。又因其不论雌雄都有硕大多支的鹿角，亦称“角鹿”。驯鹿是寒温带食草动物的优势物种，栖息于寒带、亚寒带的森林苔原地区，不仅为驯养驯鹿的各民族保障了稳定的食物来源和衣着原料，同时又稳定了驯鹿的种群规模，而且也为其提供了可靠的交通工具，因而被人们誉为“森林之舟”。

鄂温克人作为我国仅有的使鹿民族。一方面，把驯鹿作为其最重要的生活资料和生产资料，在长期的生产实践中逐步探索并积累了独特的饲养、管理和治愈驯鹿疾病的本土知识，有效保持了驯鹿种群的生存和稳定发展，为相关地区的生态平衡作出了积极贡献；另一方面，鄂温克人也将驯鹿融合进自身的社会组织和文化构建中，将其视为鄂温

---

① 林航，男，浙江杭州人，杭州师范大学人文学院教授，德国维尔茨堡大学博士，德国汉堡大学博士后，研究方向为辽金史、东北亚民族史、民族文化和民族生态。

克族物质和精神文化的重要部分，形成了带有鲜明驯鹿风格的民族特质。由此可见，在他们的文化建构中，不仅积累了有关驯养驯鹿的丰富本土知识和技术，而且还能够做到对驯鹿的高效利用和对生态的精心维护。发掘利用相关的本土知识和技术，对我国当代大、小兴安岭及毗邻地带森林生态系统的生态文明建设可以发挥不可替代的作用。

一、驯鹿的生物特性

驯鹿（Rangifer tarandus）在动物学分类上隶属脊索动物门（Chordata）、哺乳纲（Mammalia）、偶蹄目（Artiodactyla）、鹿科（Cervidae）、驯鹿属（Rangifer），是此属下的唯一物种，为国家II级保护动物。作为环北极分布动物的一种，驯鹿广泛分布在北纬48度以北的北极、亚北极和泛北极生物区系的苔原山地和森林中，特别是欧洲北部、西伯利亚和北美洲北部，多群栖，处于野生或半野生状态。其野生种群分散分布于挪威（斯瓦尔巴群岛）、芬兰、俄罗斯（包括新地岛）、加拿大和阿拉斯加、华盛顿州和爱达荷州北部。驯鹿的驯养业主要分布在欧洲的斯堪的纳维亚半岛北部、俄罗斯地区和亚洲大陆东北部，所驯养的驯鹿类型主要是亚北极地带猎捕野生驯鹿类型、东西伯利亚原始森林狩猎养鹿类型和乌拉尔北部到楚克齐的苔原养鹿类型。[1]据估计，包括野生和驯养的驯鹿在内，全世界现有驯鹿总数约440万头，主要由北欧的萨米人、西伯利亚的涅涅茨人、谢尔库普人、柯特人等所驯养。[2]

驯鹿属于中型鹿，成年雄鹿身长140—230厘米，肩高90—150厘米，体重150—180千克，尾长15—20厘米；成年雌鹿身长100—180厘米，肩高80—120厘米，体重80—120千克。驯鹿亚种之间由于分布地区和生活环境的差异，有较大的不同。其中，我国的驯鹿雄性体长大多在113—135厘米，肩高100—120厘米，体重70—148千克；雌性体长大多在104—115厘米，肩高92—101厘米，体重73—95千克。就总体而论，中国驯鹿属于体型偏小、体重偏轻的亚种。

驯鹿长相特殊，头长而直，嘴粗唇大，耳短眼突，背平尾短。为了适应寒冷的生活环境，驯鹿的身体结构在自然进化中也产生了一些独特的变化，特别是鼻腔发达，内含有上下两块鼻甲，从而增加了鼻腔的内表面积，使吸入的空气可以充分加温，加上鼻部整体被毛覆盖，有效地增加了驯鹿的抗寒能力。驯鹿的皮毛由两层毛组成，底层是密集而轻盈的绒毛，表层是中空的、内有空气的长硬毛，这样的皮毛结构可以很好地起到隔绝冷空气、保温的作用。[3]驯鹿蹄的掌面大而阔，中央裂线较深，行走时和地面有较大的接触面，因此适于在雪地、冰面和崎岖不平的道路上行走。随着季节更迭，驯鹿蹄也有相应变化。在夏天，脚枕变成海绵状，使驯鹿可以在柔软湿润的苔原上行走；在冬天，脚枕收缩增固，露出蹄的边缘，便于驯鹿在冰雪地面行走，也更方便挖掘埋在雪地下面的食物。

二、鄂温克驯鹿驯养在我国的分布和发展

根据贝加尔湖地附近赤色砂岩上的狩猎驯鹿图和俄罗斯伊尔库斯克博物馆收藏的安加拉河流域出土的驯鹿化石，普遍认为人工饲养驯鹿约于公元前2000年左右起源于贝加尔湖地区。俄国历史学家史禄国(Sergei Mikhailovich Shirokogorov)在《北方通古斯的社会组织》中提出驯鹿文化的传统源于北方通古斯。[4]按照史禄国在书中的描述，任国英教授将“通古斯”定义为鄂温克族群或鄂温克—鄂伦春族群。[5]鄂伦春人曾经为使鹿民族，“鄂伦春”一词的本义亦为“使用驯鹿的人”。[6]但至18世纪中期时，鄂伦春人引入了马匹，并逐渐以马代鹿，从驯鹿人变为骑马的狩猎人。由此，鄂温克族(俗称使鹿鄂温克)是目前我国境内唯一饲养驯鹿的族群，其继承的驯鹿文化最古老，也最深厚，而我国的驯鹿分布也仅见于大兴安岭西北坡林区。

“鄂温克”是鄂温克族的自称，其义用鄂温克语解释为“俄格都乌日尼贝”，汉语译为“住在大山林中的人们”。“鄂温克”一词词尾的“克”，在鄂温克语中音“ki”，因而在英语中被表述为Ewenki或Evenki。此处的山林，指的是贝加尔湖以东的伊卡茨基山脉、雅布诺威山脉、维提姆台地、外兴安岭等连绵的群山和森林地区，鄂温克人称为“俄格登”(亦称“俄格都”)。[7]鄂温克人的祖先从公元一世纪起逐渐从发源地贝加尔湖地区向外扩张，其中一支向东至黑龙江上游、外兴安岭一带的山林地区游猎生活。随着鄂温克人与我国古代中原王朝接触增加，关于

他们的记载逐渐出现在史籍中，但并未以“鄂温克”为名称，而冠之以“室韦”、“鞠部”等名。从成书于5世纪的《梁书》开始，在《魏书》《隋书》《旧唐书》《文献通考》《辽东志》等文献中均记录了鄂温克先民养鹿和乘鹿驭驮的特征，持续记载了鄂温克文化中驯养驯鹿的狩猎经济形式和风俗习惯。由古代传承而来的驯鹿驯养技术体系，虽经历了历史变迁，依旧为当今鄂温克人所掌握，处于活态传承之中，而很多鄂温克的年长者，也依然能娴熟掌握相关的知识。

根据历史学家吕光天的研究，17世纪初我国境内的鄂温克人主要为三支：一支是居住在贝加尔湖以东赤塔河流域使用马匹的鄂温克人，被俄人称为“通古斯”人；第二支人数最多，被称为“索伦部”，居住在贝加尔湖以东石勒克河和外兴安岭一带；第三支是原住在贝加尔湖西北的使鹿鄂温克人，于18世纪初迁入额尔古纳河河畔，被称为“雅库特”人。[8]17世纪初，东北地区的女真族再次兴起，于1640年左右接连对鄂温克展开征讨，后清朝将大兴安岭东麓的鄂温克人及嫩江上游地区的达斡尔人等纳入八旗制，从1667年开始编佐，以佐领制取代民族首领制，统称为“布特哈部”或“打牲部”。“布特哈”为满语，汉义即为“打牲”，因鄂温克等部主要从事狩猎生产而得名。[9]随着俄罗斯在17世纪后期向远东地区扩张，鄂温克人开始从贝加尔湖畔向东迁徙，其中雅库特人的一支于约1820年越过黑龙江来到额尔古纳河南岸的大兴安岭北部林区，即是今天内蒙古根河地区的敖鲁古雅鄂温克的先民。

1957年底，根据鄂温克人的历史传承，党和政府决定将“索伦”、“通古斯”、“雅库特”统一称为“鄂温克族”，并在额尔古纳河下游右岸的奇乾建立了鄂温克民族乡。1965年，鄂温克民族乡迁往孟库依河南岸的满归，并与满归镇合并。1973年再次单设民族乡，迁到敖鲁古雅河畔，更名为敖鲁古雅鄂温克民族乡（俗称老敖乡）。2003年，老敖乡的62户共162名鄂温克居民搬迁至根河市西郊5公里处，成立了新的敖鲁古雅鄂温克民族乡（俗称新敖乡）。至2010年，新敖乡行政区划为1767.2平方公里，辖445户、1390人，由鄂温克、达斡尔、蒙古、满、回、俄罗斯和汉族7个民族组成，其中鄂温克族232人（包括居住在外地的）。[10]

鄂温克猎民在解放前经历了艰苦凶险的战争年代，从 1938 年至 1945 年，鄂温克猎民人口从 253 人下降至 170 人，驯鹿亦由 853 头锐减至约 400 头。[11]到了 1979 年，经过多年发展，鄂温克猎民人数增至 191 人(包括在外乡就业、居住的)，鹿群总数达到约 1080 头。[12]此后，2003 年搬迁后政府曾尝试推广驯鹿圈养，并修建了 48 个每个面积为 350 平方米的砖瓦结构鹿舍，但鄂温克鹿群总数却逐年下降，1993 年时为 904 头，2004 年时为 603 头，到 2013 年时仅剩 526 头。[13]这些驯鹿构成了我国现有的唯一驯鹿种群，它们生活在大兴安岭北部，位于东经 121°05′4″—122°53′00″，北纬 51°20′4″—52°30′00″，活动范围大抵东至卡马兰和呼玛河，南至汗马，西至满归，北至敖鲁古雅河畔，活动面积约 70 万公顷。

三、鄂温克族对驯鹿生物属性的认识

鄂温克人自移居大兴安岭地区后，世代使用驯鹿游猎在内蒙古自治区额尔古纳河流域的原始森林中。该地区冬季严寒，夏季酷热，全年最低温度为 1 月份时的 -43.4℃，最高温度在 6 月份达到 29.6℃，年降水量 300—500 毫米，年无霜期 82 天左右。[14]这一带野生动植物资源丰富，森林植被以落叶松为主，还有白桦-樟子松混交林和灌木丛等。河谷地带为草甸和森林湿草原，在地面与岩石表面及倒朽木上生长着菌类、地衣和苔藓植物地被层，为驯鹿提供了充沛的食物来源。同时，这片区域也盛产马鹿、熊、野猪、水獭、灰鼠等野兽，是优良的天然猎场。

驯鹿为食草动物，主要以苔藓、地衣，特别是石蕊为食，喜食鲜嫩多汁的植物，不耐粗饲，在放养条件下可觅食 200—300 种植物性饲料。由于驯鹿喜食的苔藓生长周期较长，一般 5—10 年才能长出几厘米的可食用层，驯鹿需要不停地迁移以寻找足够的食物。根据食物的来源和分布情况，驯鹿在每年的暮春和初秋进行迁徙。春季和秋季时，驯鹿大致会在同一片区域穿行，寻找石蕊、蘑菇、浆果、嫩青草等；夏季到青草茂盛、水流清澈的地方采食丛桦、柳树叶等；隆冬时驯鹿能扒开一米深的积雪寻觅苔藓食用，从中汲取“花生四烯酸”，有效提高御寒能力。[15]一般情况下，一头成年驯鹿平均每天进食约 3 千克的植物，对有效促进林下植被的更新和生长起到了较强的积极作用。

驯鹿耐严寒，相对适应环境严酷且生物资源不丰富的北极圈生态系统，作为北极生物链体系中连接植物和肉食动物的重要一环，保持了生产者和消费者之间的动态平衡，对维系北极地区脆弱的生态平衡具有重要价值。在其生活环境中，较弱小的鹿仔和较虚弱的成年驯鹿，容易被北极熊、棕熊和金雕捕食。灰狼是成年驯鹿最大的天敌，特别在冬天时，7—9 只灰狼结成群捕食包括驯鹿在内的食草动物，平均每 2—3 天狼群能捕杀一只驯鹿并集体食用。[16] 夏季一些吸血的昆虫，特别是蠓虫和蚊子，会使得驯鹿变得烦躁并扰乱育幼或哺乳中的驯鹿，在一些情况下会导致驯鹿的摄食和繁殖行为受阻。这些天敌对驯鹿的生存和繁育造成了极大的威胁，但另一方面有效帮助淘汰了相对病弱、衰老的个体，使得鹿群整体得以更加强壮，能够有更强的发展韧性。

鄂温克人很早就认识到了驯鹿的生活特性，发现驯鹿浑身是宝，用途极广。根据对鄂温克人的访谈，他们很早就养鹿了：

> “听说最初我们主要猎驯鹿是食用的，用鹿皮做衣服和撮罗子(帐篷)，不是把驯鹿抓过来养的。在打猎中打到的小鹿仔不舍得杀死，特别是猎物吃不完的时候。而且小鹿很招人喜欢，性子温和，喜欢与人接近，所以就把小鹿仔养起来了。我们一出生家里就有驯鹿，谁也不知道我们什么时候开始养鹿的，驯鹿就一代代的传下来了。”[17]

从中可以看出，鄂温克人在狩猎中逐渐发现家养驯鹿是一种食物储备的手段，可以弥补猎物获取的不确定性。而在驯养过程中，驯鹿的其他特性也逐渐被认知。首先，驯鹿觅食迁徙的习性与鄂温克猎人在森林中游猎的生活方式相符合，而驯鹿能够吸引来它们的天敌，正好成为鄂温克猎人的捕猎目标，帮助获得更好的捕获收成。为了与驯鹿的迁徙特性相配合，鄂温克人也遵循着相对固定的迁徙路线和频次，大致以一年为一周期。其次，驯鹿有很强的负载能力，是骑乘、运货的重要役使工具。驯鹿宽大的蹄可以使它毫无困难地在森林沼泽上行走，也可以穿越灌木丛，踏过碎裂山岩。驯鹿1岁以后便可载重，成年后可驮运约40千克，行走时速5—6公里，一天可连续行走60公里左右。用鹿拉雪橇，则一辆雪橇可载重100—160千克，发挥着牛马不可替代的作用，使鄂温克猎民能够游猎于数千里的广袤森林中。猎犬与驯鹿构成了鄂温克猎人的得力助手，正如鄂温克猎人常说的，"有一只驯鹿，有一只猎犬，打猎时特别省劲。驯鹿可乘骑驮运货物，猎犬阻止野兽逃跑，猎人便于游猎于山林中"。[18]

鄂温克人的所有活动，都紧密围绕着狩猎生产进行，而鄂温克传统也根据狩猎特点和驯鹿习性，把一年分为六个季节：

1. 诺勒吉：公历的2、3月，打鹿胎期；
2. 农念：公历的4、5月，割鹿茸期；
3. 允喀：公历的6、7月，打鹿的季节；
4. 保罗：公历的8、9月，获取鹿鞭的季节；
5. 西格勒：公历的10、11月，猎取肉食的时期；
6. 土额：公历12月到来年1月，狩猎活动暂停。

此外，驯鹿提供了充足的毛皮和肉乳，鹿的角和骨头可以制作刀把、针盒、雪铲、套索环等生活用具，为在北极地区生活解决了最基本的生活物资保障。据测定，驯鹿乳含蛋白质高达10.3%、脂肪为22.5%、乳糖为2.4%，并含有多种维生素，含量均高于牛奶，是营养丰富的乳品。[19]1980年代对鄂温克猎民的访谈显示，"用驯鹿搬家、驮猎物，妇女、儿童也常骑驯鹿；鄂温克人多用鹿皮、熊皮等做生活用品，铺鹿皮褥子…主要吃鹿肉(犴、驯鹿、马鹿、狍子)，吃咧吧蘸甜果酱，喝鹿奶"。[20]

近年来，又逐渐发现驯鹿的很多部位有极高的药用价值，其茸、血、鞭、胎等都可入药，其中尤以鹿茸最为珍贵。驯鹿雌雄均长茸，成年的驯鹿，留茸茬高度约2.0厘米，茸质松嫩，茸的鲜干比例高，平均每副成品茸重为0.5千克(公)和0.25千克(母)。虽然驯鹿茸在中国传统医药中一直被看做梅花鹿茸的伪品，但据金顺丹等测定，驯鹿茸中含有人体必需的氨基酸，母驯鹿茸、公驯鹿茸和去势驯鹿茸的总磷脂含量分别高于梅花鹿茸135.1%、83.8%和45.9%。[21]虽然有机成分含量较梅花鹿茸和马鹿茸低，但由于雄鹿和雌鹿都可产茸，可从产量上弥补不足。随着鄂温克猎民从 20 世纪中开始逐渐由“以猎为主”转向以“饲养驯鹿为主”，驯鹿产品更是给驯养者带来了稳定的经济收入，成为主要的生活来源。

四、鄂温克驯养驯鹿的技术体系

从 1970 年代末开始，大兴安岭森林的野生动物数量和种类因林区开发和火灾逐渐减少，鄂温克人传统捕猎的动物明显下降。随后，国务院颁布了《中华人民共和国野生动物保护法》和《中华人民共和国枪支管理法》等，进一步缩小了鄂温克人狩猎的空间，使得鄂温克人的生计方式实现了由传统渔猎转向了驯鹿经济。1977—1981 年间，政府建立了畜牧兽医站、驯鹿圈养实验基地等，并将驯鹿饲养承包到户。1995 年又斥资 60 余万元从俄罗斯赤塔引进良种驯鹿 30 头，用于培育和改良驯鹿品种。虽然积极探索驯鹿的圈养，但拥有驯鹿的鄂温克人仍然遵循传统的饲养方式。2003 年时 62 户、162 名鄂温克人整体搬迁到了新敖乡定居，但由于驯鹿不习惯圈养，很快出现了病症，迫使 40 余人又返回到了山林中继续放养驯鹿。现在，约有 7 个猎民点分布于南至根河，北至阿龙山之间的大兴安岭中，其中距离新敖乡最近的约 20 千米，最远的约 250 千米。[22]猎民点的规模不一，少则两三人，住一个帐篷，放养 20 余头驯鹿，多则十二三人，分住三个帐篷，看护约 300 头驯鹿。

不同于西伯利亚的苔原牧鹿和北美洲北部的猎杀野生驯鹿，鄂温克人在山林中养鹿，可称为“森林牧鹿”。[23]虽然经历了多次搬迁，鄂温克猎民的生活中也增加了不少现代化设施，但鄂温克驯鹿的饲养至今仍保持着传统自然经济的形态，管理驯鹿的方式并没有显著的变化。鄂温克人饲养驯鹿的主要劳动可分为非季节性和季节性两大部分。非季节性的日常劳动主要包括搭鹿圈、喂食、找鹿、清点鹿群。季节性劳动根据驯鹿的生长周期，主要包括架蚊烟、治疗疾病、割茸、挤奶、去势、帮助母鹿认仔等。

鄂温克人采用传统的散养方式养驯鹿，任其自由觅食，主要由驯鹿喜食苔藓的饮食结构决定，尤其是森林中的苔藓和菌类植物很少有大面积集中分布，因此驯鹿需要不断地迁徙觅食。每到一新的地方，首先要搭建鹿圈以供驯鹿栖息。搭鹿圈的方法与栅栏相同,需要使用大量的落叶松木杆,将它们有序组合以容纳所有的驯鹿,因此劳动强度较大,主要由猎民点的青壮年男性完成。

驯鹿所食的苔藓分为两类,一类生长于地面和石头,鄂温克人称为“恩靠”,另一类长在桦树、松树及倒木上,鄂温克语为“来维特”。驯鹿不需要由人驱赶到生长苔藓的地方,自己就能寻找到苔藓生长地,在冬天大雪覆盖时亦会扒开雪食用苔藓。由于新敖乡距离根河市区较近,周边的苔藓较少,驯鹿必须跑到更广阔的山林中觅食,而苔藓依然不足时,鄂温克人会定期捡拾苔藓囤积备用。[24]冬季时苔藓较少,喂驯鹿豆饼以补充苔藓的不足,乡政府统一为每个猎民点分发 50 千克豆饼,如果不够吃则需自行出钱购买。

除苔藓外,驯鹿喜食盐。鄂温克人根据驯鹿喜盐的特征,利用条件反射的作用,发明了用敲击皮盐袋的方法召唤驯鹿。驯鹿听见声音,便会从远处回到营地,争相舔食盐分。这样的方式使鄂温克人可以很快的召集驯鹿,为管理分散各处觅食的驯鹿带来了许多方便。鄂温克人搬迁时,会事先给驯鹿喂适当的盐,这样驯鹿变得更加温顺听话,方便驾驭驮载货物,其行动能力和耐力也大大增加。

在猎民点,每天都会清点驯鹿,此项工作主要由女性承担。鄂温克女性对驯鹿有很深的感情,将驯鹿视为自己的孩子。她们对自家的驯鹿十分了解,单凭记忆便能把数十上百头驯鹿区分开。在外人看来没什么差别的驯鹿,她们都能根据毛色、体形、性情等一一辨认,甚至还能识别不同驯鹿的叫声。鄂温克妇女每天清晨召唤驯鹿清点,无需记号或计数工具,全靠记忆辨认,如果发现少了,就要出去寻找。

寻鹿的劳动强度较大,一般由男性承担。当鹿群刚到一个新营地时,仍会有驯鹿不够认识新地点,而在觅食之后回到老营地。特别是夏季苔藓和蘑菇茂盛时,驯鹿可能会跑到很远的地方,给找鹿增加了难度。由于驯鹿野生程度较高,难以很快地被驯服并被驱使到指定地点,有时需要反复多次将驯鹿赶到新地点,因此需要尽快地确定并制服领头的一头驯鹿,即俗称的鹿王。一般情况下,一个猎民点的驯鹿会自动形成一群,而找鹿的工作主要由这个点的壮年男性劳动力承担。他们几人相互协助，有时需要一天行走百余公里。以前，鄂温克人用猎枪鸣枪来传递信息，告诉其他人已经找到驯鹿并让他们回营地。近年来，林区安装了一些卫星接收器，移动信号塔也逐渐增多，方便了互相打电话或发信息来沟通，帮助节省了一些劳动和时间。

驯鹿构成了鄂温克人生活的最重要部分，因此驯鹿在不同生长周期的变化和需要也是鄂温克人贯穿全年的劳动内容。每年的5月底至7月底是割茸的时间。驯鹿不同于其他鹿种，雌雄均长鹿角，其中雄鹿角较大，雌鹿角较小。除了割取鹿茸以获得收入外，驯鹿也必须定期割茸以控制其鹿角的生长，从而减少对自身的伤害。过长的鹿角会使驯鹿容易被树枝卡住或勾住，为它们在森林中奔跑带来不便。此时鹿急于挣脱，往往会用力过猛而伤到自身。此外，驯鹿喜欢互相追逐嬉戏，过于粗壮的鹿角容易给其他驯鹿造成伤害。母鹿的角虽然较细小，但在喂养鹿仔时也容易抵伤幼鹿，因此需要控制其大小。驯鹿一年脱一次角，然后再长新角，重新长角一般在来年三、四月间。新角长出70天至90天后可割茸，一般雄鹿的茸在6月割取，雌鹿在7月，由较强壮的男性承担。割茸时，两三个男性合力，一人按住鹿头，一人坐在鹿的身上，另一人稳住鹿的身体，不让其乱动。对性情暴躁的雄鹿，有时需要使用麻醉剂将其制服。割取的过程很快，一般3—5分钟即可完成，因此100头左右的鹿群在一天便可完工，每只驯鹿可年产干茸300至400克。

驯鹿夏季栖息在较潮湿的地带，此时气温较高，是疾病的高发时期，常见的驯鹿疾病包括关节炎、角蛆、结核性肺炎等。在漫长的饲养驯鹿的历史中，鄂温克人摸索出了一套治愈驯鹿疾病的方法。治疗关节炎时，鄂温克人用一种称为“巴黑”的树条熬成汤药，擦洗驯鹿的患处，或将蝙蝠打死晒干后研磨成粉末，用水搅拌后灌入驯鹿的鼻孔。有时也将一种名为“阿老古道”的草药捣碎外敷在关节处。“阿老古道”也可用于治疗狼咬伤等外伤，将其煎汤灌服可以帮助驯鹿缓解咳嗽、呼吸困难等。[25]针对角蛆，鄂温克人将木炭灰涂抹在患处，对较严重的则把名为“拔里勒克”和“帅布勒”的树枝煮沸，待冷却后擦洗患处。[26]对于肺结核等传染性疾病，鄂温克人并没有什么有效的治疗方法，而是求助于神灵庇佑，通过萨满作法和供奉由弯曲柳树条制成的“阿隆神”驱走疾病。随着现代医疗技术的引入，当遇到无法处置的疾病时，鄂温克人会请兽医上山诊治，也逐渐学会了一些用生物化学制剂治疗驯鹿疾病的方法。

此外，夏季时森林中蚊子、虻虫等较多，它们叮咬驯鹿，传播疾病，也对驯鹿的健康造成较大的威胁。鄂温克人在与驯鹿长期相处中发现可以用烟熏蚊虫，而驯鹿也会主动跑到烟雾处休息。因此夏季时，鄂温克女性—有时由男性帮助—会用几根粗壮的圆木搭起木架，再在上面放一层黄绿色的湿苔藓并点燃，这时便会有白色的驱蚊烟生成(鄂温克语“萨弥”)。妇女们需要经常查看，并不时在上面添加木料和湿苔藓，以保证火不灭、烟不停。烟架的数量依鹿群数目而定，一般一架烟可服务三四十头驯鹿。驯鹿们长时间围绕在驱蚊烟周围，因而会在一个区域内产生较多粪便。但驯鹿喜洁，当粪便过多时就不会再聚集，所以每隔一段时间就需要将驱蚊烟更换一个地方，以保证周边环境的清洁。

每年的 9 月至 10 月间是驯鹿的交配期。在这个时期鄂温克人另外搭建一个鹿圈把雌鹿和雄鹿隔离，只在夜间将它们放出去，以提高交配成功率。母鹿的孕期为 7 个月左右，会在来年的 4—5 月产仔。母鹿产仔时将被精心护理。首先，选择水源丰富和苔藓茂盛的地方，为待产的母鹿单独搭建鹿圈，以免其他鹿乱跑影响产仔。其次，不让怀孕的母鹿驮载重物，也不让它们在出汗时喝冷水。最后，鄂温克人在母鹿腿上拴绳，在脖子上横向系一根短木(鄂温克语“特拉也布特”)，以防止被其他鹿冲撞。[27]鹿仔出生约 4 小时后便能行走，7 天后开始长茸角，哺乳期一般为 5—6 个月。有时母鹿因无法识别自己的鹿仔而不肯给它喂奶，并踢踏鹿仔而不让它靠近。此时鄂温克人会将母鹿和自己的鹿仔圈在一起数日，使它们相互熟悉。如果可以在野外找到胎盘，且尚未被弄脏污染，也可以将胎盘涂抹在鹿仔身上，母鹿闻到了气味便可以识别鹿仔，愿意给它喂奶。哺乳期内的母鹿奶水除喂养鹿仔外可以挤奶，用鹿奶制作奶茶、奶酪等食品。挤奶一般在早晨进行，驯鹿回到猎民点后，由女性挤取，方法与挤牛奶相同。驯鹿奶较稠，但产量一般不大。

驯鹿长到两三岁时，需要挑选一部分雄鹿留作种鹿（一般为每100头留3—4头），其它的进行阉割去势，以保持鹿群的合理雌雄比例，提高鹿群的稳定度，并可以增加去势雄鹿的体重，延长其寿命，提高使役效率。传统鄂温克人对雄鹿阉割的方法是在8月末膘好的时候，几名男性合力将驯鹿放倒后固定，把阴囊用布包好，用木棒将睾丸砸碎。有时候，也会在用布包裹阴囊后用牙将睾丸咬碎。但是这样的方法既增加了雄鹿的痛苦，又容易不彻底。近年来，鄂温克人在兽医指导下开始尝试使用手术阉割的方法，提高了去势的成功率，降低了感染的可能性。[28]

五、驯鹿驯养的生态和社会价值

2003年8月，敖鲁古雅的62户、162名鄂温克人从老敖乡搬迁到了新敖乡。在有关此次搬迁媒体报道和政府文件中，都使用了“生态移民”的说法。所谓生态移民，即政府从保护和改善生态环境为目的，把位于环境脆弱地区的、低密度分散居住的人口集中迁移，安置在环境条件相对较好的地区，形成较集中居住的村镇。[29]根据鄂温克猎民所驯养的驯鹿因种群质量下降而数量逐渐减少、居住条件落后等情况，根河市在国家西部大开发和十万人口以下少数民族整体脱贫致富的政策指引下，决定对敖鲁古雅的鄂温克猎民实施整体生态移民，并向国家申请到了510万资金（如算上敬老院和卫生院则为570万）。2007年，根河市聘请了芬兰Pöyry公司为新的敖鲁古雅鄂温克族乡策划了《敖鲁古雅旅游区开发总体规划》，并先后投入1亿元资金进行整体改造，现已取得国家3A级景区认证。2014年8月，根河市与呼伦贝尔市旅游集团签订了合作协议，共同规划打造敖鲁古雅景区，包括敖鲁古雅国家4A级景区建设、圣诞园、驯鹿园等合作项目。另一方面，为保护和传播驯鹿文化，2013年在敖鲁古雅举办了世界驯鹿养殖者代表大会，现已有“驯鹿文化”、“桦树皮手工制作技艺”和“萨满舞”纳入了国家级非物质文化遗产名录。

移民搬迁后不久，就陆续有40余名鄂温克人带着他们的驯鹿回到山林中的猎民点，仿佛此次生态移民并未获得成功。但实际情况是，早在此次搬迁之前，这40余人就长期生活在山林中。而在正式搬迁前，猎民顾虑驯鹿不能适应圈养，与根河市政府已达成协议，同意猎民在搬迁后可以继续在附近的森林中放养驯鹿。某种意义上，此次生态移民的方案正是以这40几个猎民的名义才得以审批并获得拨款的。然而实际上，政府申请生态移民的理由，即猎民在山林中生活破坏了森林植被、野生动物等自然生态环境，却并不一定有宣传中的那么严重。鄂温克居民驯养驯鹿，事实上并不会破坏当地的生态环境。

为了获取猎物并让驯鹿有足够的食物，鄂温克人与他们的驯鹿在山林中不断迁移。这些根据森林中的季节变化和驯鹿的习性变化的生计方式，体现了鄂温克人特有的生态智慧和与自然和平共生的本土性知识。传统理解中，驯鹿以森林中的苔藓、地衣等为主要食物，会对这些植物造成破坏，从而打破本已脆弱的生态平衡。但是驯鹿与羊等其他动物不同，它们主要采食苔藓、地衣等植物的尖端部分，而不连根食用，因此并不会对这类植物产生灭绝性破坏。相反地，驯鹿在采食苔藓时，会一并将苔藓的孢子采食，但其孢子不会被消化液所消化，这些活着的孢子随鹿粪排出后，鹿粪便成为孢子的培养基。以至于驯鹿走到哪里，苔藓的孢子就会落到那里，不仅不会影响原有苔藓的生长，还会扩大苔藓的群落，而这一切都是驯鹿与当地生态环境协同进化的结果。鄂温克人的本土生态智慧正是认识了这样的协同进化结果，才得以归纳总结出这一本土技术来，即长距离的散放、浅牧，季节性的迁徙，这样的本土技术不仅是为了让驯鹿生长良好，同时也是为了扩大驯鹿赖以生存的苔藓群落。

现代植物学和环境学的研究也表明，鄂温克人驯养的驯鹿总体数量较小，苔藓的分布完全足够驯鹿采食，因此驯鹿的集中饲养和非集中饲养均不会对一个地区的苔藓植物的生长产生太大的影响。而由于驯鹿在春夏与秋冬季节所采食的食物种类不同，一般只在秋冬季节大量采食苔藓，使苔藓植物每年都有一个较充分的自我恢复期，对苔藓植物的生长其实能起到有效的保护作用。[30]由此，驯鹿适当地采食苔藓，使其在长期保持在一个符合环境承载力的合理生长水平内，一方面可以大量吸收水分并分泌酸性物质，防止水土流失并促进岩面溶解而为其他植物创造生存条件；另一方面，可以阻止苔藓过多在地表而阻滞水分渗透，影响土壤内气体交换，降低植物根系的吸收。驯鹿的个体数量少了，反而会打乱当地的生态平衡。加上鄂温克人实施的是半野化放养，鹿群不会过分集中，更不会固定在同一个地点，因而即令是点状的生态受损也不可能发生。

驯鹿食物结构较多样，具有耐旱性强、适应性强的特点，自身体积较大，能够在高寒地区生存，是大兴安岭地区不可或缺的生物链组成部分。在寒带、亚寒带地区，动植物的品种和分布整体较热带和温带地区有限得多，而驯鹿作为食草动物，其本身也为灰狼、北极熊、棕熊、金雕等肉食动物提供了食物来源。研究表明，瑞典北部的驯鹿放牧区中狼群一般规模较其他区域的大，而通过政府对因狼袭击而造成的损失进行补偿，有效地促进了瑞典狼的种群恢复。[31]同时，夏季时蚊子、虻虫等喜欢叮咬驯鹿，喜食它们的血液，虽然对驯鹿造成了不小的危害，但也为这些生物提供了食物来源，保证了它们在森林中的合理生存和分布。

鄂温克人长期在林中循环经营驯鹿，与大自然和谐共存，与驯鹿结下了不解之缘，其民族文化也与驯鹿密不可分。驯鹿的饲养管理总体来说是一项对体力要求比较高的劳动，经常需要青壮年男性劳动力，但在当下的敖鲁古雅，实际上该劳动却基本以女性为主。以往鄂温克人主要生活在森林中，一家人或几家人一起饲养和管理鹿群，男女分工，各有所长。变化主要发生在2003年敖乡移民搬迁后。敖乡所有的男性鄂温克猎民从移居到新敖乡后，便一直拿着国家发放的护林员工资，猎民的低保也有了较大幅度的增长，根河市的各部门也与每个猎民家庭结对，给他们提供了较多的扶持。这样的安排本是为了体现政府对鄂温克猎民的照顾，但结果却是很多鄂温克青年男性不愿再上山养鹿，终日饮酒买醉，而把饲养驯鹿的劳动都交给了女性，特别是较年长的。目前从事驯鹿饲养的40岁以下年轻人只剩下2人。

生态移民工程使鄂温克人的生活条件得到了改善，但随着大量的鄂温克人开始城镇生活，新一代鄂温克人已经逐渐脱离了祖先们世代生活的山林，面对新的场域环境，鄂温克传统民族文化的传承面临着极大的挑战。现在，鄂温克人已不再狩猎，过去所使用的狩猎工具，如扎枪、地箭、桦树皮滑雪板等也没有人再使用了，只有一两个老人还会制作。兽皮数量的减少、熟皮技艺的复杂，使得鄂温克人的兽皮文化也受到影响，时尚、方便的现代服装取而代之成为鄂温克人的日常穿着用品。过去驯鹿作为鄂温克人最重要的交通工具，而如今搬家等生产生活活动已被各种汽车和摩托车所取代，训练驯鹿骑乘和驮运东西的技艺也濒临失传。鄂温克人世代信奉的萨满教，在早期对鄂温克的精神信仰、文化习俗等发挥巨大作用，也逐渐淡出鄂温克人的生活，特别是随着 1997 年最后一名萨满纽拉的去世，敖鲁古雅的鄂温克人再也没有举行过任何萨满活动。

六、小结

驯鹿喜食苔藓、地衣等植物，毛厚蹄宽，其生物特性适应大兴安岭地区的自然环境。作为该地区相对脆弱的生物链中的重要一环，驯鹿连接着植物、食肉动物、昆虫等众多物种，在森林有机更新、维护生物多样性、保持生态平衡等方面起着不可或缺的作用。我国的鄂温克人传统驯养驯鹿，在数百年的饲养过程中，鄂温克人积累了丰富的相关知识和技术，使驯鹿成为了鄂温克族最重要的生产和生活伙伴。驯鹿经过长期的半散放性饲养，也对人类产生了强烈的依赖关系，尤其是驯鹿只有通过人类才能获取食盐，逐渐失去了野外独立生存能力。加之驯鹿种群萎缩、极端气候频发、偷猎盗猎频繁的威胁，驯鹿的野外生存能力极为有限，需要与人类共同生存。因此，维持并壮大驯鹿种群，实现驯鹿种群的可持续性发展，对保护大兴安岭生态环境有着难以替代的价值和重要性。

同时，驯鹿不仅为鄂温克人提供了最主要的经济来源，也与鄂温克人的民族文化紧密联系在一起，与他们形成了一种共生关系。鄂温克族的文化中包含了大量关于驯鹿的语言、风俗、习惯等，驯鹿成为了鄂温克族的文化核心和民族象征。在长期的森林生活中，鄂温克人把广袤的森林作为他们的家园，逐渐学会了与自然环境和生态规律保持一致，合理均衡地利用生态资源，做到了与自然环境和谐相处。然而随着近几十年来鄂温克生计方式的变迁，鄂温克族也面临着传统文化传承断裂，民族特征逐渐消失的威胁。特别是年轻一代，已相对适应山下舒适的现代化生活，不愿再从事单调的养鹿，很多人将驯鹿卖掉或寄养在别人鹿群中，渐渐淡化了对驯鹿的感情和饲养驯鹿的知识，使得驯鹿文化即将面临无人传承的窘境。这样的情况，值得引起学界和政府的关注，并及时提出相应对策。

原文刊登于《原生态民族文化学刊》2018 年第 4 期

参考文献：

［1］任国英. 满—通古斯语住民族的物质文化研究［M］. 沈阳：辽宁民族出版社，2001：168.
［2］钟立成，卢向东. 世界驯鹿亚种分布与现状［J］. 经济动物学报，2008(1)：46.
［3］常悦等. 驯鹿及其生物学特性研究［J］. 家畜生态学报，2013(2)：85－86.
［4］［俄］史禄国. 北方通古斯的社会组织［M］. 吴有刚，赵复兴，孟克译. 呼和浩特：内蒙古人民出版社，1984：44.
［5］任国英. 满—通古斯语住民族的物质文化研究［M］. 沈阳：辽宁民族出版社，2001：177.
［6］任国英. 满—通古斯语住民族的物质文化研究［M］. 沈阳：辽宁民族出版社，2001：178.
［7］内蒙古自治区编辑组. 鄂温克族社会历史调查［C］. 北京：民族出版社，2009：129.
［8］吕光天. 鄂温克族［M］. 北京：民族出版社，1983：5－6.
［9］吕光天. 清代布特哈打牲鄂温克人的八旗结构［J］. 民族研究，1983(3)：24.
［10］谢元媛. 生态移民政策与地方政府实践——以敖鲁古雅鄂温克生态移民为例［M］. 北京：北京大学出版社，2010：127.
［11］谢元媛. 生态移民政策与地方政府实践——以敖鲁古雅鄂温克生态移民为例［M］. 北京：北京大学出版社，2010：178.
［12］Richard Fraser，"Forced Relocation amongst the Reindeer-Evenki of Inner Mongolia，" *Inner Asia* 12(2010)：321.
［13］钟立成，朱立夫，卢向东. 我国驯鹿起源、历史变迁与现状［J］. 经济动物学报，2008(2)：103.
［14］Y. J. Zhao. Ecology and Use of Reindeers in Greater Higgnan Mountains. *Chinese Journal of Zoology*，1975(2)：25－26.
［15］冯超，白学良. 驯鹿对苔藓类植物的选择食用及其生境的物种多样性［J］. 生态学报，2011(13)：3831.
［16］宋兴超，杨福合，邢秀梅. 驯鹿的生物学特性及其开发前景［J］. 特种经济动植物，2008(7)：8.

[17] 张新杰. 驯鹿鄂温克生计方式研究[D]. 中央民族大学,2012：17.
[18] 阿本千. 鄂温克历史文化发展史[M]. 北京：中国社会科学出版社,2015：46.
[19] 宋兴超,杨福合,邢秀梅. 驯鹿的生物学特性及其开发前景[J]. 特种经济动植物,2008(7)：9.
[20] 顾德清. 猎民生活日记：1982—1985 探访兴安岭[M]. 济南：山东画报出版社,2001：116 - 127.
[21] 金顺丹,郑敏芝,刘铭之. 驯鹿角、鹿鞭、鹿茸血中氨基酸成分测定[J]. 特产科学实验,1980(3)：25.
[22] Aurore Dumont, "The Many Faces of Nomadism among the Reindeer Ewenki: Uses of Land, Mobility, and Exchange Networks," in *Reclaiming the Forest: The Ewenki Reindeer Herders of Aoluguya*, edited by Ashild Kolas and Yuanyuan Xie. Oxford: Berghahn Books, 2015: 87. (77 - 97)
[23] 唐弋. 森林牧鹿——一种新型的游牧方式[J]. 满语研究,2010(1)：123 - 130.
[24] 王卫平,任国英. 使鹿鄂温克族的生态智慧——基于敖鲁古雅鄂温克民族乡的调研[J]. 甘肃理论学刊,2012(3)：95.
[25] 孔繁志. 敖鲁古雅的鄂温克人[M]. 天津：天津古籍出版社,1988：136 - 139.
[26] 孔繁志. 敖鲁古雅的鄂温克人[M]. 天津：天津古籍出版社,1988：143.
[27] 唐弋. 鄂温克族的驯鹿文化[J]. 黑龙江民族丛刊,1998(2)：90.
[28] 李宝玉. 驯鹿的阉割[J]. 畜牧与兽医,1986(5)：232 - 233.
[29] 孟琳琳,包智明. 生态移民研究综述[J]. 中央民族大学学报,2004(6)：48 - 52.
[30] 张晓英. 中国的驯鹿分布区苔藓植物多样性及驯鹿对栖息地群落的生态影响[D]. 呼和浩特：内蒙古内古师范大学,2016：27 - 28,32 - 33.
[31] P. Wabakken, etc. "The Recovery, Distribution, and Population Dynamics of Wolves on the Scandinavian Peninsula, 1978 - 1998," *Canadian Journal of Zoology*, 79: 710 - 725.

鄂温克人与埃文基人生计变迁之共性阐释

特日乐①

摘　要：随着中国"一带一路"建设的推进，跨界民族问题日益凸显，成为近年学界研究焦点。生计方式作为社会生存的基本活动，其变迁也为学界所重视。以贝特森的"控制论"为理论框架，围绕中国跨界民族鄂温克人与俄罗斯跨界民族埃文基人的生计变迁，探讨两者之共性特征。鄂温克人与埃文基人在现代化进程中面临"双重束缚"，但努力进行自我调适。

中国政府面对全球化带来的新常态，提出"一带一路"倡议，利用"一带一路"沿线国家之间的双多边机制和区域合作平台，借用古代丝绸之路的象征力量，发展与沿线国家的经济合作伙伴关系，努力"打造政治互信、经济融合、文化包容的利益共同体、命运共同体和责任共同体"。在"一带一路"语境下，跨界民族问题日益凸显，成为学界近几年的研究焦点[1]。跨界民族，顾名思义，包括一切因政治疆界与民族分布不吻合而跨国界居住的民族。据此定义，中国的鄂温克族与俄罗斯的埃文基人恰属跨界民族[2]。

20世纪30年代以来，国内外有关鄂温克族与埃文基人的研究取得了一批有价值的成果。从学科角度而言，以人类学、社会学研究为主要阵地，研究主题丰富多样。俄国人史禄国(S. M. Shirokogoroff)出

① 特日乐，女，蒙古族，复旦大学社会发展与公共政策学院博士研究生，主要研究方向为文化人类学。

版的《北方通古斯的社会组织》一书，开创了从人类学角度研究鄂温克人的先河，对鄂温克人居住地的地理环境及其经济生产、氏族组织、婚姻家庭、宗教信仰作了全面而系统的深入调研。1939 年，日本人永田珍馨在伪满洲国治安部参谋司调查科工作时所著《使鹿鄂伦春族》真实地记录了鄂温克人的人口分布、体制、语言、教育、生产等，并在文内附大量田野照片，至今仍有重要学术参考价值[3]。中华人民共和国成立后，鄂温克研究开始得到国内学界重视，实证研究基础进一步得到夯实。全国人大民族委员会办公室编辑出版的《内蒙古自治区额尔古纳旗使用驯鹿的鄂温克人的社会情况》(1958 年)，内蒙古自治区少数民族社会历史调查组和中国科学院内蒙古分院历史研究所共同编著的《额尔古纳旗鄂温克人的情况》(1960 年)和秋浦所著《鄂温克人的原始社会形态》(1961 年)，均是国内最早研究鄂温克族的著作。20 世纪 80 年代后，鄂温克研究日渐丰富，优秀成果不断涌现。吕光天(1983 年)、孔繁志(1994 年)、乌热尔图(1995 年)、郝时远、张世和、纳日碧力戈(1994 年)、包路芳(2005 年)、黄健英(2009 年)、谢元媛(2010 年)等学者陆续出版了一系列分析鄂温克民族社会、历史、文化、生活的研究性著作，从鄂温克族的起源背景、文化历史根基及其特点、社会形态、游猎生产方式和社会变迁历程等角度切入，对研究鄂温克族的历史脉络和社会发展有着重要的参考价值。

对俄罗斯埃文基人的研究，国外学者关注热度高于国内学者。1966 年出版的古尔维奇的《西伯利亚东北民族的历史》和 1985 年出版的图格禄科夫的《西伯利亚中部和西部的通古斯人》对埃文基人的族源问题进行了探讨。1969 年，瓦西列维奇撰写的《埃文基人》是系统、科学地研究埃文基人的重要奠基之作[4]。20 世纪 90 代后，国外埃文基人研究渐入活跃期。1992 年，弗雷斯(James Foryth)的《西伯利亚民族史：1581—1990 年俄罗斯亚洲北部的殖民地》(*A History of the Peoples of Siberia: Russia's North Asian Colony 1581—1990*)问世。弗雷斯在书中清晰地梳理出西伯利亚历史发展脉络，研究深入而通彻。该书按照不同时期，在专门章节中探讨埃文基人当时的社会与文化生活，不失为埃文基人历史研究之力作。此后，弗恩德哈勒(Gail A.

Fondahl)于1997年出版了《前进：埃文基人、土地和西伯利亚东南部的改革》(*Gaining Ground: Evenkis, Land, and Reform in Southeastern Siberia*)一书。作者透过西伯利亚东南部普通埃文基人的个人生活史，呈现了埃文基人在文化、政治及土地改革中作出的抗争。2000年后，安德森(David G. Anderson)的《西伯利亚北极地区的身份与生态：第一个驯鹿大队》(*Identity and Ecology in Arctic Siberia: The Number One Reindeer Brigade*)及萨福诺娃(Tatiana Safonova)与斯安萨(Istviin Siintha)合著的《埃文基大地的文化接触：贝加尔湖地区的控制人类学》(*Culture Contact in Ewenki Land —— A Cybernetics Anthropology of Baikal Region*)相继出版。其中，《埃文基大地的文化接触：贝加尔湖地区的控制人类学》是剑桥大学汉弗莱(Caroline Humphrey)、宝力格(Uradyn E. Bulag)与史尼斯(David Sneath)合编的《内亚研究系列丛书》的第7卷，它将贝加尔湖畔埃文基人的生活与文化搁置在"控制论"的框架内进行了创新性的阐释。

国内有关埃文基人的研究始于20世纪90年代，但还未出现一本学术专著，仅限于寥寥数篇期刊文章。学者张嘉宾在《黑龙江民族丛刊》发表了3篇关于埃文基人的研究文章，聚焦于埃文基人民间知识、亲属制度和宗教信仰①。黑龙江社会科学院学者侯儒和黑河学院学者万红分别就鄂温克人与埃文基人的族源及社会生活作了梳理比对，为鄂温克人与埃文基人比较研究作出了贡献②。

学界历来重视生计方式的变迁，因为它关系到民族社会的生存基础。遗憾的是，学界对于鄂温克人与埃文基人的生计方式的跨界比较研究尚属空白，急需填补。本文尝试将贝特森的"控制论"作为理论框架，以新的理论视角阐释鄂温克人与埃文基人生计变迁过程，剖析其中之共性和深层意义，促进学界对鄂温克人与埃文基人的生计变迁形成

① 张嘉宾．埃文基人的民间知识．黑龙江民族丛刊，1995(4)；张嘉宾．埃文基人的亲属制度．黑龙江民族丛刊1995(2)；张嘉宾．埃文基人的"尼姆嘎堪"与赫哲人的"伊玛堪"．黑龙江民族丛刊，1996(1)．

② 侯儒．俄罗斯埃文基人与中国鄂温克民族起源探讨．世纪桥，2015(2)；万红．中俄鄂温克人社会生活比较研究．黑河学院学报，2015(5)．

更加全面的认识，以期对少数民族生计研究及政府有关部门决策者提供些许有益启示。

一、鄂温克人与埃文基人的生计变迁历程

鄂温克人与埃文基人同源同宗，跨国而居。中国鄂温克族主要分布于内蒙古自治区和黑龙江省讷河市。埃文基人在俄罗斯西伯利亚的各少数民族中是最具代表性的族群之一，主要散居于埃文基自治区、萨哈共和国、哈巴罗夫斯克边疆区及阿穆尔州等94个地区，从叶尼塞河流域到阿穆尔河流域，占地面积跨越了4个时区[5]。本文个案研究涉及中国内蒙古的敖鲁古雅鄂温克人和俄罗斯埃文基自治区的埃文基人。敖鲁古雅鄂温克族乡位于内蒙古根河市郊北4公里处，是鄂温克族最神秘的一个支系"雅库特部落"居住的地方，属"使鹿部落"。2014年，全乡总户数458户，总人口1454人。其中，鄂温克族人口290人，占总人口的19.9%①。俄罗斯埃文基自治区成立于1930年12月10日，土地面积为76.76万平方公里，占全俄的4.5%。据1998年的统计数据，埃文基人口占埃文基自治区总人口的1/4，约2万人[5]。

（一）鄂温克人生计变迁。

历史上，敖鲁古雅鄂温克族过着游猎生活，居无定所，主要靠氏族血缘关系维系经济社会的发展。中华人民共和国成立后，在政府组织下，于1957年成立奇乾乡，鄂温克猎民开始在额尔古纳河畔定居。国家陆续在奇乾建立民族学校、结核病防治院、俱乐部和养兽场等设施，为猎民建了三十几栋"木刻愣"，35户猎民全部搬迁至新建的猎民定居点。但随着森林的开采，可供驯鹿食用的苔藓越来越少，猎民们不得不随鹿而行，频繁迁徙，到更远的地方。定居点的房子常年空置，出现了定而不居的情况。1959—1961年连续的自然灾害，猎民们打不到猎物。时值中苏交恶，奇乾处于政治敏感地带。1965年，出于政治和生产因素，猎民们从奇乾乡定居到敖鲁古雅，实现了集中定居生活，第一

① 数据载于2015年12月1日根河市政府网：www.genhe.gov.cn/Category_41/Index.aspx。

次有了村庄。一部分鄂温克人通过接受义务教育，完成了职业转型，从猎民变为“体制内”的人。政府同时尝试教猎民们种地和饲养牲畜，猎民们的生计模式开始分化[6]31。但由于没有给予地方知识和实践足够重视，这一次的定居工程并没有改变他们狩猎和放养驯鹿的生产生活方式，狩猎依旧是他们的主要生计方式。1967 年，猎民们响应党和政府的号召，加入了人民公社，成立东方红猎业队，逐渐步入集体化。1969 年开始，敖鲁古雅一度被划入黑龙江管辖。1973 年，随着民族政策的恢复落实，鄂温克民族乡被改称“敖鲁古雅鄂温克民族乡”。随后政府制定了“以猎为主，护养、猎养并举，积极发展农业，发展多种经营”的方针政策。1980 年，国内外市场对鹿茸的需求倍增，传统的渔猎经济逐渐式微，国家提出了“以饲养驯鹿为主，护、养、猎并举，积极开展多种经营”的发展模式[7]。政府为了实现“人定居，鹿圈养”的目的，先后两次在定居点建了驯鹿圈养实验基地，均未成功。2003 年，更是搭建了 48 个配有自来水设施的鹿圈，可是喝惯了山泉水的驯鹿拒绝饮用自来水，鄂温克人不得不赶着驯鹿重返山林[8]。同年 8 月，鄂温克猎民在政府组织下进行了具有历史意义的“生态移民”，迁至根河市郊。整体搬迁后，政府提出“放下猎枪，走出森林”的口号，收缴了猎枪。至此，国家从制度层面上，终止了狩猎生计模式的延续。取而代之，出现了手工业、旅游业、驯鹿业等多元的生计模式。

（二）埃文基人的生计变迁。

1927—1928 年，苏联开始推行农业集体化政策。1929 年 11 月，苏共中央全会通过决议开始全盘集体化。执行过程中，基层执行者经常采用威胁、恐吓等手段强迫埃文基人从营地到“公社”居住，要求人们加入集体化并转变生活方式。当地埃文基人以狩猎和渔猎为主，对他们而言，没有任何农业概念，农业耕种经验更是无从说起。况且，当地森林冻土条件，并不适合发展农业。到 1933 年为止，埃文基自治区的 7 个集体，254 个家户和 1000 头驯鹿，只是在名义上实现了集体化。他们不组织集中劳作，没有共同的账目记录。虽然大多数埃文基人在 1941 年之前已被集体化，但一部分埃文基人，直至 1960 年，还保持着游猎生活。1950—1960 年，驯鹿完全被集体化并收入国营农场，变为国有资产，由国家指定的技术人员养殖。1960—1970年，苏联政府加强埃文基人的定居工作，进一步采取措施，改善了埃文基人生产和生活条件。学校、医院、剧院一应俱全[9]311—315，381—385。为使埃文基人更加快速地融入城镇生活和苏联主流文化，学校施行住宿制教育（boarding schoole ducation），学龄儿童被强制送至城镇上学，接受苏联主流文化教育。孩子们几个月才能与家人团聚，使他们对传统实践、信仰和民族语言产生疏离感[10]7。20世纪70年代，超过1/5的埃文基自治区的埃文基人认为俄语为他们的母语[9]384。1991年苏联解体后，俄罗斯亦不鼓励埃文基人延续他们的传统生计模式。政府有意迟发猎捕证和猎捕指标，猎民们拿到猎捕证和指标时，驯鹿早已迁徙至其他区域[11]。随着工业化发展，石油、天然气的开采和水电站的建立，使埃文基人的传统生活受到了严重威胁。苏联时代老旧的开采设备，无法满足深挖深采的需求，为了节省设备修理和升级费用，他们只有不断地挖采新的地方[10]8，致使埃文基人渔猎范围愈加缩小，陷入了一种“双重束缚”（doublebind）的境地[12]。

二、鄂温克人与埃文基人生计变迁之共性阐释

通过上文梳理，可清晰地发现中国鄂温克人与俄罗斯埃文基人生计变迁存在着诸多共性。从所处的境遇，到国家采取的措施，再到鄂温克人与埃文基人自己应对的策略都出现了惊人的相似。

（一）“双重束缚”的境遇。

1956年贝特森提出的“双重束缚”恰恰也是鄂温克人和埃文基人所面临的境遇，“双重束缚”指一个人同一时间接受两种矛盾的信息。一般来说，言语行为和非言语行为要配合传达相同的讯息，心口不一的话，对方可能会感到无所适从，就会容易使人陷入两难的境地。贝特森在提出该理论时曾举例用家庭场景进行阐释，如一位母亲每次嘴上对自己的孩子说“我爱你”，同时却扭过头不理孩子，致使孩子无法正确地理解母亲传达的不同信息逻辑。两个矛盾的信号，重复而多次地出现后，孩子就会受到“双重束缚”[13]222。鄂温克人与埃文基人一方面得到的信息是国家在为他们谋划美好新生活，而另一方面又觉察到国家让

他们舍弃赖以生存的传统生活方式和土地。鄂温克族的“生态移民”也好，埃文基人的“集体化住宿制教育”也罢，国家怀着提高居民生活水平的美好初衷，但激进的现代性、简单化的逻辑和实践，使鄂温克人与埃文基人失去了赖以生存的森林和驯鹿，原有的生活方式发生颠覆式巨变，现代人的生活方式强硬地闯入。而他们对新的生产生活方式无所适从，致使鄂温克人与埃文基人的精神无处安放。在两种不同的信息冲击下，他们无从选择，彷徨失措，迷惘而失望。缘何如此？

（二）“元模式”关联断裂。

贝特森认为“元模式”（metapattern）统辖着思维和学习的心智体系，与世间生物的进化和生存生态相呼应[14]，鄂温克人与埃文基人定居后，接受现代化改造，远离萨满的精灵寓所，迁徙也已不再是常态，“元模式”关联出现断裂。

萨满是鄂温克族和埃文基人传统文化的核心。萨满信仰认为世间万物皆有灵魂，人和神相通、人和物相连，森林是他们萨满精灵的寓所。大自然中的山、水、火，是大自然对鄂温克人与埃文基人的宠幸，是神的恩赐。他们认为，世间万物平等，物种之间没有明显的界限，也没有上下高低贵贱之分，有的只是关联和互动[15]。也正因如此，使得鄂温克人与埃文基人与非人类产生平等良好的关联和互动。他们与自然的关联，在其迁徙中也得到充分体现。鄂温克人的搬家抑或是山沟间的移动，抑或是牧场间的移动。山沟间的移动几年一次，山沟内牧场间的移动则是数月一次。一般牧场的苔藓与鹿蕊可供驯鹿食用数月，但老牧场的鹿蕊殆尽，则需搬至新牧场。如此这般，待老牧场鹿蕊重新恢复生机，使牧场得以休养生息。内蒙古社科院学者白兰在《北中国——那远去的鹿群》里便提到她“1986 至 1994 年，7 次到敖鲁古雅作田野调查，最短的一次半个月，最长的一次一个月，每一次都遇到搬迁活动，游猎迁徙已融入了鄂温克猎民的血液中”[16]。而俄罗斯的埃文基人亦如此，每天不是在打包准备搬家的行囊就是在路途中。游猎与其说是生存策略，不如说是文化的存在。埃文基人用双脚丈量和感受着大地，他们认为双脚在行走过程中联系着人的身体、心智与环境。在迁徙的行走中，埃文基人教孩子们成为独立的人，教他们与他人或动物如何协作。行走的具身化实践也是关联的模式。所以在行走中组成了这个“元模式”关联,通过心智与大地,达到了统一[17]49。“元模式”关联断裂,陷入“双重束缚”,但鄂温克人与埃文基人依然作出了自我调适。

(三) 自我调适。

依照“控制论”①原理,鄂温克人与埃文基人的生计变迁过程就是反馈调节,自我调适(selfregulation)的过程。反馈是控制论中广泛应用的一种原理和方法,它存在于一切控制系统中,是系统调节控制的基本形式。反馈有正反馈与负反馈,前者经过反馈使输出值偏离目标值,后者经过反馈使输出值接近于目标值。通过反馈,自我调适,达到最优状态。此处,目标值是理想的生活状态,输出值就是猎民们实际的生活状态。国家的政策方针下达后,猎民们一部分人作出了负反馈,日子蒸蒸日上,另外一部分人一时无法正确调适,作出了正反馈,生活每况愈下。

1. 正反馈(Positive Feedback)。自定居下山后,许多鄂温克男人无固定职业。彼时的“森林英雄”,此时沦为“无业懒汉”。家庭及社会的认可度急剧下降,尊严丧失,借酒浇愁,逐渐患上酒精依赖症。1957至1994年间,酒害和自杀事件连年发生[18]。柳芭,十几年前的记录片《神鹿呀,我们的神鹿》主人公,当时是鄂温克族唯一一位考入大学的女性。她从中央民族大学毕业后被分配到内蒙古人民出版社工作。生活本该美好顺遂,可对城市生活的诸多不适,使她沉迷于酒精。有一天,她酒后醉倒在森林膝盖深的河水里,再也没起来。同样,埃文基人在受到“双重束缚”的境遇下,也希冀于酒精。酒驾导致的车祸、醉酒后伤人的事件屡有发生。他们崇尚自然、喜好惊险刺激,享受游猎生活所带来的不确定感。定居后,所有的这些都不再属于他们,唯在酒精中找寻自主、自由的感觉[17]51。贝特森曾在《迈向心智生态》(Steps to an ecology of mind)的第三章专门以“关于‘自我’的控制论:酗酒”(The

---

① 贝特森的“控制论”和“系统论’、“信息论”一并被人们称为“老三论”。它是在抽象意义上的关于系统和控制的研究。对动态系统在变化的环境条件下如何保持平衡状态或稳定状态的研究,被称为控制论。是研究各种系统控制和调节的一般规律的科学,该理论强调人类和生物以及非生命物质在环境构成上的关系,被广泛应用于多个领域。

Cybernetics of ‘Self’：A Theory of Alcoholism）为题探讨了关于“自我”（Self）的控制论。酒精依赖者认为他们可以，或者至少应该可以成为“灵魂的主人”。结果，莫谈“灵魂的主人”，连自己的醉态都无法控制[19]。

2. 负反馈（Negative Feedback）。除了上述的正反馈，鄂温克人与埃文基人也在整个生计变迁过程中作出负反馈，完成了从传统到现代的转型。“自组织”的存在使得鄂温克人与埃文基人适应时代的巨变成为可能。他们与时俱进，自我调适，但依然沿袭着如“乌力愣”般的“自组织”合作形式。“乌力愣”（鄂温克语：子孙们），是氏族属下的社会组织，由一个父亲的若干代子孙及妻子所自愿组成的血缘组织。传统的“乌力愣”少则五六个家庭、多则十一二个家庭。一家一户的生产时常受到生产力和生产资料方面的局限，于是一些有血缘关系的家庭出于互助合作的需要而自愿组合，在放猎时，大家共同劳作，享用猎物。在生活上也是互相帮助，互相照顾[20]。

现如今，鄂温克人承包户依然基于血缘或亲缘关系自愿结合在猎民点集中养鹿。2012 年 9 月，敖乡有 9 个猎民点，分别是玛丽亚·索猎民点、达玛拉猎民点、达瓦猎民点、生生猎民点、布冬霞猎民点、杨双虎猎民点、索玉兰猎民点、巴拉杰依猎民点及古文强猎民点。其中有两个猎民点，除了养鹿外，还向游客开放。每个“猎民点”为一个“自组织”，在分化和重组中，依赖亲缘关系聚合以互助抵御风险。除了猎民点，20 世纪 90 年代初，埃文基人将“自组织”的传统应用在小规模林业、金矿开发与软玉开采的运作中，取得了一定成功[21]。他们在“自组织”中，预测风险、灵活应变、分配利益，将狩猎族群所特有的猎人秉性（hunting ethnos）发挥得淋漓尽致。鄂温克人的驯鹿业、手工业、旅游业，埃文基人的伐木业、矿产开采业无不以一个个大大小小的“自组织”作为依托，以在激烈的市场竞争中存活[22]。

三、结语

在全球化和现代化的浪潮中，鄂温克人与埃文基人面临“双重束缚”，但又极力自我调适。他们得到普遍的物质福利，却又陷入精神困境。由于“元模式”关联的断裂，他们心理失落、价值突变。传统文化出现断代，物质与精神层面开始脱节。对于鄂温克人和埃文基人来说，森林、驯鹿、撮罗子远非可有可无，易于替代，相反，他们之间是关联性模式，是心智与自然的勾连。如何建立起“元关联”，将物质与精神相关联，形与神相关联，一直是国家管理者和社会研究者的重要课题[23]。在大政治的背景下，管理者应审慎对待多元的生活方式，人民与时俱进，政府循序渐进，共同构建一个开放的民族文化生态环境。

原文刊登于《中南民族大学学报(人文社会科学版)》2018 年第 3 期

参考文献：

[1] 王伟. 跨界民族问题的形成、表现及影响[J]. 黑龙江民族丛刊，2014(1).

[2] 葛公尚. 试析跨界民族的相关理论问题[J]. 民族研究，1999(6).

[3] 卡丽娜. 驯鹿鄂温克人文化研究[D]. 北京：中央民族大学博士学位论文，2004：13.

[4] 侯儒. 俄罗斯埃文基人萨满教研究[D]. 北京：中央民族大学硕士学位论文，2012：6.

[5] Bloch Alex. Authenticating Tradition：Material Culture，Youth，and Belonging in Central Siberia . *Museum Anthropology*，2000,(23).

[6] 张新杰. 驯鹿鄂温克生计变迁方式研究[D]. 北京：中央民族大学硕士学位论文，2012：31.

[7]《鄂温克族简史》修订版编写组. 鄂温克族简史[M]. 北京：民族出版社，2009：173.

[8] 唐戈. 文化调适：驯鹿鄂温克人从猎人到牧鹿人的角色转换[N]. 中国社会科学报，2012 - 11 - 02.

[9] Forsyth James. *A history of the Peoples of Siberia：Russia's North Asian Colony 1581 - 1990* . Cambridge：Cambridge Press，1992.

[10] Peter Jordan. Hunting，Fishing and Reindeer Herding Peoples of Siberia：Past，Present and Future Challenges . *General Anthropology*，2004(11).

[11] Bychkov Oleg et. all. APeople Dwindling under Centralized Rule. *Cultural Survival Quarterly*，1999(Winter)：57 - 60.

[12] Anderson David G. *Identity and Ecology in Arctic Siberia：the Number one Reindeer Brigade*. Oxford：Oxford University Press，2002：62 - 67.

[13] [日]涩谷昌三著，吴宣劭译. 绵羊心理学[M]. 青岛：青岛出版社，2013：222.

[14] Bateson Gregory. *Mind and Nature：a Necessary Unity*. New York：E. P. Dutton，1979：24.

[15] 庄杉，靳乐山. 东北赫哲族生计与文化的变迁研究[J]. 渔业经济研究，2009(2).

[16] 白兰. 北中国那远去的鹿群(鄂温克族)[M]. 昆明：云南人民出版社，云南大学出版社，2013.
[17] Tatiana Safonova, *Istvan Santha. Culture Contact in Evenki Land: a Cybernetics Anthropology of the Baikal Region* . Leiden and Boston: Global Oriental.
[18] 郝时远，张世和，纳日碧力戈. "驯鹿之乡"敖鲁古雅鄂温克族猎民现状研究[R]. 北京：中国社会科学院民族研究所，1994：98.
[19] Bateson Gregory. *Steps to an Ecology of Mind*. London: Jason Aronson Inc, 1987: 228.
[20] 《中国少数民族》修订编辑委员会. 中国少数民族. 北京：民族出版社，2009：123.
[21] Sirina Anna A. *Clan Communities among the Northern Indigenous* Peoples of *the Sakha (Yakutia) Republic Step to Self-determination*? // Erich Kasten. Rebuilding Identities: Pathways to Reform in Post-soviet Siberia. Berlin: Dietrich Remier Verlag, 2005: 197 - 216.
[22] Lee Jaehoon. Indigenous People and Political Agenda: the Issue of Social and Ecological Change of the Nomadic Siberian, the Evenki, in Russia . *Journal of Contemporary Anthropology*, 2013(IV).
[23] 纳日碧力戈等. 西南地区多民族和谐共生关系研究文集[M]. 贵阳：贵州大学出版社，2012：8.

驯鹿鄂温克人的植物利用及乡土知识：重读《额尔古纳河右岸》

张箭飞[①]

摘　要： 近年来，随着生态环境史向乡土植物研究方向偏移，由19世纪后半期美国人类学家的西南地区印第安人民族研究分蘖而来的“民族植物学”再度成为相邻学科借重的学术资源。最初设定为“研究原始土著人民如何利用植物维持自己的衣、食、住、药等之需”的民族植物学已经发展成一个交织或含纳植物学、人类学、历史、经济学、伦理学等跨学科领域，其基本关注和研究进展显示出巨大的认知能力(cognitive powers)。

本文即是一个尝试：基于民族植物学学科定义，结合人类学、地理探险、林业调查等周边文献，考察《额尔古纳河右岸》中驯鹿鄂温克人“逐苔藓而徙”的游牧区域和植被特征、与其日常生活息息相关的30余种乡土植物以及基于植物使用的乡土知识。

《额尔古纳河右岸》问世以来，好评不断。随其名至实归地获得“茅盾文学奖”，近十年来，在读书界和批评界的影响力持续走高——这一点，可从小说再版发行量以及不断递增的批评文献得以确认。

迟子建从女性角度，以诗性语言重建一个正走向民族博物馆宿命的“濒危”驯鹿部落，一个鄂温克民族支系的百年游牧生活史，这一题材特别适合进行叙事学、女性主义、生态主义批评的诊断和解读。因此，

---

① 张箭飞，女，武汉大学文学院世界文学及比较文学教授、博士生导师，《长江学术》副主编。

目前为止，《额尔古纳河右岸》批评主要也是在这三种视域下展开，因而文本分析和结论彼此靠近也是题中之义，这一现状既说明迟子建的文学成就已经得到普遍认可，也暗示出研究的惯性思维泛泛地甚至牢牢地绑定在诸如“叙事艺术”“生命意识”“回归自然”“文明哀歌”“萨满教文化”等层面上。

不过，也有别见突起。新近发表的《界限之内——迟子建〈额尔古纳河右岸〉批评》从非常专业的人类学角度解读《额尔古纳河右岸》的萨满信仰，突破了一般研究者的学科知识局限。对于该文最后结论[①]，笔者存而不争，但是非常赞成论文把基于田野调查的人类学材料与充满诗性想象的文学文本并置、辨析和对照，一改泛宗教文化角度的文本解读的空疏。作者曲枫是人类学博士和阿拉斯加大学人类学系研究员，主要从事北极与次北极地区宗教人类学、史前爱斯基摩人考古学研究，这样的学科背景使他面对迟子建的叙述对象，驯鹿鄂温克族群的时候，多了参照镜像和比较例证。

不少研究者泛泛指称或概述的“鄂温克”是一个跨越俄、中、日极北边境而统一的“少数民族”，在中国境内生活的人口目前大约有 3 万多人。这一民族因生活区域、生活方式及历史变迁的原因而有多种他称，例如“索伦”、“雅库特”、“特格”等，因名害义，误导一些研究者将不同区域和社会发展水平的鄂温克人的族群认同、文化身份等混为一团。而专业的人类学家则会做严格的甄别：

> 欧亚大陆的北部地区，一共生活着三个以牧养驯鹿为生的族群。一是大陆最东端楚克奇半岛和堪察加半岛上的楚克奇人(Chukchi)和科里亚克人(Koryak)，另一个是生活在大陆最西端的北极圈上下的跨越挪威、瑞典、俄罗斯三国的萨米人(Saami)。还有一个驯鹿人生活在欧亚大陆的腹地，他们是埃文人(Even)和埃文基人(Ewenk 或 Evenki)。其中，埃文

① 作者认为，“小说虽然生动展现了有关萨满教的文化风情、信仰习俗和仪式行为，却对风俗之后的灵魂世界、宗教的自由精神、仪式的超越性等萨满教本质特征鲜有触及。”

> 基人分两部分，在俄罗斯境内的叫埃文基，但在中国的这一部分叫鄂温克。人类学研究史上又称鄂温克人为“通古斯”。中国的埃文基，即鄂温克生活在黑龙江省西部及内蒙古自治区的东北部。
>
> 这些少数族裔生活的地域属于北极及次北极地区。那里有着漫长而寒冷的冬季，大片土地是苔原，较偏南部的土地是针叶林。苔原上所生长着的一种特别的苔藓，是驯鹿最喜欢的食物。这种苔藓还生长在密集的针叶林中，因而使人类在次北极地区的森林中养育驯鹿成为现实。[1]

三百多年前，中国埃文基还在贝尔加湖一带游牧，因沙俄苛捐、哥萨克人挤压而退入后来成为中俄界河的额尔古纳河右岸；而曲枫所说的“特别的苔藓”，又称驯鹿苔藓（reindeer lichen）。全世界苔藓种类多达23万多种，但驯鹿喜食的苔藓只有5种左右。作为“检测空气污染程度的指示物”，它们一般生长在寒温带针叶林里，高度敏感环境的空气湿度和养分，生长速度非常缓慢，年均3—11毫米，一旦被过度啃食，很难恢复原有生机和覆盖面，这就意味着驯鹿鄂温克人严重依赖游牧区苔藓的承载量，难以像进入农耕社会、生活在半牧半耕地区的同胞那样保持较多数量的人口。根据秋浦等人所著《鄂温克人的原始社会形态》一书，20世纪上半叶中国埃文基人数一直徘徊在岌岌可危的200人左右，分属于主要以家族血缘组合起来的6个乌力楞。1959年后，他们被带入新的社会制度，享受国家的各种优惠政策。即使如此，这一族群依然不可逆转地濒临“消失”。根据最新统计，定居于内蒙古根河的驯鹿部落只剩下60多人了。

实际上，自20世纪以来，随着工业化都市化推进、北方原始森林萎缩、温室效应扩散、苔藓复原能力退化，三个欧亚驯鹿族群（包括中国鄂温克在内的）一直面临着传统游牧可持续性的危机，因而受到人类学家临终关怀式的田野观察和跟踪报告。例如，早在1929年，剑桥年轻的女人类学家E. J. 林德格伦（E. J. Lindgren）博士就与挪威同事，进入额尔古纳河右岸，在俄罗斯向导带领下，追寻人类学家界定为“害羞”而

“弱小”的“驯鹿通古斯人(the Reindeer Tungus)”，近距离观察他们的生活方式，细致地记录下他们面临疾病、鹿瘟、恶劣气候、食物匮乏的困境、皮毛商的盘剥、其他族群的侵扰等等；半个世纪之后，中国摄影师顾德清出入敖鲁古雅森林，与驯鹿人一同放牧、迁徙、打猎，用相机和笔见证鄂温克人游猎历史即将终结的倒计时状态；哈佛毕业的人类学家萨达尔(Hamid Sardar-Afkhami)以影像志的方式将他们的近邻，蒙古库苏古勒湖地区的杜科哈人(Dukha)驯鹿文化消亡进行时呈现在世界面前。

如果紧扣驯鹿鄂温克人与苔藓依存关系，将《额尔古纳河右岸》置于更大的关联语境，与人类学家的田野笔记、影像记录、植物学家的植被调查等材料进行对读，这部小说显示的意义将远远溢出它最初的定位：“苍凉自述”的少数民族哀歌。换言之：将书中有意或间接再现的人与植物的关系(human-plant)引入一个广阔而互联的视域里重新审视；确言之，即在由人类学和植物学交叉而成的“民族植物志(ethnobotany)”的视域里重新审视一部预存了文学之外价值的小说。

近年来，随着生态环境史向乡土植物研究方向偏移，从 19 世纪后半期美国人类学家关于西南地区印第安人的民族研究分蘖而来的“民族植物学”再度成为相邻学科借重的学术资源。1895 年，在一次演讲中，植物学家约翰·哈斯伯格(John Harshberger)第一次使用“民族植物志 ethnobotany”这一术语描述他的工作：研究原始土著人民如何利用植物维持自己的衣、食、住、药等等之需。经过数代学人的努力，民族植物学已经发展成一个交织或含纳植物学、人类学、历史、经济学、伦理学等跨学科领域，其基本关注和研究进展显示出巨大的认知能力(cognitive powers)，或许能为大理论枯竭时代的文学研究提供一些启示。

本文即是一个尝试：基于民族植物学的学科定义(“研究特定文化和地区的民族如何使用当地环境中的植物”[2])，结合周边文献，考察《额尔古纳河右岸》中驯鹿鄂温克人“逐苔藓而徙”的游牧区域和植被特征、与其日常生活息息相关的 30 余种乡土植物以及基于植物使用的乡土知识。

一、额尔古纳河右岸泰加林景和植被类型

“我是雨和雪的老熟人了，我有九十岁了。雨雪看老了我，我也把它们给看老了。”这句已成经典的起头不仅确定全书“苍凉自述”的叙述基调，而且划定“我”一生故事展开的时段。我与自己归属的乌力楞近乎一个世纪游猎生活的日常细节构成一帧帧“掠影”、“画面”、“场景”、“情景”，呈现了一个原始森林民族渐趋消失的过程，而这一过程正与剧烈的社会变革和环境变迁同步发生。尽管驯鹿鄂温克人远离现代社会，但现代社会贪婪的触角不断伸向任何有利可图的角落，从亚马逊雨林到兴安岭针叶林——暴利驱动之下的伐木采矿等工业活动天然地威胁着驯鹿鄂温克人原始的生活方式。因此，“我”从晚清末年活到世纪之交，不仅亲历从原始社会进入全球化后现代社会的“苦楚与哀愁”，而且见证额尔古纳河流域森林、湿地、草原萎缩和植被趋减的环境恶变过程。

额尔古纳河，原为中国内河，发源于大兴安岭西坡，全长 1621 公里。“额尔古纳”系出蒙古语，意为“肘”，即河流弯曲如肘形，流域内有 1800 多条干流、支流和众多的山脉，包括广为人知的海拉尔河、根河、石勒喀河、黑龙江等。1689 年中俄签署的《尼布楚条约》将左岸划归俄罗斯。在“有边无防”时代，这一流域是众多游牧民族或部落共享的生存空间和文化交流场所，尽管时有利益之争和军事冲突；而曾在中国称为北海的贝尔加湖和列拿湖流域游牧两千多年的鄂温克人，部分迁徙到中国右岸之后，照常跨境游牧和贸易。根据驯鹿对于苔藓的需要，鄂温克人使用的苔原森林（tundra-forest）可达几十万平方公里，尽管他们并不占有这片辽阔的土地——这是他们与农耕定居民族的区别之一，也是时有纠纷的原因之一。①

当然，自 20 世纪 80 年代，他们的游猎范围大幅退缩，基本不出贝尔茨河和珠干河原始森林，公路网和伐木场不断切割和侵扰他们的传

① 根据林德格伦博士的报告，额尔古纳河流域边境地区的农耕移民（包括俄罗斯人、汉人、蒙古人等）视四处游牧的鄂温克人为闯入者，故意放火焚毁自己地界里的驯鹿苔藓，逼迫后者退进无法农耕的高山密林。

统猎场。① 根据记录片《敖鲁古雅·敖鲁古雅》顾桃导演的观察：在驯鹿鄂温克人最后“定居”的根河，四周连只野兔子都难得一见了。

在《额尔古纳河右岸》中，迟子建从俯瞰角度，以写意笔法和抒情语调勾勒这一区域山峦河流纵横织就的地景(landscape)：

> 如果把我们生活着的额尔古纳河右岸比喻为一个顶天立地的巨人的话，那么那些大大小小的河流就是巨人身上纵横交织的血管，而它的骨骼，就是由众多的山峦构成的。那些山属于大兴安岭山脉。
>
> ……在我眼中，额尔古纳河右岸的每一座山，都是闪烁在大地上的一颗星星。这些星星在春夏季节是绿色的，秋天是金黄色的，而到了冬天则是银白色的。[3]

这段引文看似只是粗略素描右岸地貌和季节特征，但若将小说中的关联细节聚拢，典型的泰加林景跃然纸上：“那时额尔古纳河右岸的森林，不仅有遮天蔽日的大树，而且河流遍布”，“那一带山峦的苔藓非常丰富，野兽也很多，到处可见在树梢飞翔的飞龙和地上奔跑的野兔”，“才是九月底，从向阳山坡上还可以看到零星开放着的野菊花呢，忽然刮了两天的狂风，……树脱尽了叶子，光秃秃的，树下则积了层厚厚的落叶”。

泰加一词源自俄语 taiga，生态学界用于泛指北半球寒温带针叶林或雪原森林，“地球上面积最大而唯一连续分布的森林植被类型”，主要由松杉等针叶树构成，间或混有桦柳等阔叶树。不过，根据 1940 年版乌沙科夫(Ushakov)俄语大词典，泰加意味“原始绵密的森林，以针叶树为主，林带宽阔，贯穿欧亚北方直至鄂霍次克海”，[4] 这条林带宽达 1000 公里，横亘于中俄之间的大小兴安岭与三江(额尔古纳河、黑龙江、乌苏里江)流域亦在其中，而大兴安岭针叶林则被确认“属东西伯利

---

① 80 年代鄂温克人的生活，参见摄影家顾德清. 1982—1985 探访兴安岭猎民生活日记. 济南：山东画报社出版，2001 年.

亚泰加林在我国的延伸部分，是泰加林分布的最南端。”[5]

针叶林又分为两类：明亮针叶林（bright coniferous forest）和暗针叶林（dark coniferous forest）——前者由各种喜阳的落叶松组成，树距相对稀疏，光照比较明亮；后者多由常绿耐阴的云杉、冷杉等构成，林冠稠密，“遮天蔽日”，林下光照较弱。总之，有散光透入，闷热潮湿的针叶林是苔藓生长的理想生境，往往被驯鹿鄂温克人用作相对固定的游牧点。

如果补入周边材料，对于维系鄂温克人生存的针叶林特点，我们会有更清晰的概念。某种意义上，这些材料有助于细化或可视化迟子建抒情而简疏的环境描写。1902—1907年，为研究远东地区物种和少数民族生活，俄罗斯地理学家阿尔谢尼耶夫（Vladimir Arsenyev 1872—1930年）深入乌苏里江和阿穆尔河（也即黑龙江）流域勘察。他的探险报告《在乌苏里的莽林中》，亦可读成一部泰加森林纪实——实际上，19世纪上半期蚕食我国黑龙江地区的俄罗斯移民就把乌苏里森林称为“Ussuri Taiga”，或满洲里冷杉林。需要提醒的是，阿尔谢尼耶夫考察时间与《额尔古纳河右岸》叙述主人公“我”出生时间相当接近，因此，他的记录可与“我”的追忆互证驯鹿鄂温克人曾经依存的优越生态：

> 河谷森林有时十分浓密，里面看不见天日，总是黑黝黝的，阴凉而又潮湿。林子里的黎明和黄昏来临的时间与开阔地带不一致。只要有一小片乌云遮住阳光，林子立即昏暗起来，像阴天一样。不过天气晴朗的时候，阳光辉映下的树干、翠绿的树叶、闪光的针叶、鲜花、苔藓和彩色的地衣却极为美观。[6]

在现代道路和交通工具入侵次北极地区之前，只有耐寒吃苦的族群和特殊人群（如猎人、挖参人、探险家等）才能栖林而居，逐草而牧，靠山吃山，靠水吃水。因此，直到20世纪后半期，中国境内泰加森林基本保持着史料记载的原始风貌：“蓊郁尤胜，松柞蔽天，午不见太阳，风景绝胜。”①1956 年，中国政府启动少数民族社会历史大调查计划，民族学家秋浦带队前往鄂温克和鄂伦春人生活的大兴安岭地区，收集整理了丰富的一手资料。由他主笔的《鄂温克人的原始社会形态》一书，“绪言”部分内容堪称抒情写实的植被和动植物群（flora and fauna）概述，与迟子建小说中的相关描写形成互文关系：

> 覆盖着整个大兴安岭的，是漫无边际的大森林，在这里，生长着各种松树、黑桦、白桦、杨树、柞树，和被鄂温克人称作奥克登、布登鲁、拉黑衣、布鲁都维格、黑鲁坡的一些树木，还有数不清的野花奇草，可供采集的都柿、高丽果、野葱和蘑菇。当你走进大森林时，真像到了另一个世界，既见不到阳光，也找寻不到道路，到处是粗大的树干，茂密的枝叶，在阻挡着人们的视线，到处都是鸟语花香，一片沁人心脾的气息。
>
> 在大兴安岭的原始森林中，还栖息着野兽，其中主要的有鹿、犴、熊、狍子、獐子……等。飞翔在林间的鸟类，种类也很繁多。飞龙、乌鸡、山鸡等，数量是比较多的。而在纵横交错的河流中，则盛产着各种鱼类。尤以细鳞鱼、白条鱼、狗鱼、哲罗鱼、鲇鱼、鲤鱼、鳟鱼等最为鲜美。大自然的一切，都吸引着鄂温克人。上述这些就构成了鄂温克人物质资料生产的自然基础。[7]

可以说，在“我”的前半生，除开日寇进山，强征劳役那 13 年（1932—1945 年），驯鹿鄂温克人的生存环境和游猎节奏相对正常。无霜期短，冬季漫长，夏季燥热、地形复杂的额尔古纳河流域具有复杂多样的植被类型：无树苔原、少树草原、沼泽化草甸、高山针叶林、混交林等等。遗憾的是，有关这一区域植物种类和分布情况，依然停留在“茂密”、“丰美”、“繁多”等泛泛描述，鲜有专类中文文献提供精确的历史数据，呈现 20 世纪上半期流域植物群落的真实状况。② 唯一的一篇论文

---

① 转引自李文化等. 东北天然林研究. 北京：气象出版社 2011 年，第 3 页.

② 根据《额尔古纳右旗自然概况》一文，目前“本旗内有野生植物 733 种，分属于 85 个科，342 个属。”参见 http://3y. uu456. com/bp_68akp7rq4s55t2h9602g_2. html。

“基于 MODIS/EVI 的额尔古纳河流域植被变化分析”，其关注落脚在如何利用遥感检测这一地区目前的植被覆盖①；李文化等出版于 2011 年的《东北天然林研究》，其关联内容只涉及整个东北植被区的近年统计。不难理解早在 20 世纪 30 年代，林学家贾成章喟然长叹：“东北地大物丰，世所艳称。而森林蓄积之富，尤甲于全国，徒以国人不查，未加整理。坐令强邻窥伺，主权丧失，诚为可惜。”[8] 鉴于确切比对数据阙如，笔者一方面参考森林面积锐减之前年代写作或出版的植物调查及植物志，如《东北草木植物志》《东北木本植物图志》《中国藓类植物属志》中有关呼盟或大兴安岭植物区的概述，同时广搜国外涉及周边区域（如阿穆尔河）的地理文献，推算在驯鹿鄂温克人游猎范围，至少有 3000 余种维管植物（包括小说中确指的 32 种）、30 余种常见蘑菇（包括小说中提到的猴头蘑、马粪包）、四大类苔藓 500 余种（包括小说中提到的“恩克”、“拉沃克塔”）以及 100 余种鸟类（包括小说中提到的飞龙、山鹰），50 余种哺乳动物（包括小说中提到的猞猁、堪达罕）、100 余种淡水鱼（包括小说中提到的狗鱼、蜇罗鱼）等。富饶的动植物资源使得驯鹿鄂温克人在顺应严酷的气候条件同时②，发展出基于植物利用的生存智慧和丰富的乡土知识。

二、乡土植物与鄂温克人日常生活

驯鹿鄂温克人一般以家庭为单位或以血缘关系为主组成乌力楞共同游牧，集体打猎、平均分配猎物和必需品。根据秋浦等人的考察，截止到 20 世纪 60 年代，他们依然保持着原始的社会结构和平等互助的道德原则。小说描写到的三个乌力楞，“我”的第一任丈夫拉吉达原来的乌力楞，有 30 多人；第二个丈夫瓦罗加领导过的乌力楞，不到 50 个猎民；而“我”所在的乌力楞，人口长期徘徊在 15 人左右：每有新人嫁

① 参见余晓. 基于 MODIS/EVI 的额尔古纳河流域植被变化分析. 中国水利水电科学研究院学报，2011(2).

② “全年有七个月在零度以下，冬季最冷的时候为零下五十度。有的地方终年存冰积雪，雪的厚度常达一公尺以上。”参见秋浦等. 鄂温克人的原始社会形态. 北京：中华书局 1962 年，第 3 页.

进或入赘、婴孩出生，就会损失一到两个成员。与其说这是一个文学性隐喻，不如说是一种人类学观察：人丁细弱的猎民族群在严酷的大自然搏取生存，毫无现代住、行、医疗便利，使用比较落后的生产工具，死亡概率很大。因此，他们必须对内缔结无私互爱的关系①；对外好客慷慨，如在林中搭建"靠老宝"，储存食物用具等，"从不上锁，即使你路过不是本氏族的'靠老宝'，如果确实急需东西，也完全可以自取。取过后，将来把东西再还回来就是。"[9]鄂温克人这种自助利他的设计，或者说生存智慧，历史悠久且影响到进山谋生的外来民族。《在乌苏里的莽林中》就记录了作者亲见的食物借/还现象。②

游猎于原始森林，鄂温克人无法做到完全的自给自足，有些生活必需品和生产资料，如"酒、面粉、盐、棉布、子弹"等需要通过皮毛和药材贸易，假手交换中介"安达"获取。但大部分的日常所需，他们可从游猎区域植被群落获得。丰富的乡土植物供养他们的驯鹿，保育他们猎取飞禽走兽、鱼类，提供搭建撮罗子和制造器具的木材……换言之，他们食用的肉、奶，穿的皮毛均来自植物，正如以色列先知以赛亚所说："所有的肉都是草(all flesh is grass)"。植物支撑驯鹿人鄂温克的衣食住行，进而涵养他们与植物休戚与共的传统和信仰。

细读《额尔古纳河右岸》，作者确指的乡土植物多达 32 种，而以"松树"、"草药"、"野花"、"野果"、"蘑菇"、"荆棘"泛指的乡土植物，实际可能达到 100 余种。因篇幅所限，本文仅讨论鄂温克人生存所需和日常所用的四类植物。

1. 驯鹿食用植物：苔藓、石蕊、蘑菇、青草等

在鄂温克人依赖的植物体系中，驯鹿食用植物占据最重要的地位。小说中反复提到的苔藓和石蕊，一度遍布于额尔古纳河流域。哪里有苔藓和石蕊，半家生的驯鹿会自去觅食。一年之内，六个季节(按鄂温

---

① 尽管这种关系也会因个别成员个性乖张而发生变化——如"我"的姑姑伊芙琳比较刻薄，时常制造口舌纠纷；马粪包随"我"第二任丈夫一起入伙"我"的乌里楞，但是为人比较自私，总是抱怨猎物分配不公。

② 在原始森林里，挖参捕貂的中国人不会动用别人不上锁的食物。饥饿难忍的时候可以借用，条件是："一遇到农舍就弄来还上。"参见苏弗·克·阿尔谢尼耶夫. 在乌苏里的莽林中. 北京：商务印书馆 1977 年，第 124 页.

克人的季节划分），来来去去，啃食范围可达 800 万公顷。[10]鄂温克人“逐苔藓而徙”的生活方式其实是由驯鹿特殊食性和驯鹿苔藓分布区域决定的。因此，苔藓的枯荣多寡关联着鄂温克人的生存质量甚至命运：

> 我从来没有见过哪种动物会像驯鹿这样性情温顺而富有耐力，它们虽然个头大，但非常灵活。负载着很重的东西穿山林，越沼泽，对它们来说是那么的轻松。它浑身是宝，皮毛可御寒，茸角、鹿筋、鹿鞭、鹿心血、鹿胎是安达最愿意收入囊中的名贵药材，可换来我们的生活用品。鹿奶是清晨时流入我们身体的最甘甜的清泉。行猎时，它们是猎人的好帮手，只要你把打到的猎物放到它身上，它就会独自把它们安全运到营地。搬迁时，它们不仅负载着我们那些吃的和用的东西，妇女、孩子以及年老体弱的人还要骑乘它，而它却不需要人过多的照应。[11]

驯鹿（reindeer），又名角鹿，是鹿科驯鹿属下的唯一一种动物，有四个胃室，食量较大：“它们总是自己寻找食物，森林就是它们的粮仓。除了吃苔藓和石蕊外，春季它们也吃青草、草间荆以及白头翁等。夏季呢，它们也啃桦树和柳树的叶子。到了秋天，鲜美的林间蘑菇是它们最爱吃的东西。”[12]

驯鹿食物来源包括苔藓、蘑菇、桦柳叶子和特定的草本植物。这里，作者使用指涉甚广的“青草”一词。笔者查阅有关驯鹿食物记录，认为：“青草”主要指兴安岭常见莎草和驯鹿非常爱吃的“西瓦个特”，即忍冬科“接骨草”；“草间荆”应为“草问荆”的误写，木贼科，又名“节节草”，广泛分布于近极地潮湿森林里。实际上，“接骨草”、“草问荆”以及毛茛科“白头翁”这三种多年生草本也是大兴安岭盛产的名特土产，鄂温克人自用的传统草药。

需要说明的是：驯鹿越冬主要依靠苔藓——在额尔古纳河右岸，最常见的优势苔藓群落包括赤茎藓和曲尾藓，生长在潮湿的林下和河谷洼地，而大兴安岭的冬季长达 7—8 个月。所以，“我”才会说：“我这一生见过的河流太多了……我对额尔古纳河的最早记忆，与冬天有关。”[13]因此，一年大部分时间，无论是现实中还是小说里，驯鹿和驯鹿人都在朝向河谷地带迁徙，面临着寒冷及冰雪造成的各种事故①和驯鹿觅食的“白灾”：“那一年，北部的营地被铺天盖地的大雪覆盖，驯鹿找不到吃的，我们不得不向南迁移”[14]，“我们在旧营地附近进行了三次小搬迁后，不得不为驯鹿而做出了大搬迁的决定。因为附近已经没有驯鹿可食的苔藓和蘑菇，它们越走越远……依芙琳说，我们必须离开这里。于是大家开始整理东西，沿着贝尔茨河向西南迁移。”[15]“驯鹿无法扒开厚厚的积雪去寻找苔藓，就会被活活饿死。”[16]

看似自由无羁的驯鹿，其生存繁衍维系于相对单一的植物上，只能游走在没有其它经济活动和人烟稀少地区——这就意味着：鄂温克人的生存繁衍也依赖于苔藓：“驯鹿在山中采食的东西有上百种，只让它们吃草和树枝，它们就没灵性了，会死的！”[17]没了驯鹿，驯鹿鄂温克人不再是驯鹿鄂温克人，他们独特的历史必将(其实已经)结束。事实上，小说进展到“黄昏”部分，现代化森林工业已经彻底改变原始针叶林的生态：“那时山中的林场和伐木工越来越多，运材线一条连着一条”[18]。机器所到之处，最先最易毁掉的就是脆弱的苔藓群落。在“我”亲眼所见的背后是一个冷酷的历史事实：到了20世纪末期，鄂温克传统游猎的区域里，经过多年强度择伐成材百年大树落叶松、红松等，天然针叶林已所剩无几。林之不存，藓将焉附？

历史地看，某一类植物支配了一个种族或族群的存续兴衰并不罕见，如果说驯鹿苔藓使“原始的(primitive)”鄂温克人成为鄂温克人，那么，在塑造某个现代国家的经济体系、历史道路和某些群体的命运方面，土豆或香蕉甚或郁金香也(曾)扮演了重要角色。此处，不妨推展下民族植物学家大卫·耶特曼(David Yetman)其《马由民族植物学》(Mayo Ethnobotany)一书中的一个经典设想②：没有土豆，19世纪的

---

① 例如“我”的姐姐列娜睡梦中从驯鹿上掉下，被冻死。

② “上述植物在马由人生活中地位极其重要，由此我们设想没有它们，马由人的生活方式则会全然不同。” Mayo Ethnobotany: *Land, History, and Traditional Knowledge in Northwest Mexico*, University of California Press, 2002, p. 79.

爱尔兰人生活方式会完全不同；同样，没有苔藓，驯鹿鄂温克人的命运会是另外的样子。

2. 针叶林主要植物：松、桦、柳等

驯鹿鄂温克人栖林而居，游猎为生。在迟子建笔下，他们主要在兴安落叶松林、湖沼柳丛和松桦混交林里迁徙扎营。这里，不妨引入鄂温克作家乌热图尔的相关叙事，进一步“具象化”我们对于鄂温人生活环境的了解：

> 那时奇勒查游猎家族正处于鼎盛期，他们的营地坐落一条无名小溪旁。这里依山伴水，地势平缓，被整片松桦混交林覆盖，林木不疏不密，透视性很好，4 月暖融融的阳光几乎没有遮挡地泼洒下来。5 座淡黄色桦树皮苫盖的尖顶帐篷，在树枝缝隙中透出圆锥形轮廓。[19]

三种森林里长着茂密的建种群乔灌木（如兴安落叶松、柳树、兴安杜鹃、白桦等），还涵养着丰富多样的林下植物，如“交库托坎”（百合花）、“西里毛依”（稠李子）、“都柿”（蓝莓）等等，是众多飞禽走兽理想的栖息地，如飞龙（花尾榛鸡）、灰鼠、狍、熊等等。所以小说描写的狩猎活动，总是发生在松林、桦林，柳丛等处。鄂温克人狩猎，主要是为了自用，但有些野物，如毛大绒厚的灰鼠，是安达很喜欢收的山货，能够换来林中不能生产的生活必需品：

> 每年的十到十一月，是打灰鼠的好季节。一个地方的灰鼠打稀少了，我们就要搬迁到下一地方。……打灰鼠的时候，如果看不到雪地上它们的足迹，就找树枝上的蘑菇。如果蘑菇也找不到的话，就朝松树林搬迁，灰鼠喜欢吃松子。[20]

在这段描写里，作者并未区别使用同属松鼠科的“灰鼠”和“松鼠”。结合上下文（“黑灰色的毛发非常柔软、细腻……翘着蓬松的大尾巴”）判断：她应该指的是“东北灰松鼠”。松树茂密的地方，必有很多灰鼠，是鄂温克人唾手可得的天然财富。但自 60 年代后期，随着右岸大规模开发，灰鼠逐渐遁迹于俄罗斯左岸。

全书最有抒情张力的狩猎场面发生在河边柳丛：静谧与速度，月光与鲜血，杀戮与生存……仿佛电影镜头一般，慢慢摇出“我”随父亲夜猎堪达罕。堪达罕，又名驼鹿，鹿科动物中的“庞然大物”，栖息在针叶林湖沼附近，喜食“针古草”，一种生长在水下的水草。一旦捕获一头，至少可以剥取 400 公斤左右的鹿肉。鹿肉一般晒成肉干，储存备用于“肉荒”。对于男性猎民来说，猎杀大型动物(如驼鹿、熊)等不仅需要勇气和枪技，还需要“白那查”山神的保佑。打到驼鹿的人自然被视为乌力楞英雄。

一如森林是驯鹿的“粮仓”，茂密的松林、桦林、柳林是鄂温克猎民的“肉仓”。人-植物-动物构成一个生态共同体或存在的链条(chain of being)。鄂温克人了解每一种植物的性质；许多植物是他们生活必不可少的部分，如煮食取暖的松树倒木，炖肉调味的山葱(葱科)、柳蒿(菊科)，染布用的都柿、红豆(也即杜鹃科兴安蓝莓和红豆越橘)；有些植物会伴随他们一生：从摇篮到死亡，如桦木属白桦、黑桦，用于制作摇篮、书写材料、小船、桶、碗、针线盒、风葬架等等，作为寒温带混交林的优势树种，桦树不仅是左岸俄罗斯的国树，也是鄂温克人物质生活和文化生活的重要构成，同样象征着自然的富饶和女性的柔美：

> 白桦树是森林中穿着最为亮堂的树。它们披着丝绒一样的白袍子，白袍子上点缀着一朵又一朵黑色的花纹。你只要用猎刀在树根那里轻轻划一个口，插上一根草棍，摆好桦皮桶，桦树汁就顺着草棍像泉水一样流进了桦皮桶里。那汁液纯净透明，非常清甜，喝上一口，满嘴都是清香……
>
> ……她(达玛拉)常常抚摸着它那毛茸茸的树身，满怀羡慕地说，瞧瞧人家穿的，多干净呀，像雪一样！瞧瞧人家的腰身，多细多直啊！[21]

“桦汁”表面上是营养饮料，实际是妈妈的疗伤良药。失去长女的母亲，一直很消沉。当春天来临，桦树返青灌浆。喝完桦汁的母亲，“就像久居黑暗的人突然见到了阳光一样，无限陶醉地眯着眼睛。”[22]在俄语中，桦树“bereza”含有“维持”和“照顾”之意，具有清热解毒的功效。据考证，是俄罗斯人最先采集和饮用桦汁。作为跨境民族的鄂温克人，与俄罗斯文化多有交汇，自然会共享一些药用常识，汲取后者的民间信仰：在桦林里走动可保持愉快，触摸桦树能够恢复情感平衡。对驯鹿鄂温克人来说，东北桦树具有太多实用价值以至于成为“神树”，他们对于桦树的依赖和热爱令人想到世界各地普遍存在的“神树崇拜”。在每种神树的象征意义里都隐藏着万物有灵的萨满教遗绪，一如印度榕树、英国栎树、高卢橡树、北欧梣树：“允诺了生命和拯救。它代表着希望。……它代表了持续再生的宇宙，神性杰出的源泉和命运的主人，是萨满沿着世界之轴攀登的漫长旅程之路。”[23]

3. 林下草药：手掌参、黄芪、马粪包、红百合等

用于疗伤治病的植物远远不止桦树。大兴安岭本身就是一座天然药库，出产上百种常用药材，包括小说明确提到的 13 种，如白头翁、草问荆、红百合、野菊花、紫菊花、马粪包、手掌参、鹿食草、黄芪等。广义地说，出现在《额尔古纳河右岸》中的每一种植物，从低等植物苔藓到最高乔木红松，从用于烹调的野韭菜（百合科）和猴头蘑（齿菌科）到充当水果的稠李子（鼠李科）和刺玫（蔷薇科），或是它们的根茎，或是它们的叶果，被鄂温克人用于缓解病痛、止血疗伤等等。例如，用铁锅熬制鹿胎膏，“常在里面加些手掌参和黄芪等药材”。又例如，“我”乌力楞来了个酒鬼入伙，绰号“马粪包”：

> 真正的马粪包是生长在林中的一种菌……可以入药，如果嗓子肿痛，或者是外伤出血。敷上马粪包里的粉状物，很快就会好。[24]

传统上，部落萨满往往就是杰出的“草药专家”，被认为能够祛除病魔和心理疾患。耐人寻味的是，作者很少提到两位萨满使用具体药物处理病痛，更多关注他们的“神力”疗法和自我牺牲的医德：尼都萨满

通过舞蹈疗愈幼童的疥疮，而妮浩每治好一个病人，就得失去一个自己的孩子。例如，妮浩击鼓震出卡住“马粪包”喉咙的熊骨，她的女儿交库托坎（百合花）却被藏在百合花后面的马蜂蜇死；被救活的马粪包悔罪自宫：“在他身旁，放着几个干瘪的马粪包，看来他把它挤破了，用那里的绒絮给自己止血来着。”[25]

在这一悲剧性情节里：鼓声救命，马粪包止血，“红百合”医心——妮浩牺牲女儿，交库托坎的死亡转换为他人心灵怨恨的解毒剂。小说中，以植物命名人物，往往是一种“以植物之名”的隐喻策略。“交库托坎”是大兴安岭常见的一种宿根植物，别名毛百合，喜爱阳光又耐酷寒，夏季开花，多为红色，非常“娇艳”，具有润肺止咳，清心安神的功效。通过人（妮浩女儿）与植物“互渗”融合，“毛百合”与“马粪包”双管齐下，酒鬼“马粪包”“心也不忙乱了”，变成一个善解人意的好人、能给坤德心上伤口止血的真正“大马粪包”。

除了萨满，一般猎民也有一些传统医学知识，了解不少药用植物——这一点，《额尔古纳河右岸》着墨不多，但若对照巴拉杰依（鄂温克最后一位萨满的女儿）的回忆录《驯鹿角上的彩带》，我们发现：有时候鄂温克猎民生病，无法请到萨满，还是得依靠草药常识自救，例如，猎手帕什卡得了恶疾，呕吐发烧，他妻子采来“卡瓦乌”药草和杜香（杜鹃花科）熏香驱邪，再拿飞龙熬汤，配上“白玫瑰果熬出的果汁”治疗丈夫，两个月后，他就“可以正常出猎，驾着他的雪板在密林中穿梭如飞。”[26]

4. 神圣植物：卡瓦瓦、松、桦、莲花等

在鄂温克人常用植物中，有些因有治疗奇效或被相信具有奇效而“升华”或“神话”为神圣植物（sacred plant），如前面讨论的桦树。总的来看，世界上几乎每一种宗教或地方信仰，都有繁多或成系列的神圣植物，用于献祭（特定）神祇，禳灾祈福，沟通后人与祖先的交往，维护信徒与诸神的和谐关系：印度人将“菩提树”、“苏麻”、“莲花”等奉若神明，“带有强烈的象征意义”（施勒格尔语）；希腊人视葡萄藤为酒神狄奥尼索斯的化身；印第安人回乔尔族把部落的生存与安宁同“希库里”（一种神圣植物）神秘地联系着；而驯鹿鄂温克人在万物有灵的基础形成了“以多种崇拜为内容，以一定的祭祀为表现形式的萨满教”[27]，其主要宗教植物是亚洲百里香，别名麝香草，唇形科小半灌木，香气浓烈，常常用于祭祀敖包和祖先，很像小说中的“卡瓦瓦”草。① 鄂温克人相信：防腐抗菌的卡瓦瓦草能够驱邪悦神。一旦猎到熊或堪达罕，萨满就要祭祀玛鲁神（也即乌力楞之神）：

> 到了第二天，尼都萨满会把猎物的心脏剖开，取下皮口袋里装着的诸神，用心血涂抹神灵的嘴，再把它们放回去。之后要从猎物身上切下几片肥肉，扔到火上，当它们“吱啦吱啦”叫着冒油的时候，马上覆盖上卡瓦瓦草，这时带着香味的烟就会弥漫出来，再将装着神像的皮口袋在烟中晃一晃，就像将脏衣服放到清水中搓洗一番一样，再挂回原处，祭奠仪式就结束了。[28]

“芬芳的气味总是与圣洁联系在一起”。[29]因此，许多唇形科、芸香科、樟科、杜鹃科等芳香植物往往用于宗教仪式，成为信仰的“气味”符号。从形式原始的萨满教到体系精微的宗教（基督教、佛教、伊斯兰教、儒教等）都发展出历史悠久的香祷传统：“苾芬孝祀，神嗜饮食”。驯鹿鄂温克人的神圣植物，除了祭祖的百里香，还包括桦树、松树、宽叶杜香、达子香（兴安杜鹃）等，用于不同场合，发挥不同的仪式功能。例如，妮浩的萨满出道仪式，就需要在希楞柱北侧立下两棵火柱，左边是白桦树，右边是松树。在这个场合，举目可见的松桦不再是普通树木，而被赋予庄严和虔诚的意义，升格为“神树”。

需要特别指出：萨满行使神力之前，一般需要服用致幻植物引发“一种‘迷魂’状态（Trance 或 Ecstasy），心理学上又叫意识改变状态（Altered States Of Consciousness）”[30]——这一点，很遗憾作者没有提及，但根据巴拉杰依回忆，她的母亲，也即中国鄂温克人最后一位萨

① 关于“百里香”读音，笔者先请教毕业于内蒙古民族大学的鄂温克族学生敖其，她认为“卡瓦瓦”是敖鲁古雅鄂温克人的发音，索伦鄂温克人则念成“甘瓦古”；后求证作者迟子建，在她印象中，卡瓦瓦应该是“蒿草”——关于这个问题，笔者将在后续研究里引入新材料进行辨析。

满，每次跳神前，孩子们都会主动采来达子香，“萨满一发作了就点那个花了”[31]。这一例子佐证《众神的植物》一书的观点：“长久以来致幻植物在早期文化的宗教仪式上扮演重要的角色。这些植物到目前还是许多过着古文化、坚守古老传统与生活方式的神圣要件”。[32]确言之，达子香之于鄂温克人，正如毒蝇伞（一种蘑菇）之于鄂温克人的近亲，西伯利亚原住民：“许多萨满巫在招神的降神会前吃下毒蝇伞，进入狂喜境界……”[33]，降魔除妖，治病救命（包括人和驯鹿）。

也许，正是迟子建无意漏写萨满仪式常用的致幻植物才惹来曲枫的批评①，那么，她对另一种具有召唤乡愁作用的神圣植物则不吝笔墨：

> 勒拿河是一条蓝色的河流，传说它宽阔得连啄木鸟都不能飞过去。在勒拿河的上游，有一个拉穆湖，也就是贝加尔湖。有八条大河注入湖中，湖水也是碧蓝的。拉穆湖中生长着许多碧绿的水草，太阳离湖水很近，湖面上终年漂浮着阳光，以及粉的和白的荷花。拉穆湖周围，是挺拔的高山，我们的祖先，一个梳着长辫子的鄂温克人，就居住在那里。
>
> 我问依芙琳，拉穆湖也有冬天吗？她对我说，祖先诞生的地方，是没有冬天的。[34]

这一段“口述”转述了鄂温克人起源于“拉玛（laamu）湖”传说。“拉玛湖”具体地理位置在哪里？这一直是鄂温克历史学者各执己见的问题，故有“贝加尔湖说”与“兴凯湖说”的猜想分歧。② 显然，迟子建采

① “我们仅仅看到了沉重的肉身，却没有看到萨满那飞翔的灵魂，我们看到了令人感动的牺牲精神，却未能看到对牺牲的超越，我们看到了小说诗性而优美地描写了萨满身体的现世之舞，却未能看到表达萨满身体之外的彼世灵魂之舞。”参见界限之内——迟子建〈额尔古纳河右岸〉批评. 社会科学论坛，2017(2)：108.

② 参见“两种猜想”、“两湖之辨”，《鄂温克史稿》，乌热图尔编著，内蒙古文化出版社，2007年。6—11。乌热图尔认为：最有利于“兴凯湖说”的证据应该是物候：“在兴凯湖莲花河畔生长着大量野生荷花，这些在北国疆域难得一见的荷花成为标志性植物……兴凯湖地方的冬天南岸暖，有的年份无积雪……”

信了“贝加尔湖说”。根据《鄂温克人的原始社会形态》、《鄂温克族简史》等材料，至少敖鲁古雅的鄂温克人相信：他们的祖先在勒拿河上游森林苔原地带游猎。原乡的轮廓保留在他们的口头文学里，渐渐剥离它实有的物候特征（每5个月冰期，冬季气温平均在零下38度；水生植物主要以眼子菜、水毛茛、黑三棱为主[35]，没有性喜高温高湿浅水的莲科荷花 Nelumbo nucifera Gaertn），而呈现出四季如春的“天堂”景象：全年阳光灿烂，荷花盛开。

毫无例外，每一种宗教的天堂想象都与永不凋谢的神圣植物密不可分。只要一提到“荷花”，人们会联想印度教的太阳神：昼开夜闭，雨天不开的莲花等同于太阳，“也就理所当然地成了太阳神苏里耶的法器”[36]；联想到佛教的极乐国土：“有七宝池。八功德水……池中莲花大如车轮”（阿弥陀经）。耐人寻味的是，信奉萨满教，一年7个月生活在冰天雪地之中的“我”把鄂温克人失去300多年的冻土原乡想象成一处莲花秘境，热带天堂。这种看似冲突的想象，折射的是文化交融的痕迹——驯鹿鄂温克人游猎区域也是俄、蒙、汉等多民族文化冲突——交融空间：很多鄂温克人接受东正教洗礼，采用俄罗斯人名，但继续保留自己的原始信仰，同时汲取佛教影响。因此，他们的神圣植物清单出现了“异域”热带花卉。远离常用植物体系的莲花代表着一个“气候温暖”的美好原乡，超越现世寒冷的生存环境。

三、基于植物使用的乡土知识

按照鄂温克人的游猎历法，1959年不过是又一轮“六个季节”循环，但是对于现代历史而言，它标志着驯鹿部落命运的转折点：从“逐苔藓而徙”开始定居；从没有本民族文字开始进入汉语教育体系——随之而来的将是：生活方式加速“进化”和乡土知识的急速衰亡。

> 在上学的问题上，我和瓦罗加意见不一，他认为孩子应该到学堂里学习，而我认为孩子在山里认得各种植物动物，懂得与它们和睦相处，看得出风霜雨雪变幻的征兆，也是学习。我始终不能相信从书本上能学来一个光明的世界、幸福的世界。

> 但瓦罗加却说有了知识的人，才会有眼界看到这世界的光明。[37]

“认得各种植物动物，懂得与它们和睦相处，看得出风霜雨雪变幻的征兆”——这是“我”理解的“知识”，驯鹿鄂温克人世代传承的生存智慧。对于这种来自直觉而非推理、基于实践而非教导、长于经验而非逻辑的知识，人类学家定义为“乡土知识(Indigenous knowledge)”：“普通人所拥有的关于当地环境(local environment)的知识”。根据布里安·莫里斯的观点，“乡土知识”等同“本地知识(local knowledge)”、“民间知识(folk knowledge)”、“民间生物学(folk biology)”、“民族生态学(ethno ecology)”，用于描述同一种文化现象：“普通人非常了解他们身处其中的自然环境，最懂利用环境所有来满足自己的基本需求”。[38]

任何一个民族都会或多或少使用一些植物来满足自己的基本需求，但具体到驯鹿鄂温克人，他们则是完全地依赖草木为生。游猎于原始森林，他们必须熟悉山川河流、植被群落和物候变化，才能追猎游踪不定的动物，获取衣食住行必需品，因此积累了丰富而复杂的植物知识，远远超过现代社会受过(良好)教育人群的认知范围。例如，“堪达罕最喜欢吃河湾沼泽底下的针古草了，所以要猎取它，猎人们常常要到河边守候着。”“从松树挂在树枝的蘑菇身上，就可以知道我们将面临着怎样一个冬天。”西里毛依生长在河谷，不到深秋，“它的果实是不甜的。”揉搓春柳树皮，撕成细丝可以做成女性经期用品；剥下桦树皮可以做多种多样的东西……在小说中，几乎所有的植物都具有多重功能，被鄂温克人物尽其用——对于这种基于植物使用的乡土知识，民族植物学家给出扣题的定义：

> 土著或当地人总是和他们生活其中的生态系统(ecosystems)保持一种极其重要的关系。这种生态系统关乎他们的生存，为他们提供丰富多样的植物，用于饮食，庇护以及工具。植物亦是医药和宗教仪式的资源，密密织进当地文

化。……它是一种口头传统，为文化内部的人们共享。[39]

媒体常以“驯鹿文化”、“桦树文化”标注驯鹿鄂温克人文化，看似简单，其实无意道出世界所有前现代文化的一个总体特征：植物性。前现代民族通过各种形式，如神树崇拜、萨满仪式等，来表达或强调他们与植物的关系。随着征服自然的技术手段日新月异，人类逐渐把自己从“自然”里剥离出来并远离他们祖先赖以存活的乡土知识。而这长达几千年的演进过程，在《额尔古纳河右岸》里被压缩为半个世纪。当鄂温克人的口述传统让位于学校书写文化；当他们绝大多数日用品通过商店获得，他们深植于厚密的泰加针叶林植被群落的“乡土知识”不再是日复一日的狩猎、采集、手作和口口相传的经验，而成为人类学家、文学家等他者书写的传说。

通过上述分析，笔者发现：迟子建展现出来的丰富的植物学知识、细腻的自然观察力和“复原”环境史的精准度，恰好是大多数中国当代作家的短板。2008 年，在中国首届华语传媒文学周的一次会议上，中山大学教授、批评家谢有顺断言：“自 20 世纪下半叶以来，中国作家没有一个人能写好‘风景’”，虽然出语偏激，但也旁证了笔者的一个观察：总体而言，中国当代作家知识体系中几无植物学一栏，就连斩获国际大奖的数位名家描写植物，要么大而化之生物特征、生境差别和季节变化，要么牵强想象与其形态并不吻合的“寓意”。写不好植物的人很难写好风景，遑论成为华兹华斯、梭罗、D. H. 劳伦斯那样的“植物学家诗人（poet as botanist）”。毕竟，植被是风景的重要构成；在某些特别区域，如热带雨林或北方针叶林，植物甚至是风景的主要构成。可以说，能否精准地描述植物和专业地再现植被，是对一个作家观察力及智性的挑战。因此，植物批评学家兰迪·莱斯特（Randy Laist）强调：“无论怎么强调植物的意义都不过分。在我看来，植物令人更有兴趣的地方在其本体论意义而非语义学意义。植物到底是什么比植物意味着什么更有意义”。[40]

将《额尔古纳河右岸》与阿尔谢尼耶夫地理考察报告《在乌苏里的莽林中》（1902—1907 年），贾成章《东北农林业之调查》（1928 年），“满铁”株式会社专家冈川荣藏的《东北之农牧林业概况》（1929年），林德格伦博士《满洲里西北地区与驯鹿通古斯》（1929年）等周边材料并读，来回校验作为“虚构的艺术创作”之小说与基于调查和分析的非虚构写作之间的互文性细节，笔者时时感觉到迟子建“苦心孤诣的植物学忠诚（laborious botanic fidelity）”①以及她对额尔古纳河右岸“这块土地和历史的爱好与品位”。[41]在这个意义上，作为小说的《额尔古纳河右岸》又可读作《驯鹿鄂温克民族植物考古学》，其所具有的“智性的审美价值”将会并入陈其南期许的地方志范畴：“如何透过书写，将一个地方当做一个人物一样，总体性地描绘其出身、容貌、个性、内涵、处境、事迹和成就等等，也就是一个关于地方的传记，”[42]进而成为地方记忆不可缺少的一部分。

原文刊登于《中国现代文学研究丛刊》2018年第11期。

参考文献：

[1][30] 曲枫. 界限之内——迟子建〈额尔古纳河右岸〉批评[J]. 社会科学论坛，2017(2)：104－105，105.
[2] Kim G. Young. *The Green World*: *Ethnobotany*. Chelsea House Infobase Publishing, 2007, P. 4.
[3][9][11][12][13][14][15][16][17][18][20][21][22][24][25][28][34][37] 迟子建. 额尔古纳河右岸[M]. 北京：十月文艺出版社，2005：170，80，17－18，18，11，11，110，112，205，234，25－26，35，35，154，162，42，13，184.
[4] Robert S. Hoffmann, *Ecology*. Vol. 39, No. 3, p. 540.
[5] 李文化等. 东北天然林研究[M]. 北京：气象出版社，2011：258.
[6] 苏弗·克·阿尔谢尼耶夫. 在乌苏里的莽林中[M]. 北京：商务印书馆，1977：105－106.
[7] 秋浦等. 鄂温克人的原始社会形态[M]. 北京：中华书局，1962：2－3.
[8] 贾成章. 东北农林业之调查[J]. 中华农学会报，1930(75－76)：83.
[10] 张晓英，徐杰. 中国驯鹿区苔藓植物物种多样性分析[J]. 中国野生植物资源，2016(2).
[19] 乌热尔图. 丛林幽幽[G]//新时期中国少数民族文学作品选集·鄂温克卷. 北

① 这是罗斯金评价欧洲风景绘画是否栩栩如生（true to life）的一个重要指数。在他看来，处理植物细部的精确和细微是艺术家力量的试金石（touchstone）。参见 M. M. Mahood, *The Poet as Botany*, Cambridge University Press, 2008, p. 150。

京：作家出版社，2015：18.
[23] [法]阿兰·科尔班著，苜蓿译. 树荫的温柔：亘古人类激情之源[M]. 三联出版社，2016：42－43.
[26] 巴拉杰依：《驯鹿角上的彩带》[M]，北京：作家出版社，2016：65.
[27] 伊乐泰等主编. 鄂温克医药[M]. 北京：中医古籍出版社，2014：3.
[29] 单憬岗. 古人生活中的芳香植物[N]. 海南日报，2017－07－24(1).
[31] "芭拉杰依自述：我的妈妈纽拉是鄂温克最后的萨满"[EB/OL]. http://blog.sina.com.cn/s/blog_4cce3b0b01000c31.html
[32] [33] 理查·伊文斯·舒尔兹等著，金恒镳译. 众神的植物[M]. 台北：商周出版社，2010：9，83.
[35] 吴兆录等. 贝加尔湖地区的植物和植被概况[J]. 云南地理环境研究，2007，19(2)：143－144.
[36] [德]施勒伯格著，范晶晶译. 印度诸神的世界——印度教图像学手册[M]. 上海：中西书局，2016：202.
[38] Brian Morris. INDIGENOUS KNOWLEDGE. *Society of Malawi Journal*, 2010，63(1)：1－9.
[39] Jim J. Young. *Ethobotany*. Chelsea House Publishing, 2007, p. 8.
[40] Laist, Randy, ed. *Plants and Literature*. Rodpi Publishing House, 2013, p. 10.
[41] [42] 陈其南. 重修屏东县志·绪论[M]. 台湾屏东县政府文化处编印，2014：14.

驯鹿鄂温克人生态移民的民族学考察

祁惠君[①]

摘　要：驯鹿鄂温克人生活于大兴安岭西北部林区的敖鲁古雅鄂温克民族乡，是我国唯一饲养驯鹿的族群。2003年政府实施生态移民政策，将他们整体搬迁到市郊"定居"。然而，处于半野生状态的驯鹿现阶段还不能适应圈养和舍饲，于是驯鹿和饲养驯鹿的主人们重返森林，继续着他们千百年来的生产生活方式。"定而不居"现象的存在，反映了政府实施生态移民存在的问题。要实现驯鹿鄂温克人完全意义上的定居、实现驯鹿的自然放养、实现人与动物、人与自然的和谐，是一个系统工程，也是研究少数民族地区可持续发展的重要课题。

"驯鹿鄂温克人"[②]是指中国鄂温克民族的一个组成部分，他们生活于大兴安岭西北部林区，尤以内蒙古根河市敖鲁古雅鄂温克民族乡（素有"驯鹿之乡"的美称）为典型代表。目前，他们是我国唯一饲养驯鹿的族群。

2005年7—8月间我们深入到驯鹿鄂温克人迁移的新地址——新敖鲁古雅乡，针对2003年的生态移民及其效果进行调研。

新敖鲁古雅乡位于内蒙古自治区根河市西南4公里处，地处得耳

---

① 祁惠君，女，蒙古族，内蒙古呼伦贝尔人，中央民族大学民族学与社会学学院民族学系教授，硕士生导师，主要从事中国北方民族文化研究。

② 根据2000年人口普查统计，全国有鄂温克族人口30505人，其中有26201人分布在内蒙古自治区，有2706人分布在黑龙江省。其余散居在广东省的有249人，辽宁省221人，北京市164人，河北省127人，山东省107人。见杨圣敏主编：《中国民族志》，中央民族大学出版社，2003年，85页。

布尔、金河、好里堡三镇交汇点，S301国道贯穿全境，交通便利。全乡行政区划面积为1767.2平方公里，总户数445户，总人口1390人，由鄂温克族、鄂伦春族、达斡尔族、蒙古族、满族、回族、俄罗斯族和汉族等8个民族组成，少数民族人口占全乡总人口的25%，其中鄂温克族234人，占全乡总人口的16.8%。① 随着乡规模的扩大，该乡也从以驯鹿鄂温克人为主体的单一民族社会，变成了外来人口超过驯鹿鄂温克人人口的多民族社会。

一、驯鹿鄂温克人"定居"的追述

根据考古学的研究，鄂温克人的先民早在公元前数千年就已经生息在今贝加尔湖沿岸和黑龙江中上游广大地区，他们信仰原始的萨满教，以狩猎、渔捞、采集和放养驯鹿为生。从16世纪开始，沙俄向东扩张领土，用武力征服当地少数民族，推行俄罗斯化政策，不但从根本上改变了亚洲东北部的政治地理分布，而且也改变了当地少数民族的历史。在俄罗斯人和日本人的先后统治下，种种来自外部的强制性力量，事实上使驯鹿鄂温克人的社会不可能遵循其自身的轨迹正常发展，鄂温克猎民社会因此也始终处于不断的变迁之中。

《清太宗实录》记载："索伦别部"，即使驯鹿鄂温克人，有12个大氏族，约有1500—2000人，后来发展成为一个大的部落。[1] 1654年迫于战乱和俄罗斯人的压力，使驯鹿鄂温克人迁徙进入大兴安岭地区。由于外部环境的变动，其活动范围受到了限制。根据《尼布楚条约》的边界卡伦与巡查制度规定，驯鹿鄂温克人不能自由地往来于两国之间。当时，这个群体大约由170人构成，分7个氏族。他们按照古老的习惯，形成了有较明确界限的相对稳定的猎场，猎场基本上以"乌力楞"公社为单位集体占有和使用。到20世纪末，驯鹿鄂温克人的基本活动范围大体上是在北纬51°15′—53°15′和东经120°5′—123°35′之间。这里

① 现在的媒体笼统地说鄂温克猎人，这不能完全代表鄂温克人的声音。鄂温克人的主体不能简单地认为只是猎人，234个鄂温克族人可以分为成年人和未成年人。成年人又可以分为猎人、干部和妇女等等。驯鹿鄂温克人是一个整体，民族学考察，应该考虑到主体内部的层次性。

属于北方寒温带气候，是中国最冷的地方之一，也是中国少有的“永冻土层”地带。

20世纪50年代的民族学调查显示，鄂温克猎民的生活丰富而复杂，其中既有来自远古的积淀，也有对异文化介入的容纳，更有在保持自身传统的同时为适应外部环境而做的种种努力。然而新中国成立初期，普遍的观点认为：鄂温克猎民的生产方式仍处在原始社会形态。[①]政府为了让他们从“原始民族”变为社会主义民族，再进入现代社会，所采取的具有伟大历史意义的积极措施就是让鄂温克猎民“定居”。

20世纪50—60年代，驯鹿鄂温克人的经济活动基本上受到国家政策的特殊保护，配备有较好的枪支，子弹供给充足，狩猎业得到了空前的发展。政府为了促进交换，于1954年在奇乾成立了供销社，终结了长期以来建立在个人、家庭基础上的与安达的交换关系，首先从经济活动开始将他们纳入到了国家的行政管理之中。驯鹿鄂温克人的猎区也转移到阿龙山一带。

（一）第一次定居

1957年，政府在奇乾建立了民族乡。首先有8户猎民在奇乾被安排定居。一些较早受政府教育的人成为了乡干部，干部因工作需要逐渐地开始定居。另外，政府为了让他们从“原始民族”直接过渡到“社会主义民族”，所采取的唯一的方法是使其接受教育。干部要接受政治思想教育；小孩和年轻人要接受学校教育。这是当时的政治任务，也是一种普遍的观点。对于没有文字的驯鹿鄂温克人来说，当时采用的是汉语教育。尽管这项工作进行得非常困难，但是毕竟有几个驯鹿鄂温克人的孩子离开森林来到城市（海拉尔），甚至到首都北京上学去了。

1959年政府拨专款在奇乾附近的乌苏龙修建了三十多间“木刻楞”房。1960年春有四十余户猎民搬迁到乌苏龙的木刻楞房里，同年

---

① “这种‘原始社会末期说’即使有一定的依据，也多少忽视了其社会文化长期以来剧烈变迁乃至变异的某些基本事实；即使‘原始社会末期说’成立，那也必须强调其非原生亦即次生社会形态的属性。因为在多种外来文化因素和异民族文化的影响下，其社会组织与文化结构已经发生了十分显著的变化。”见周星著《民族学新论》，陕西人民出版社，1992年，148页。

秋又有18户猎民定居。1962年又有13户猎民定居。1964年政府将猎民迁到根河市附近的阿龙山，但鄂温克人不愿住在阿龙山，于是又决定在满归附近的敖鲁古雅为他们建乡。

（二）第二次定居

1965年9月1日三十多户猎民全部搬迁到离满归林业局不远的敖鲁古雅河与激流河交汇的地方，同年10月8日政府在敖鲁古雅正式建立民族乡。该乡地处大兴安岭原始森林腹地，距离中国最北端的漠河县约100公里。鄂温克猎民仍然保留着狩猎、放牧驯鹿的生产、生活方式，故有“中国最后的狩猎部落”之称。当时新建两户一栋的木刻楞房，有40户169人搬进了新居。

1980至1983年政府把全部木刻楞房翻建为砖瓦结构的房屋。但大部分猎民在“定居”之后，又返回山林，出现了定而不居、多次反复的现象。

1984年，驯鹿承包给了个人，但所有权还是没有给猎民。对于一部分驯鹿鄂温克人来说，驯鹿茸的收入成了其主要的经济来源。

到了90年代，市场经济不断扩大，给驯鹿鄂温克人的生活注入了新的变化因素。比如：从小城镇的小饭馆到北京、上海的大饭店，对野味的需求急剧上升，因此偷猎野生动物的活动十分猖獗，再加上长期的乱砍乱伐，森林生态破坏日益加剧，驯鹿鄂温克人的传统狩猎对象——犴、马鹿等在当地已经基本绝迹。那么依靠传统经济生活的驯鹿鄂温克人，唯一的收入便是驯鹿茸。实际上很多时候，由于驯鹿少或因自然灾害、人为因素等丢失了驯鹿，就只能依靠政府的救济生活。

下面我们从移动与定居和生活方式的传统与现代进行分析归类：

	A类	B类	C类
居住形式	以移动为主	半移动半定居	定居
经济来源	驯鹿茸	工资等其他劳动收入	政府救济款
生活方式	传统	现代化	现代化

所谓以移动为主的居住形式主要是承包驯鹿的年龄较大的人，他们一年中的大部分时间都在放鹿点上生活，冬天的2—3个月或有病时才回到民族乡居住；半移动半定居的居住形式主要是承包驯鹿的中青年人，他们来往于放鹿点和民族乡之间，但生活的中心是在民族乡。

所谓传统生活方式，这里强调的是以森林作为主要的生活空间，以驯鹿为伴，仍然保留有较多民族特点的生活方式；现代化的生活主要是指和主流社会的生活方式基本一致的生活方式。

现在虽然驯鹿鄂温克人绝大多数都过着现代化的生活，但是留恋传统生活的人尽管少但依然存在。老猎人们已相继去世，支撑放养驯鹿的老一代人越来越少，而年轻人中不想或不适应再上山放养驯鹿的人越来越多；文化代沟现象日益深化，酗酒现象蔓延。在此我们强调，驯鹿鄂温克人正以自己的方式，容纳、吸收、选择、抗拒，尽可能地对应和适应着来自外部的压力。而新的生活方式的吸收，新的文化的产生，都具有一定的强制性。

二、生态移民的主要观点、过程及相关的经济数字

"生态移民"一词出现在20世纪80年代，在现实社会中除生态的层面以外，生态移民还伴随着多种多样的因素，以错综复杂的形式存在。以敖鲁古雅的移民为例，可以归类到以扶贫为目的而进行的生态移民。另外生态移民对生产、生活以及思想观念的影响也是不可低估的。

（一）政府实施生态移民的主要观点和过程

2001年根河市市委、市政府决定对鄂温克民族乡实施整体生态移民，这也是驯鹿鄂温克人近50年来的第三次定居。政府实施生态移民主要观点如下：

1. 生产生活方面

驯鹿总头数多年徘徊在800头左右，并近亲繁殖，驯鹿种群质量下降。猎民处于靠天养畜的状态，管理粗放。"天保工程"实施以来，根河市也实行禁猎政策，传统的狩猎生产难以维系。2001年猎民年均收入不足1000元。

2. 生态环境方面

1965年建立的敖鲁古雅民族乡，位于激流河与敖鲁古雅河交汇处，由于生态环境恶化，河流改道，河床侵蚀严重，每年汛期水灾频繁，人民的生命财产安全受到了威胁。

3. 基础设施建设方面

防洪大堤年久失修；供电线路老化；乡政府办公楼冻裂变形，已经成为危楼；学校、博物馆、文化馆、卫生院都年久失修。以上几项工程维修建设需要资金2000万元。

4. 公共服务设施建设方面

计划经济时代留下的金融机构转为商业银行后撤出该乡，开支、取款、存款等极其不方便。邮电业务萎缩，通讯设施落后。

5. 猎民通婚范围狭小，不利于人口发展

2003年有猎民232人，由于交通不便，对外联系较少，通婚遇到困难，至今仍然有很多20～40多岁的鄂温克族男人未婚。

实施整体生态移民的项目得到内蒙古计委的支持，并下发了内计赈字(2001)1080号文件《关于对根河市2001年生态移民和易地扶贫移民试点工程实施方案的批复》和内计赈字(2002)1246号文件《关于根河市调整2001年生态移民和易地扶贫移民试点工程实施方案的批复》，最终项目总投资980万元，国家一次性补助510万元，地方自筹资金470万元。

生态移民工程于2002年7月开工建设，2003年7月竣工，总投资1600万元，其中国债资金510万元，其余为地方自筹。工程建设包括：①住宅31栋62户，每户50平方米，内设卫生间、暖气、自来水等设施，全部实行集中供热、供水；②鹿舍48个，每个350平方米；③办公楼800平方米；④博物馆1229平方米；⑤鹿产品加工厂房560平方米；⑥柏油路2400延长米。

2003年8月10日搬迁工作开始，至9月18日结束，并举行了隆重的搬迁庆典活动。

(二) 政府相关的经济数字

此次整体生态移民项目作为中国政府生态移民和易地扶贫移民试

点工程，得到了新闻媒体等多方关注。移民后政府采取了如下积极的措施：

1. 发放补助款

2003年整体迁移后，为每户发放了300元生活补助费，无偿提供了液化气灶具和小灵通手机。动员社会力量，采用一对一帮扶形式，为每户解决了电视机、电视柜、床和沙发等家用设施。

2. 猎民的收入

2003年移民前猎民的收入情况

户数：62户，人口：154人。

(1) 享受低保人员：75人，每人每月金额为100元，全年总额90000元；

(2) 户林工资：25人，每人每月36元，全年金额432元，全年总额10800元；

(3) 工资收入：5人，每人每月800元，全年金额9600元，全年总额48000元；

(4) 鹿茸收入：鹿茸产量150公斤，每公斤平均价格为500元，共计总收入75000元；

(5) 狩猎收入：62户，每户1000元，共计总收入62000元。

总计：285799元，人均：1855元。

2004年移民后猎民的收入情况

(1) 享受低保人员：75人，每人每月金额100元，年底每人增加两个月低保金200元，全部总额为105000元；

(2) 户林工资：25人，每人每月36元，全年金额432元，全部总额为10800元；

(3) 工资收入：5人，每人每月800元，全年金额9600元，全部总额为4800元；

(4) 鹿茸收入：鹿茸总产量150公斤，每公斤平均价格500元，共计总收入75000元；

(5) 62户猎民享受免费供水(每户每月水10元)、供暖(每户每月取暖费200元)；

（6）为猎民安置了38个公益岗位，每人月工资200元；

（7）解决安排猎民及家属就业8人，每人月平均工资400元；

（8）根河市民政部门为每户猎民发放1000元煤炭粮油补助；

（9）为鼓励猎民养狐，平均为每户猎民支出5180元的种狐款，现在有16户猎民购买了种狐。

政府的统计数字显示：62户猎民2004年全年收入总计是608840元人民币，猎民人均收入为3953元。上级有关部门在低保、煤炭、粮油、取暖费、水费、护林工资等方面全年补助金额总计为407440元，人均2645元。除掉全年上级补助的金额，猎民纯收入总计201400元，人均1307元。尽管政府下了很大力气，但是与2003年比较，猎民失去了狩猎收入，仅此一项，平均每人少收入548元。

事实上，到2005年8月，“定而不居”的现象依然存在。因为现阶段驯鹿还不能适应圈养和舍饲，而作为驯鹿的主人，驯鹿鄂温克人再一次无奈地跟随着驯鹿回到了森林继续着他们千百年来赖以生存的生产和生活方式。此次整体生态移民项目反映了政府相关措施实行过程中存在的问题。笔者认为，实现驯鹿鄂温克人完全意义上的定居、实现驯鹿的自然放养、实现人与动物、人与自然的和谐，是一个系统工程，也是研究少数民族地区可持续发展的重要课题。

三、典型个案

（一）个案一——巴拉杰依一家

巴拉杰依一家在驯鹿鄂温克人中是一个很有代表性的家庭。笔者1986年夏季到敖鲁古雅民族乡时，就住在巴拉杰依家里。

巴拉杰依，女，1942年5月生。她的母亲纽拉曾是驯鹿鄂温克人最后一位萨满。她的丈夫是最早接受政府教育并加入中国共产党和参加工作的驯鹿鄂温克人之一，她本人也是最早参加工作的驯鹿鄂温克妇女之一。她的大女儿柳芭是全国恢复高考后最先考上大学的驯鹿鄂温克人大学生。

巴拉杰依是在森林中的撮罗子里出生的。直到7岁，即1949年3月，她才第一次走出森林。那一次她和大人们一起将冬天打的灰鼠皮运到奇乾以换取粮食和盐等生活用品。

1953 年政府将巴拉杰依送下山，进入学校学习。当时是在奇乾小学。毕业后，巴拉杰依先是当了卫生所的清洁工，后来又学了护理。当时驯鹿鄂温克人出身的护士只有两个。

1986 年，巴拉杰依不想继续留在乡里工作，于是办理了退休，上山承包了二十余头驯鹿，过起了与驯鹿为伴的猎民生活。现在在山上与她一起生活的还有她的小女儿柳夏和大儿子维佳。维佳现在已四十多岁，仍然单身。维佳曾在北京中央民族大学美术系进修过，在乡政府曾有一份正式的工作。但由于嗜酒，不能安心在乡政府工作，更主要是由于他依然留恋森林，于是在 1988 年毅然上山与母亲一起过起了放牧驯鹿的生活。

19 年后，当笔者再次来到敖鲁古雅乡时，巴拉杰依刚刚下山，住在山下的家里。她已经是六十多岁的老人，还在距离新敖鲁古雅敖乡 200 公里处的一个驯鹿放牧点管理着六十多头驯鹿。她高兴地告诉笔者："今年新添了十多头小仔鹿。"由此可见，定而不居一直在新敖鲁古雅乡和放牧点之间不断转换着两种不同的生活方式，依然是一部分驯鹿鄂温克人的生活方式。

当下，驯鹿鄂温克人正生活于主流文化和自己的民族文化之间，巴拉杰依的大女儿柳芭的个人经历是一个极其生动的个案。《神鹿啊，神鹿》是 1997 年拍摄的以柳芭为主人公的纪录片，曾获得德国柏林电视节大奖、上海国际电视节大奖。

柳芭，1960 年生，1981 年考入中央民族大学美术系，1985 年分配到内蒙古人民出版社当美术编辑。一个人在都市生活，缺少朋友，文化上不被认同，她感到极其孤单，于是开始酗酒。1992 年她也毅然回到了山林。由于和驯鹿生活在一起，她有了创作的源泉，她开始写生、作画，并创造出独特的"皮画"艺术。几年前柳芭去世。巴拉杰依老人见到笔者时特别高兴，她将柳芭生前画的画全部拿出来给我们看，让我们拍照。很多画都有柳芭的签名，有些画的背面还写有短诗，反映了柳芭当时孤独和痛苦的心境，这种心境是个人的，也是民族的。

巴拉杰依本人曾走出森林，她的儿女们也曾走出森林，但最后又都选择了回归森林。文化的变迁与调适、现代和传统在她们身上体现得淋漓尽致。

巴拉杰依还有一个孙子和两个外孙女。孙子在新敖鲁古雅敖乡上学，一个外孙女得到爱心捐助被送到江苏省上寄宿制学校。柳芭的女儿则跟着父亲——一个四川汉族人，在内蒙古额尔古纳市生活。他们已经完全接受了主流文化的教育，今后会选择哪一种生活方式呢？

（二）个案二——达娃一家

我们的访谈中有一户人家，男主人叫达娃，40 岁，女主人叫郭芳，达斡尔族，35 岁。他们家有 30 多头驯鹿，放牧点在距离新敖鲁古雅乡一百余公里处的阿龙山、金河一带。男女主人长期在驯鹿放牧点生活，而他们的孩子却生活在山下。他们的女儿 14 岁，在根河市一中上学；儿子 11 岁，在敖鲁古雅乡小学上学。虽然孩子上学方便了，但他们的日常生活却必须托人照管。

这户家庭已经迁入新家一年多了，但女主人却表示她很无奈，不愿意搬迁。新房只有 50 平方米，过于狭小，她为此感到很压抑。于是她自己花钱另接出一间厨房，而把新房中的厨房腾出来装修后给儿子住，这样扩大了新房的面积。他们夫妻是因为改造装修新房才从山上回来的。由于新敖鲁古雅乡没有放养驯鹿的场地，他们必须在改造装修新房完工后再回到山上。现在他们是临时雇人帮忙在放牧点放牧和饲养自己的驯鹿。

总之，从社会发展与文化变迁的角度看，鄂温克猎民 70%的家庭已经是异民族通婚，有很多异族人，通过当“女婿”和“媳妇”进入驯鹿鄂温克人的社会。

另外，1965 年建成敖鲁古雅民族乡后，表面上和形式上是“定居”了，但实际上绝大多数鄂温克猎人并没有定居。真正定居的只是老人和孩子，父母与孩子第一次被分开了。政府让这些孩子们免费上学，接受主流文化的教育。受主流文化的影响，他们现在更喜欢城市生活，已经不适应山上的生活了。由此关于“猎人”这个概念已经出现了断层。

现实生活发生了深刻的变化，可是这种活生生的现实却很少能在当下的民族志中得到反映。我们能够在多大程度上感受到各民族的时代气息呢？比如，驯鹿鄂温克人中也有在国家行政机关和企事业单位工作的，也有人离开了民族乡选择到外地居住。在此我们必须强调主体的多元化现象是非常显著的。社会结构也日趋复杂化了。现在有想在森林中度过一生的驯鹿鄂温克人，也有想在城市里生活的驯鹿鄂温克人。我们不能说前者代表驯鹿鄂温克人的生活，后者就不代表驯鹿鄂温克人的生活。当然，敖鲁古雅驯鹿鄂温克人的前途在于逐渐融入现代社会，从而既发展和发扬了驯鹿产业与民族文化特长，又形成与主流社会在结构上的互补关系。这与前苏联驯鹿民族萨阿米人的情形有许多相似之处，[2]可能将是一个伴随着尴尬与痛苦的较长的探索过程。

四、移民后的政府：尴尬、苦恼与新的探索

如何在市场经济中把放养驯鹿继续维持下去？这一经济形式正面临着深刻的危机。

驯鹿是属于北寒带的动物。有野生（分布于美国的阿拉斯加和加拿大的西北部极地，当地少数民族称之为 caribous）和饲养（主要分布于俄罗斯、芬兰等国家）两种。据统计，世界上驯鹿总数有 500 万头。大体上说，大兴安岭是驯鹿分布的南限。这里的植物构成可以分为三个层次：高层植物主要有兴安落叶松、白桦树和樟子松等；中层植物主要是一些灌木类；下层植物主要有苔藓类和当地叫做“塔头”的一种草本植物等等。

（一）圈养驯鹿的“试验”

目前，大兴安岭西北麓是我国唯一放养驯鹿的区域，也是世界上驯鹿分布纬度最低的地区。从生态学的角度看，鄂温克人在不断的迁徙过程中保持和坚持放养驯鹿，并取得成功，这与他们对驯鹿的喜爱、对自然环境的认识和不断地适应是分不开的。

早在传说的勒拿河时代①，驯鹿就与鄂温克人的生活密切相关了。驯鹿俗称“四不象”，头似马非马，角似鹿非鹿，身似驴非驴，蹄似牛非

---

① 鄂温克的先祖曾居于俄罗斯勒拿河及拉玛湖附近的高山上，后来迁移到大兴安岭的山林中。

牛。驯鹿是一种耐寒动物，喜冷怕热，适宜生活在气候严寒的针叶林或针阔叶混交林带。驯鹿主要吃苔藓类植物，也吃灌木的嫩枝、嫩叶，但是最爱吃的还是苔藓和蘑菇。由驯鹿的习性所使然，搬迁成了猎民生活的主旋律。

在敖鲁古雅鄂温克猎民的驯鹿放养史上，曾有过数次因疥藓症等疾病使驯鹿几乎灭绝的事情发生。每年6—9月份，驯鹿发病率最高，主要有结核性肺炎、脑炎、关节炎、风湿病和角蛆等，其中结核性肺炎也是猎民与驯鹿交互感染共患的传染病。加上白害（雪灾）、狼害、种群过小及退化趋向等原因，驯鹿繁衍始终受到自然生态环境的遏阻。为维持驯鹿的生存、繁衍和发展，猎民们只好十分频繁地搬迁以使驯鹿不断有新的食物供给。搬迁有大小之分，驯鹿走两天以上的路程即为大搬迁。夏秋季节的一处营地最多只住10—20天；冬春季节2—4天即搬迁一次。搬迁遵循一定的往返路线和季节规律，除变换猎场外，为驯鹿寻找新牧场也是十分重要的因素。

驯鹿性情温顺，喜欢群聚，一群可达数百头，平时无圈栏管理，只在4—5月份母鹿产仔期或9—10月发情交配期，才使用圈栏管理。必要时须对仔鹿人工哺乳5—6个月，对多奶的母鹿，妇女们每日都要挤奶一次。一般是在每年的5—10月，对缺乏蔬菜的猎民而言，驯鹿奶是重要的维生素来源。通常是将鹿奶兑入红茶饮用。

驯鹿与猎民和谐共处，相依为命。每一头驯鹿都有自己的的名字。驯鹿颈下多系铜铃，便于失散时寻找。驯鹿为避蚊虻叮咬，常到猎民篝火周围聚集。驯鹿还喜欢尿碱和盐。猎民拢烟或敲击盐袋，驯鹿召之即来，纵之即去，自由觅食。除此之外，驯鹿在鄂温克人的价值体系中具有极其重要的文化意义。无论萨满跳神仪式，还是葬礼仪式都少不了驯鹿，驯鹿被看成是连接人和神的使者。每一家每一户都要指定一头驯鹿负责专门运送“玛鲁”神，被指定的鹿被视为神鹿。特别是妇女和驯鹿朝夕相处，有着很深的感情。虽然市场经济发展到了今天，但是我们不能简单地用经济价值来衡量驯鹿的价值。历史上，驯鹿是他们最主要的搬运、移动工具，从离开营地到很远的猎场，再向营地搬运大型的猎物，可以说没有驯鹿几乎是不可能的。今天，对于经常处在移动状态的他们来说，搬运帐篷、家具，运送老人和孩子等，驯鹿仍然是不可缺少的。这不仅因为驯鹿作为“林海之舟”是他们唯一的畜力，更因为驯鹿在他们的生活中扮演着非常重要的角色，是他们的生活伴侣。

针对这种至今还处于半野生状态的鹿种，科学圈养一直是政府的一个美好想法。早在1977年政府就建立了乡畜牧兽医站，1980年又建立了驯鹿圈饲试验基地，以致力于驯鹿种群的引进和进一步圈养驯化的试验。

在移民之前，有近二十户人家，分4个放鹿点放养着驯鹿。2002年开工建设敖鲁古雅乡新址时，曾建设有标准化的鹿圈48个，每个350平方米。但在生态移民过程中，政府存在认识上的不足，对生态移民的理解过于简单，以至于生态移民建设缺乏科学的论证和理论指导。相关工程中存在着盲目建设标准化鹿圈的失误，这反映了政府在生态移民过程中的盲目性和急躁性。

2005年乡政府特别邀请内蒙古农业大学的科研组深入当地进行调研。科研组解剖了一只驯鹿，并将驯鹿的肠、胃等器官带回实验室进行研究，力图在较短的时间内研制和开发出适合驯鹿的新饲料。驯鹿饲料是在移民后的2005年才开始研发的，试验和研发一直处在艰难的探索阶段，期望实现舍饲圈养驯鹿和真正实现舍饲圈养驯鹿之间还有很长的一段路要走。

（二）建立驯鹿生态保护区

由于适合驯鹿的新饲料还没有研发出来，现阶段圈养驯鹿是不可能的。于是当地政府进而又提出建立自然生态保护区。政府和猎民能形成这样一个共识是经过失败后才认识到的，是他们在实践中进行的新的探索和尝试。

保护野生动物最有效的方法是保护其赖以生存的栖息地，建立自然保护区。发展壮大驯鹿种群，既是鄂温克猎民的愿望，也是强乡富民的有效途径。因此，乡政府积极建议国家在国有林区划出一定范围，设置围栏，建立驯鹿生态保护区，让驯鹿处于自然的放养状态，由猎民实施放养、管理。还给作为国家二级保护动物的驯鹿一个“家”，真正实现人与动物、人与自然的和谐共处。

历史上鄂温克人的猎场，即猎区范围是自然形成的，而不是一种权力的划定。猎民十分熟悉周围的自然环境，依赖自然的经济使他们在漫长的实践过程中摸索到了许多与自然共存的经验，如地理、气候和各种动植物习性等知识。他们能够从野兽的足迹、粪便和脱落的兽毛中判断出动物的雌雄、离开的时间及其方位。

驯鹿鄂温克人通过“乌力楞”的形式维持和组织各“千”[①]，比如乌启罗千、亚格鲁其千等等的生活。当时，狩猎是他们最主要的经济活动。男人多从事狩猎，猎人活动范围大，所有的山河都有鄂温克猎人的记录，都有猎道。妇女不但要照顾老人和孩子，从事日常杂务，还要管理驯鹿等。

但是今天，从行政体系上看，大兴安岭地区存在着两套机构，即林业部门和地方部门。驯鹿鄂温克人在行政上属于内蒙古自治区呼伦贝尔市（地级）根河市（县级）敖鲁古雅乡，而驯鹿的活动范围却遍及满归林业局、阿龙山林业局以及黑龙江省的呼中地区。生态移民是一个综合过程，如何协调林业和地方的“自然资源使用权”问题是一个很棘手的问题。即使依法进行保护，也会遇到法律的空白和矛盾，比如《草原法》、《森林法》、《野生动物保护法》和《民族区域自治法》等，在具体的文件和条款上既有不好解释，也有有待完善的地方。

移民后的新问题，主要是驯鹿放养问题，事实上并没有解决。距离新敖鲁古雅乡最近的驯鹿放牧点，也要 80 公里，远的要二百多公里。过去在老敖鲁古雅乡放养驯鹿，由于历史上是先有敖鲁古雅乡，后有林业局，民间自觉遵守先来后到的原则，林业部门宽容、包涵猎民在林业管理区域内放养驯鹿。现在移民到一个全新的环境，政府各个部门之间如果不能相互配合，不仅会使政府支付很高的协调成本，还将直接影响移民的效果。

（三）枪支的管理

大兴安岭的森林曾经为很多种野生动物提供了栖息地。1996 年

① “千”是“在……地方居住的人们”的意思。见唐戈《浅析“千”在北方通古斯族群—社会组织分类中的意义》，载《满语研究》2003 年第 1 期。

国家实施“天保工程”，内蒙古鄂伦春族猎民主动放下猎枪，大兴安岭的森林生态环境得到了有效的保护，林中动、植物资源得以繁衍生息。但处于个体散放状态的驯鹿，经常会遇到狼害、熊害，而已经将猎枪上交了的鄂温克猎民，不要说遇到狼和熊这样大的野生动物，即使遇到野猪，也不能对付。我们通过调查了解到，很多猎民家庭，能够在放牧点放养驯鹿的人，往往是老年男子和中老年妇女，比如巴拉杰依、达娃等等，他们的生命很容易受到威胁。为此猎民现在积极要求为他们配备枪支，并且已经申请多次了。敖鲁古雅鄂温克民族乡政府代表猎民的利益，也认为有必要为猎民配备枪支，但是，市政府为了安全和管理起见不予支持。乡党委书记不无苦恼地说：我们也有很多难题。如果驯鹿消失了，被誉为“驯鹿之乡”的敖鲁古雅还有意义吗？这些问题不解决，将直接影响猎民的生产积极性。鼓励引导鄂温克族和其他民族等有志青年加入到驯鹿饲养的事业中来，既有利于保护民族文化，又有利于发展民族经济，这是政府的责任。

驯鹿鄂温克人走过的路是与国家的政治制度、政策、价值观的变化紧密相连的。他们不是生活在我们之外的世界，而是生活在我们之中。他们所面临的问题，也是我们必须解决的问题。从生动具体的现实出发，动态地把握民族文化现象，是我们这些从事鄂温克民族研究的人需要不断探索的时代课题。

原文刊登于《满语研究》2006年第1期。

参考文献：

［1］干志耿，孙秀仁. 黑龙江古代民族史纲［M］. 哈尔滨：黑龙江人民出版社，1986：466－467.

［2］赵锦元，李毕达编译. 北极地区的驯鹿民族［M］. 北京：中国社会科学院民族研究所，1985：13.

开发、国家政策与狩猎采集民社会的生态与生计

——以中国东北大小兴安岭地区的鄂伦春族为例

麻国庆[①]

内容提要： 狩猎采集民在多民族多文化的国家中，往往处于周边民族的边缘地带。本文在全球范围内的狩猎采集民的研究在人类学的学术定位以及他们目前面临的共同的社会、生态等问题的基础上，选择中国大小兴安岭的狩猎民族——鄂伦春族作为研究对象，在人类学田野调查的基础上，分析了鄂伦春族所处地区的自然生态和人口变化，讨论了自清朝和伪满洲国时期的近代以来的政策，包括日本殖民主义的意识形态对鄂伦春族的负面影响。重点探讨了1949年以后的森林开发、定居化以及20世纪90年代以来的"禁猎转产"等政策，对于当地生态环境影响的同时，如何使原住民族——鄂伦春人的生计、社会和文化发生了巨大的变化。最后，笔者把此研究提升为对于"进步"和文明的表述问题的讨论。

在中国境内，最具代表性的狩猎民族之一，就是生活在东北地区大小兴安岭森林深处的鄂伦春族。自从清朝把他们编入当时的军事组织佐领中后，其生产、生活状况，逐渐为清政府所重视，同时由于其所处的特殊的地理位置，也引起了政府、军队、人类学、生态学学者等的关注。在1950年前，我们所看到的关于鄂伦春人的材料，除清朝时期的满汉

---

① 麻国庆，中央民族大学民族学与社会学院教授，博士生导师。现任中央民族大学党委常委，副校长，主要从事汉人社会结构、儒家文化社会表现、人口较少民族生态与社会文化转型、南岭民族走廊、环南中国社会与文化、非物质文化遗产以及人类学的全球意识与理论自觉方法论等领域的研究。

文档案外，还有一些非常丰富的田野调查资料。如 1915 年到 1917 年俄国人类学家，后在中国中山大学和清华大学任教的史禄国教授对大兴安岭北部通古斯的调查；以及从 1932 到 1945 年伪满洲国时期，日本的生态学家今西锦司（京都大学）、民族学家泉靖一、秋叶隆以及当时日本的特务机关等在这一带都有过较为翔实的调查。新中国成立后，原内蒙古少数民族调查组鄂伦春分组的专家学者，从 1956 年开始到 1963 年结束，调查时间长达 7 年之久，最终于 1984 年出版了《鄂伦春族社会历史调查》第一集和第二集，这两部著作是迄今为止较为全面地记述鄂伦春族经济、生活和文化等方面的重要的调查报告。之后特别是 1980 年后，很多中国学者也包括鄂伦春族出身的学者，对这些地区进行过很多很有学术意义的调查和研究。2000 年，在费孝通先生建议下，国家民委为了调查了解中国境内 10 万人人口以下的 22 个少数民族的经济、社会、文化等方面的状况，由政府专门组织了规模较大的人口较少民族的社会调查，鄂伦春族无疑被包括其中。我作为此次人口较少民族调查团的秘书长，并作为黑龙江和内蒙古地区调查组组长，在 2000 年和 2001 年对生活在这里的现代的鄂伦春族进行了调查，本文涉及的资料主要源于这两次调查。本文就是以上述相关材料和调查为基础，主要考察历史时期特别是 1950 年以后，森林的开发在影响当地生态环境的同时，如何使原住民族（aborigine）—鄂伦春人的生计发生巨大变化的。本论文的视角为近代以来被纳入国家框架下的作为传统的狩猎民族的鄂伦春族，由于各个时代来自强有力的不同的国家政策的影响，使其生产和生活发生了很大的变化，而这种变化又与近代以来对这一地区森林和矿物资源等掠夺式的开发联系在一起。

一、永远的周边的边缘：被动的狩猎民

在全球化的进程中，生活在不同文明之间的周边民族如何才能不成为“永远的周边民族”？清水教授把“周边民族”的形成，置于近代历史的脉络中进行了梳理和思考。他认为处于周边的多民族国家，在多数情况下、国家形成之前，都具有被殖民化的历史，并指出历史上，很多的原住民族在与其它的民族保持统治——被统治和同盟关系的同时，

形成了地方的网络，这一网络是由政治经济的力学面向周边所建立的秩序。在这一过程中，人们已经自觉认识到自己的周边的位置，由于“中心”的存在，形成了周边的民族。[1]这些民族从近代以来，以西欧各社会为中心所形成的世界网络以及周边中的中心和边缘的网络中，亲身体验到了各种各样的变化。采集狩猎民大多处于一国之内或一个文化区域中非常边缘的位置上。在多民族多文化的一国中，往往还处于这些周边民族的边缘，可以说是周边中的边缘民族，很多狩猎民族就是在近代以来作为周边民族的一部分而形成的。

众所周知，翻开我们人类的历史，以目前的考古学的资料来看有近450万年的历史，但在这一历史的长河中，有449万年的历史是以采集、狩猎、捕鱼为基础生活的。即使是今天在世界各地仍然有很多的采集狩猎民族。在全球范围内现存的狩猎采集民，人类学领域非常熟悉的为南非的布须曼人（Kung Bushman）和俾格米人（Mbuti Pygmyr）人；澳大利亚的原住民雍古族（Yolngu）族；北极圈的因纽特（Inuit）人；以及东北亚地域通古斯系的分布在俄罗斯的埃文科人和中国内蒙古东北兴安岭深处的鄂伦春人以及部分鄂温克族等。

采集狩猎民（hunter-gatherer）也称为狩猎采集民（gatherer-hunter），这在人类学上是非常古老的用语。这一研究构成了人类学早期对“社会理论”建构的基础。正如人类学家所指出的：“狩猎采集社会的研究，相对于社会人类学其它的分支，有其独自发展的特点。所以，她不仅仅是和一般的社会人类学相联系，而且在某种程度上可以说是称为人类学这门学问的中枢。对于像人类的本质这类的问题，没有比采集狩猎社会更能准确地回答的领域。”[2]

采集狩猎民大多处于一国之内或一个文化区域中非常边缘的位置上。在多民族多文化的一国中，她往往还处于这些周边民族的边缘，可以说是周边中的边缘民族。[3]采集狩猎民社会对于一般处于所谓“工业文明”社会的人来说，是一个与“自然共生”、“与地球和谐相处”，令人向往、富有想象空间的原初的社会。与农耕社会的“男耕女织”相对应，在狩猎采集社会中男女的分工以年龄、性别为基础。主要为“男猎女采”即男子打猎女子采集。食物的分配也相对平均。或许经济学者对于这类社会的生活感到非常的苦涩。而人类学通过民族志的研究，感受到狩猎采集社会的那种牧歌式的浪漫。萨林斯就把狩猎采集民称为“原始的富裕社会”(original affluent society)。[4]这一观点主要强调狩猎采集民并不希求食物以外的东西，而且，在那里如果有食物，他们就拥有了所希望有的一切。而这种“原始的富裕社会”在近代以来由于受国家机器的影响，故有的牧歌式的浪漫已经被来自外力的政策等所打破。而我们在第三世界所看到的狩猎民相当多的程度上受国家的政策导向直接影响。[5]即在国家政策的影响下，狩猎社会他们目前具体的生活和技术的变迁，已和我们的想象相去甚远。特别是在最近几十年间，全球范围内的采集狩猎社会几乎都面临着一些共同的问题：1. 一些国家和地区从法律上禁止采集狩猎活动；2. 在一些温暖地带由于开发农田和耕地，使得当地的森林等资源环境受到严重的破坏，猎民们失去了狩猎的家园；3. 有关国家和地方政府在不同时期所采取的定居化政策以及社会福利政策等，使狩猎民处于相对集中的居住区内，受到了各种政策的保护，让他们远离狩猎的地方等。在这一类小规模社会的文化变迁的人类学研究中，岸上教授进行了归纳和整理。他指出关于文化变迁的假说，人们预言由于被卷入交易的货币经济之中，小规模社会将会崩溃。这一假说由三个亚假说组成。其一，个人只要开始交易从自然中获得的东西，原住民的民族文化结构将会崩溃；其二，如果交易不断地进行，最终，对于成为交易品的各种资源，要具有明确的权利，通过交易的中心，各个家族和国家联系在一起；其三，原住民族作为国家的社会一文化体系中的地方的亚文化被同化，丧失了作为民族的归属意识。[6]这一假说过多地侧重进入整体社会乃至全球体系中的先住民社会，作为弱势的民族，随着经济体系的紧密的联系性的加强，他们的文化将会丧失。

像这类研究已经从对狩猎民的文化的本质主义的人类学研究转向了作为“社会问题”的人类学的研究。而研究这种问题的人类学，对于理解和认识现代社会的狩猎民所遇到的问题，有着直接的借鉴意义。

在政治学、经济学的框架中，所谓“中心”与“边陲”的讨论，往往放置在现代国家体制及资本主义经济体系下进行思考。历史学、中国哲学等学科框架对于中心与周边关系理论的建构，则主要是从文化的层面来进行探讨，即汉与非汉的文化、以及作为汉族主流价值观的儒家文化对周边民族的影响和渗入。这种以文化研究为取向的传统，强调的是儒家文化与这些国家和地区经济发展的内在关系，但常常把“社会”的概念置于不顾，忽视了在社会中指导人们行为的原则或规范的“社会结构”对于文化发展走向的决定性作用。因此，在中国及其受中国文化影响的国家和地区，仅仅讨论文化意义上的儒学概念是远远不够的，还需要把其与社会生活中最具典型性、稳定性和内在深层意义的具体的社会结构结合起来进行讨论，即把人类学文化研究的取向和社会研究的取向有机地结合起来。特别是不同时期的国家政策如何对其社会结构文化产生重大的影响。而作为周边或周边的狩猎民族——鄂伦春社会就是一个个案。这一民族也是中国政府纳入“十五”计划，重点扶持的“小民族”之一。

由于全球范围内对于狩猎民族所居住的生态环境的开发以及生产方式等的变化，狩猎采集民社会已由萨林斯所说的为原始的富裕社会(original affluent society)，正在变为“文明的贫困社会”(笔者语)，甚至出现民族特点消失的征兆。那么，生活在中国境内的狩猎民——鄂伦春族其状况又如何呢?

狩猎采集民在文化人类学的历史上有两个重要的贡献。把野生的动植物作为食粮，对于推定世界历史的原始时代有着一定的借鉴意义。可以说，从现在残存下来的狩猎采集民的生活中，可以复原原始时代的生活。此外，狩猎采集民与近代以来以工业为代表的复杂的现代文明相比较，狩猎采集社会与其形成鲜明的对比。即自然的、单纯的技术、小规模的社会为其特征，可以说在现代文明中失去的东西，在狩猎采集社会还能看到。很多人类学的经典的研究，是从这以社会为研究开始的。如以文化的整体性为特征的功能主义的研究，具有规模小、相对封闭、非常独立的狩猎采集社会是其不可或缺的素材。

然而，非常遗憾的是全球范围内的狩猎采集民从近代以来特别是二次世界大战以来，遇到了前所未有的文化的社会的震荡，他们的人口在增加的同时，而其固有的文化传统却在消失。

如果寻求人类的行为和文化中的一些普遍的特质，狩猎采集社会能提供非常有益的素材。

人类学的研究一直强调对于集团的研究，而在很大程度上忽略了个人的研究，即使有很多个人史的材料，但往往还是把其归类在某一个框架之中。而在医学人类学的研究中，把个人作为研究的中心，如身体、感情、苦恼等。我们不能体验他者的苦恼，但我们能感受到他们的苦恼。

二、鄂伦春族所处地区的生态和人口的变化

按第五次全国人口普查资料显示，鄂伦春族在全国人口为 8196 人。主要分布在内蒙古的鄂伦春自治旗和黑龙江东北部地区。本节所涉及到的生态变化主要指鄂伦春旗的整体变化。鄂伦春自治旗成立于 1951 年 6 月 7 曰，是我国第一个实行民族区域自治的自治旗。位于内蒙古自治区呼伦贝尔盟东北部，大兴安岭东南坡。总面积 54,657 平方公里。全旗人口 29. 47 万，其中鄂伦春族 0. 21 万人。[7]境内居住着鄂伦春、鄂温克、达斡尔、蒙、汉、回、满、朝鲜等 21 个民族。

表 1　夏季秋降水量的变化 1989 至 1999 年

季节	1989	1990	1991	1992	1993	1994	1995	1996	1997	1998	1999
春天	173. 7	147. 4	220. 3	97. 5	151. 6	74. 6	102. 5	152. 5	138. 7	231. 2	144. 5
秋季	9. 9	34. 1	38. 3	40. 0	50. 4	85. 0	42. 4	18. 0	49. 2	51. 0	58. 5

资料来源：《鄂伦春自治旗旗志》，内蒙古人民出版社，2001 年，第 43 页。

鄂伦春族历来以狩猎为主，以捕鱼、采集和家庭手工业为辅，不从事种植生产。直至 1954 年陆续定居后才开始逐步从事种植业生产。1956 年自治旗党委和政府为帮助鄂伦春族发展生产，制定“以猎为主、通过定居，逐步开展多种经营”的生产方针，自治旗的农业生产开始起步，当年全旗耕地仅有 1725 亩。1966 年，内蒙古自治区将自治旗大杨树地区作为国家商品粮基地，成立了大杨树农场管理局，下设 8 个县级国营农场，拥有耕地 58. 8 万亩，自 20 世纪 90 年代以来，自治旗农业发展较快，主要集中在南部乡镇，主要农作物有大豆、小麦及少量玉米、油菜、谷子、马铃薯等。

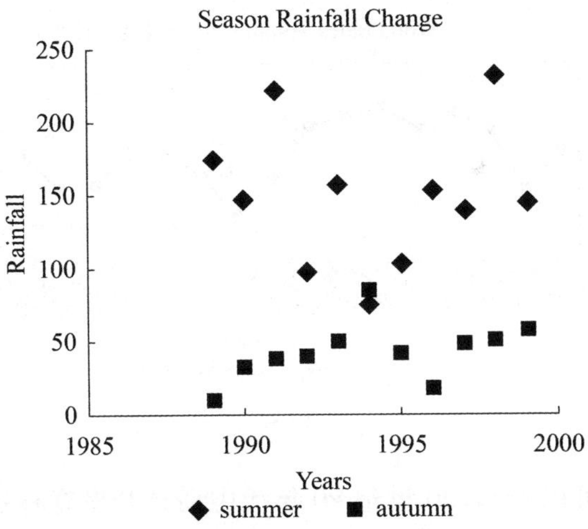

图 1

自治旗森林茂密，活立木蓄积量 2.9 亿立方米。主要有落叶松，其次是樟子松、杨树、白桦、柞树等。但森林的开发是一个非常大的问题。如表 2 反映了鄂伦春旗木材销售的情况。

表 2　鄂伦春旗木材销销售情况表　　立方米

C	木材销售	年份	木材销售
1981	6691	1991	5169
1982	4297	1992	6636
1983	8120	1993	6694
1984	9044	1994	4614
1985	8006	1995	4323
1986	9534	1996	6577
1987	8741	1997	5090
1988	8265	1988	4155
1989	5012	1989	5417
1990	2738		

资料来源：《鄂伦春自治旗旗志》，1991 年和 2001 年版，林业生产部分。

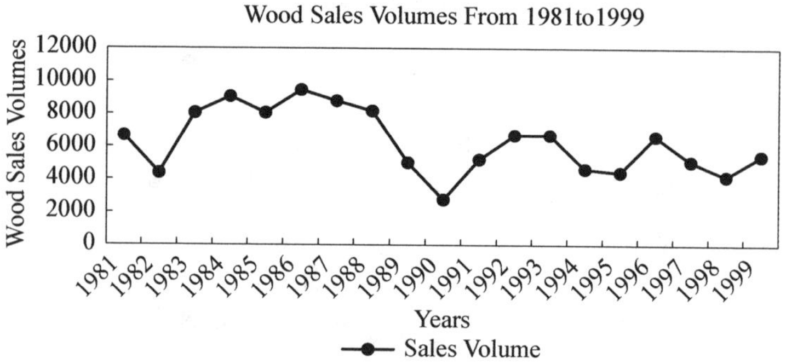

图 2

从表图可以看到，20 世纪 80 年代中期是开发森林资源特别是木材最高的时期。90 年代以后特别是 1997 年以后木材采伐的减少，这与国家的“天保工程”有着直接的关系。随着国家“天保工程”（天然林保护工程）的实施，森林采伐量的减少，本旗林业收入由原来的占财政收入 85％以上下降到 30％，地方经济直接受到影响。为此，地方政府积极地调整产业结构，发展非林产业，转向农业、畜牧业，但由于受林权证的限制，在宜农荒地的开垦、草场的使用上都受到制约，再加上林业系统退耕还林工作上的开展，不加区别地要求将现有全部耕地列入还林范围内。就连猎民禁猎后，转变生活方式从事农牧业生产的耕地也不例外。另外，林业和地方的条块关系或条块分治的问题，近年来矛盾进一步显现。特别是有关的法规在本地有很大的冲突，如森林法、草原法和土地法等法律条文之间的冲突。林业企业系统内部存在耕地执法队伍，对其执法行为地方政府无权进行监督与检查，近年来矛盾进一步显现。特别是林业企业和猎民的农牧业生产存在着很大的不协调以及矛盾。由于林业企业打着“天保工程”的牌子，猎民动用一根木头、建一间小房等这样的为生存而动用木头，对猎民不是罚款就是拘留等，这对于祖祖辈辈居住在这里的鄂伦春族人来说，很难在情感上接受。另外，林业企业在本地区所搞的所谓“水湿地”改造，把平整、宽广的草地资源、植被严重破坏，猎民说：“他们的‘水湿地’改造，确实影响了猎民，把平整、宽广的草场资源，植被严重破坏，而种下的幼树仅能存在几年，慢慢全会枯死，这一工程是失败的。”一方面破坏了草场的原生态，另一方面占用了鄂伦春人的生存空间，严重影响了他们正常的经济生活，这在很多猎民村都有不同程度的反映。

表 3　1956 年到 1999 年，农作物播种面积的变化

年份	总播种面积	年份	总播种面积
1956	1545	1978	130145
1957	1725	1981	141268
1958	4005	1982	124234
1959	7942	1983	130483
1960	30563	1984	147288
1961	48955	1985	124526
1962	49578	1986	128843
1963	45628	1987	124982
1964	38219	1988	155599
1965	44767	1989	166700
1966	61416	1990	222563
1967	90976	1991	231406
1968	10642	1992	311011
1969	155751	1993	322710
1970	60063	1994	416310
1971	40822	1995	560370
1972	41562	1996	674063
1973	38904	1997	827835
1974	56367	1998	874965
1975	85811	1999	933240
1977	114437		

资料来源：《鄂伦春自治旗旗志》，1991 年和 2001 年版，地方农业 · 农作物部分。

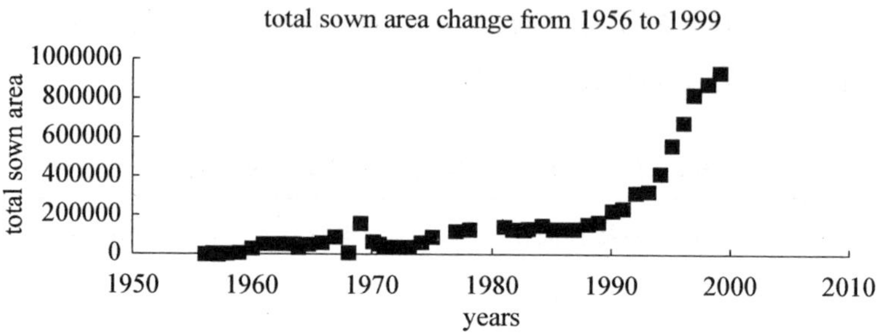

图 3

在开发森林的同时，耕地的开发增长比例更是惊人。到 2000 年，全旗拥有耕地 206.8 万亩，人均 6.47 亩。表 3 反映了几十年来播种面积的变化。

随着森林、土地的开发，当地的人口与社会结构也发生了很大的变化。特别是随着森林企业的进入，外来人口急剧增加。我们知道，鄂伦春族世代生息在黑龙江上游，贝加尔湖以东，直至库页岛的广大外兴安岭地区，经过长期繁衍发展，明末清初成为人口最兴旺时期。在 17 世纪末期，鄂伦春族人口尚有两三万人。17 世纪中叶，鄂伦春人被迫进行大迁徙，移居黑龙江南岸的大小兴安岭地区。从此，鄂伦春人口出现急剧下降的趋势。而人口下降幅度十分明显的是在下述三个时期：17 世纪末期至 19 世纪末期，为鄂伦春族人口第一个大幅度下降时期。1895 年清朝政府所编户口册以及当时人们旅行报告推算，鄂伦春族总人口约 18000 人；20 世纪初期，为鄂伦春族人口第二次大幅度下降时期。根据俄国人史禄国 1915—1917 年的调查和估算共计 963 户、4111 人。与二三十年前相比，鄂伦春人口又减少了一半以上。日伪时期，是鄂伦春族人口第三次大幅度下降的时期。1934 年，据伪满齐齐哈尔松宝考良对鄂伦春人口调查估算，有 3700 人；1945 年时，鄂伦春族人口已不足 2000 人。鄂伦春自治旗境内的鄂伦春族，民国初期尚有 1380 人，到 1945 年只剩 700 人左右。从清初到抗日战争胜利的 300 多年间，鄂伦春族人口从两三万人锐减到不足两万人。1949 年后鄂伦春出现增长的趋势。而旗里人口的增加更是难以想象。从 1951 年的 778 人，增加到 2000 年的近 30 万人口。而鄂伦春人口，从 1951 年的 774

人，增加到2000年2100人（其因和医疗水平的改善、经济水平的提高、民族间的通婚以及政府的民族政策有着很大的关系）。表四为鄂伦春旗与鄂伦春旗鄂伦春族历年人口的变化。

表4　鄂伦春旗与鄂伦春旗鄂伦春族历年人口的变化

年份	鄂伦春旗人口	鄂伦春族人口	年份	鄂伦春旗人口	鄂伦春族人口
1951	778	774	1976	234052	1370
1952	809	782	1977	239202	1356
1953	946	797	1978	253824	1356
1954	1409	814	1979	265762	1267
1955	1644	829	1980	285315	1315
1956	2389	857	1981	286223	1349
1957	3451	858	1982	272588	1546
1958	49131	863	1983	2769666	1537
1959	53706	876	1984	287530	1492
1960	117975	908	1985	282062	1509
1961	57011	916	1986	288162	1672
1962	66240	950	1987	285842	1713
1963	90919	944	1988	291372	1807
1964	86931	990	1989	2298079	1898
1965	105232	1015	1990	302868	1936
1966	123922	1050	1991	305040	1982
1967	104944	1056	1992	308351	1997
1968	110317	1074	1993	310531	2019
1969	128084	1149	1994	312984	2095
1970	144767	1100	1995	313361	2130
1971	160572	1102	1996	316457	2151
1975	166566	1149	1997	319140	2174
1973	174784	1147	1998	319996	2206

续　表

年份	鄂伦春旗人口	鄂伦春族人口	年份	鄂伦春旗人口	鄂伦春族人口
1974	203965	1276	1999	316969	2221
1975	234479	1293	2000	297400	2100

资料来史：《鄂伦春自治旗旗志》，1991 年至 2001 年级人口部分。

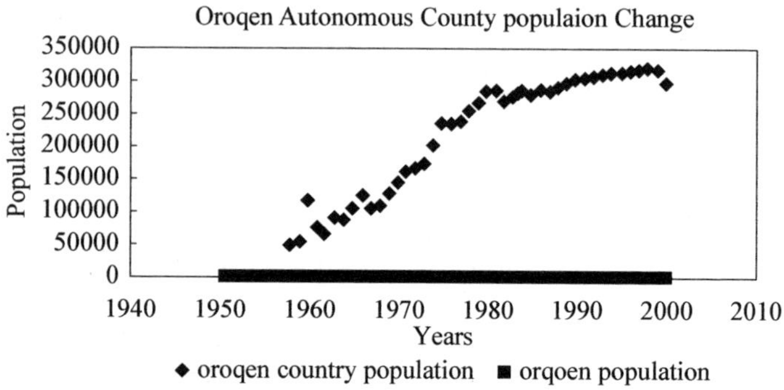

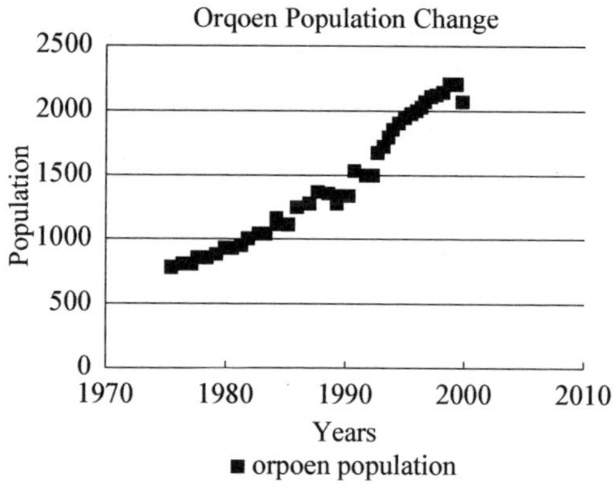

图 4

从上述生态和人口的变化可以看出，不同时期的政策导向影响是很大的。

三、近代以来不同时期的政府政策

史禄国在对北方通古斯人的研究中，就提到有关农业的问题。但并没有认为鄂伦春人已经可以经营农业了。他指出，在后贝加尔的过渡带已经有农业，当地通古斯居民已经丧失了他们原来固有的复合“经济类型”而正处于变成俄罗斯化的状态中，并已同非通古斯集团杂居和混血。满洲的气候条件，使得通古斯人居住区的农业很少有实用价值。……只有在小兴安岭地区的区 1（我想还有区 2）*（区 1，呼伦贝尔的北部，包括海拉尔河的上游、根河等流域，区 2，甘河、嫩江、呼玛河等流域）才有农业。那里有少数家庭从事农业，可是在这些家庭里，农活是靠雇工（主要是汉人）来干的。显然从事农业就意味着在村落或至少在农田上定居。[8]

不过，在中国境内的鄂伦春族从清朝开始，政府就有让鄂伦春人从事农业、或兼营农业的政策。可以说从历史上开始，鄂伦春族的农业并不是自然成长出来的，主要是在政府或国家等外力的影响下，多经曲折，而逐渐开始出现的。

19 世纪中末期，由于当时的俄国对中国东北黑龙江以北地区的蚕食和不平等条约的签订，使得常在江北狩猎的鄂伦春族的生计受到影响，鉴于此种情况，清政府对鄂伦春族采取“收抚”政策，使其“弃猎归农”以达到“寓兵于农”“抵御外患”的目的。1908 年，兴东道兼毕尔路协领庆山提出了三点劝垦事宜：一，为收拢鄂伦春族，必须使其衙署附近搭盖穹庐居住，并招进农户与鄂伦春族掺杂居住，伙辟荒地；二，鄂伦春族所缺牛具、籽种，应由公家筹垫，6 年内归还；协领应起表率作用，善为诱导。到了民国，政府对鄂伦春族的“弃猎归农”政策，基本上没有变化。不过在库玛尔和毕拉尔两路推行的“弃猎归农”政策，相对收到了效益。又如库玛尔路岭北鄂伦春族镶白旗二佐鄂民 73 户，赖保佐领热心提倡，数年之力计有种地者 30 余户，共开成熟田 300 余垧。正白旗头佐鄂民 24 户，经察佐领提倡，也有种地者 7、8 户，共开成熟田 40 余垧。[9]但由于鄂伦春族本身对农业知识的缺乏，大部分情况下，不得不采取汉族佃户代为开垦的方式。单纯的开垦很难成功。1915 年，当时的地方政府，曾制定了鄂伦春族官兵生计地方放垦章程，诱导鄂伦春人开垦和居住，但并没有成功。甚至如果政策管理不严格，一些经营农业的鄂伦春人，放弃土地和房屋，又进山打猎去了。但到了日本侵略中国东北后，对鄂伦春族采取的政策是不开化其文化，维持其原始的生活；不使其归农；作为特殊民族进行隔离；严禁鸦片；严禁白面、构筑其独立生活之道，即排斥其依赖型的生活。[10]不过，从 1936 年开始，在有的地方对鄂伦春的政策有所变化。如在莫利达瓦旗的小二沟后屯，集中一部分鄂伦春人垦荒，共开荒 30 余垧，带来了生产工具、种子，并给雇工以工资。开垦的土地头两年是大家在一起种。有的愿意种，有的不愿意种，最后只有两家坚持下来。1938 年由于该屯得伤寒病死的人很多，没有人再愿意在这里居住，于是全部迁到小二沟南屯去了。

可见，在历史上的不同时期，农业政策在鄂伦春地区并没有收到有效的结果，但在一定程度上使得鄂伦春族能够或多或少地接受了一些与猎业不同的农业的一些基本的知识。

四、定居化与多种经营：1949 年后的国家政策与鄂伦春族

翻开汉语词典，与“进步”相关的词有诸如“进化”、“演进”、“腾飞”、“跃进”、“飞跃”、“跳跃式发展”等等，特别是在少数民族社会经济转型和定居化过程中这些概念、用语，不绝于耳。在中国这样一个多民族、多文化的社会中，存在着不同经济文化类型的民族，主要的类型有采集渔猎社会、游牧社会、半农半牧社会、农耕社会等等。本节主要以作为采集狩猎社会的鄂伦春族的现状来进行讨论。

鄂伦春族曾经是大兴安岭中典型的狩猎民族。在将近一个世纪的时间里，鄂伦春经济方式发生了很大的变化，特别是在 1949 年以后。翻开鄂伦春自治旗的文件和宣传稿件，我们会看到如下的表述：中华人民共和国成立后，出现了三次大的飞跃：（1）从以狩猎为主的原始社会向社会主义社会直接过渡；（2）1958 年全旗内的鄂伦春族全部实现定居，结束了游猎的生活，在定居的基础上进行有计划的狩猎和其它辅助性的经济方式（如采集、农业、牧业等）；（3）1996 年 1 月全旗禁猎，实行“禁猎转产”狩猎经济从鄂伦春族的生活中彻底消失了，转变为以农牧业生产为主，结合多种经营的经济类型。鄂伦春民族也进入到一个新的历史时期。这种生产方式的改变在当地看来是一次革命，是历史的“进步”。在这一进步的过程中，鄂伦春社会的具体状况如何？所面

临的问题和发展过程中的主要症结在何处？笔者结合自己的田野调查资料，进一步进行讨论。

由于历史上的原因，目前鄂伦春旗的鄂伦春族主要分布在托扎敏乡、乌鲁布铁镇、古里乡、诺敏镇四个乡镇的 7 个猎民村中（实际上，乌鲁布铁镇的猎民村名义上为三个，但实际上如以村级政权为准的话，有两个为一个村级政权，故下表按一个村来统计）这四个乡镇由于所处环境、经济生活、发展状态完全不同，其特点也不尽相同。现暂列表五如下：

表 5　猎区四乡镇猎民的基本情况(2000 年调查资料)

乡镇	户数	人口	人均收入(元)	猎民耕地	经营方式
托扎敏乡	58	174	2150	618	木耳、采集
乌鲁布铁	106	252	2174	16155	农牧业
古里乡	73	241	2851	26070	农业
诺敏镇	24	98	2675	1600	农牧业

上述的猎民的收入很大一部分是和政府的补助等政策有着直接的关系，如果除去财政补助、猎民免税费以及极个别的猎民中的富裕大户（因鄂伦春人口基数少，每个村有几个大户，就把鄂伦春的整体收入提高了很多。）等因素，全旗猎民从事生产经营性人均收入仅为从 1997 年到 1999 年的 214 元、－189 元和 362 元（而与此同时统计资料所显示的 1997—1999 年鄂伦春猎民人均收入分别为 2128 元、2116 元和 2401 元。）

为了把鄂伦春族组织起来，达到生产自救、自立的目的，在政府有关部门的扶持下，从 20 世纪 90 年代以来特别是“禁猎”之后，上述四个猎民乡镇组织猎民搞集体农牧场和家庭农场，进行多种经营。这一思路在有的地方或者有的家庭搞得比较成功，但在很多地方和家庭由于各种原因如自然灾害、猎民的传统生产方式和生活方式等的影响，猎民的生产和生活还存在着很大的问题。

在我们调查的猎民家庭中，有地的猎民完全自种的从1999年后已不占主流，很多家庭出租土地，这部分家庭经济状况一般较好，但收入不理想。无地猎民中一部分靠各种补贴，补助生活，较困难，只图温饱，不思将来；无地的猎民还有一部分有劳动能力且比较勤劳者依靠打工或搞其他收入补贴家用，但对目前生活状况很不满意，有的想改变却又缺乏自立的能力和必要的经济条件。现在猎民对土地已有了深刻的认识。大部分人认为有了土地就有了生活的保障，可以获得固定收入。种地的猎民大多也开始考虑如何通过多种经营能够增加收入；而出租土地的猎民在面对租金越来越低的状况，已渐渐认识到只有自种才能增加收入，但自己由于不擅长种地、更缺乏有关农业经营的知识，再加上近年的自然灾害，很多人也就望而止步（当然，有的开始要求政府能给予资金帮助，解决种地资金不足的困难，以便能自己种地）那些无地的猎民要求分得土地的呼声也越来越高。然而面对林区生态环境的恶化，有限的土地还能开发吗？极少部分老弱病残自己不能自立生活，只能靠政府养活（四个猎民乡镇政府都为这些猎民建了养老院）。

“禁猎转产”这是近年来当地政府的重大举措。当然，不能忽略的一个主要问题就是，由于大兴安岭林区人口增多，森林过量采伐造成水土流失，植被减少，野生动物生存空间条件恶化，加之一些违法的乱砍滥伐、乱捕滥猎，动物种群在急剧减少。狩猎的生产方式继续维持已经非常困难。同时考虑到猎民的具体情况，当地政府采取“扶上马，送一程”的做法。在具体操作上政府主要做了几个方面的工作：

（一）根据“野生动物保护法”第十四条规定：政府发放猎业损失补偿费70元/人（原有各种待遇不变）。

（二）依法设立“猎民生产生活发展基金”，以补助、贴息和借贷的形式来保证猎民在生产生活转变中资金的需求。

（三）政府拨出资金进行垦荒熟地发放给猎民，种租两便，使猎民成为新时期的农场主。并积极鼓励猎民兴办集体或家庭农场、乡镇企业等。

从上述有关政策中所指出的问题与笔者在前文提到的全球范围内的狩猎民所遇到的问题，基本上不谋而合。但同时也代表了当地的干部对于“进步”的理解和态度。但这种突然而来的新的政策，猎民在多大程度上能够适应呢？

我们在调查中发现，由于生产方式的转变速度太快，猎民缺乏必要的心理上和技术上的准备，加上从1997年到1999年三年的自然灾害，从事种植的部分猎民不但没有收入，反而使国家和个人的投入直接受到损失。出现了“返贫现象”经济收入降低。存在着经济上的有限适应问题，可以说从近年的情况看，经营农业存在着很多难以克服的问题，如开垦荒地对于生态也产生很大的影响。与此同时在土地的分配和使用上也有很大的问题。如有的乡猎民除极少数户有土地外，很多猎民没有土地；而一些有土地的猎民由于不擅经营农业，收入也受到影响，并对于从事农业失去了信心；甚至更多的猎民为了得到稳定的收入，土地的承租、包租、转租现象严重，不利于猎民的生产自立。

个案1：乌鲁布铁镇是以鄂伦春族为主体的猎民乡镇，三个猎民队都已定居，其中乌鲁布铁、讷尔克气两个猎民村定居乌鲁布铁，现聚居于镇区南部，朝阳猎民队定居朝阳村。现有鄂伦春族猎民人口300人，占全镇总人口的2.02%，全镇三个猎民村共计106户，户平均人口3人，占全镇总户数的33.1%。乌鲁布铁镇现有耕地面积309091.2亩，其中猎民占有耕地16155亩，占全镇耕地总面积的25%。其中集体所有土地4600.5亩，个人占有耕地150045亩。猎民纳英梅（化名）的情况很能说明有关的问题。

纳英梅，女，57岁，鄂伦春族（旗教育局阿芳之母）。现住房建于1987年。1956年定居之前在奎里河，住在山上，离现驻地有100多里。小时候是寄养在别人家里生活。在小二沟（现诺敏镇）读的小学，初中在阿里河镇，是阿里河民族中学的第一批学生。之后在村里任妇女主任，1968年出任会计。文革前本地已开始种小麦，在距离本村10多里地的地方集体耕种，当时已有很多机械。19岁时结婚，丈夫是鄂温克族，是从莫旗迁来的。开始是以打猎为主，兼顾种地，打猎比较方便。她常说，我们的孩子都是吃肉长大的。1979年集体生产，猎物要交给队里进行分配，当时以打猎为主业，种地为副业，收成也不错。禁猎后靠集体农场，自己开地，也能吃饱。现在家里没什么收入，大儿子死了

（笔者注：其长子本是一名好猎手，后因喝酒过多，开枪自杀，当时还不到30岁。大儿媳妇是汉族，后改嫁），二儿子有结核，给三儿子盖了新房（公家盖的）。1990年之后靠集体农场时还可以，后来把集体农场交给个人经营，1995年时还能维持。但之后由于黄豆价格、自然灾害和管理因素影响，情况日益窘迫。1996年禁猎之后，生活开始紧张。除了补贴之外，没有其它收入，种地要靠贷款。现在两个孩子在家种45亩地，都种黄豆。前年挣了5000元后还清了当年贷款种地的5000元。去年也是把贷款还清，房钱5000元也还了。今年贷款3000元。孩子们成家的也已经分家。三儿媳妇是满族，从扎兰屯来此，来后租汉人的地，好地每亩租金一年为130元，次地几元不等。

个案2：托扎敏乡，猎民迁居前，猎民的住房陈旧。夏季漏雨，冬季进风，受洪涝灾害严重，交通不便，没有电。生活基本依靠政府解决，无法自立，相当贫困。

近年迁居新的居住点后，猎民的生活有了明显的改观，每户猎民都住进了比较规范的住宅新区，每户住宅配备了彩电和一套家具，有的猎民在集体农场参加些劳动，也有的搞起了家庭农场，与此同时，本乡猎民的庭院经济、养殖木耳以及采集等也成为其收入的非常重要的补充。不过，本乡的猎民的生产和生活在四个猎民乡中是最为贫困的一个，很多猎民到今天都不能自立，完全靠政府的补贴生活。本乡也是唯一一个没有通电话的猎民乡镇。在我们的户访调查中发现，家庭农场经营的好的也有几户，其特点是和经营者的经历、教育水平、对于信息的掌握等有着直接的关系。原乡干部白某家就是一个例子。

白某，男，56岁，鄂伦春族；妻也为鄂伦春族，54岁，（小学退休教师。女主人六岁开始上小学，在小学时学汉语。小学毕业后继续到鄂伦春中学读初中，之后从大杨树镇师资训练班毕业。曾先后在乌鲁布铁、朝阳、托河的小学任教。她于1973年调入托扎敏乡教学。）有四个儿子。白某生于1945年，从小学（1955年）开始学汉语，当时在小二沟小学读书。毕业后去旗民族中学上初中，1964年初中毕业。1965年从思木克搬到希日特奇，进入猎民队开始打猎。1965年之前有25～26户，全部狩猎。1965年前没有团结户（鄂伦春族与外民族通婚户），全部为鄂伦春族家庭。农业学大寨时种些地(1971 年开始),一直种到 1976 年,当时有两千多亩地,一般亩产 150 斤,个别达到 200 斤,最低也有 80 斤。一亩地种子有 35～38 斤,没撂荒。现在也用当初的一部分地。安德 19 岁入团,在村团支部当委员,当时有一个书记,两个委员。1972 年去阿里河农机培训班学习两个月。之后回到村里开拖拉机,当时农业学大寨已经开始。1973 年当副村长,1975 年任猎民队队长(有 20 多户猎民),1977 年在乡农机站负责各村的农机管理,1980 年到乡政府民政科任一般干部。1983 年任副乡长,主管农牧业、狩猎和防火。1986 年任乡党委副书记。1988 年到阿里河,任旗防火办副主任。1991 年调回乡里当人大副主席,之后便于 1993 年退休。1994 年至 1995 年开始开地、种地。当时主要是为两个小儿子找出路,[他们还收养了两个孤儿(姐弟两人,鄂伦春族。年龄分别为 19 岁和 14 岁,有遗属补助。姐姐是安德三儿子的未来媳妇)],再加上不能打猎,所以种地较早。旗里也扶持猎民开地,并给予优先考虑。当时他贷款两万五千元,开了 180 亩地,农机只有几台。1996 年开始种地,先种土豆,用乡拖拉机拓地,现在轮流种麦子和黄豆,产粮较多,亩产 400 来斤,财政补贴卖约六角钱一斤,去年卖了两万元以上,但卖的比较便宜,纯剩余不多,要还贷款,要开支,年年还要买农机,所以感觉钱很紧张。到了第三年基本帐平,今年开始纯挣,一年纯收入一万五千元到一万八千元。农场机械化程度较高,有两个小四轮,还有播种机和收割机以及一辆吉普车。在农场里还有几个鄂伦春族雇工,劳动时间并不固定。雇工们一天三顿饭,每顿饭每人约二两酒,喝的是散装酒,一罐约八到十斤,价格为十六元。雇工们两三天抽一包烟。今年又从俄罗斯引进一种新的品种,进行种植。

当然,这一个案在鄂伦春族中确实较为少见,但确实反映了一个道理,一定的"技术"只有和能具体接受这些技术的人相吻合时,这一技术才能得到发展。当然,我们在讨论鄂伦春人和"进步"有关的因素时,我们也看到一个"进步"所带来的一个很大的问题即文化消失的问题。这些问题只能留待它文了。

五、结语

我们从对于作为周边民族的狩猎采集民族鄂伦春族的研究中看出，这是在原住民研究中，典型的国家政策所引发的社会文化变迁的个案。正如N.彼得森在1999年发表的《近代国家中狩猎采集民》一文中所指出的，[11]第一世界内的先住民族社会秩序的再生产分为“无国家导向的原住民社会的再生产”和“有国家导向的原住民社会秩序的再生产”。本文的讨论主要集中在国家、政策与猎民的生计变化和出现的问题，是属于“有国家导向的原住民社会秩序的再生产”。

我们看到他们的生态、生计问题在政策导引下，发生了前所未有的变化。在这里，姑且不论狩猎采集社会的历史过程，有一点应该承认的是这一文化常常为边缘地带的一种文化。在相当多的研究中，一直是把狩猎采集民的经济生活方式置于比农耕要低的社会阶段进行分析，同时在相应的政策层面也就出现了“进步”的农耕技术和“落后”的“狩猎”技术的价值上的判断。当我们在对这一狩猎采集地带开发的同时，我们是否看到农耕文化的潜意识的文化判断，也会影响到本地区的开发。一些学者在描述全球性变化时，经常无视文化因素。我们的着重点并不在于认识文化上的差异如何影响环境，而在于怎样把对文化因素作用的考虑同环境变化相联系。对于文化因素——作为环境变化的和环境变化后果的决定性因素——的相对重要性，学术界长期有争论。问题的焦点并不在于如何设想文化上的差异怎样影响全球性变化，而在于怎样把对文化因素作用的考虑同环境变化相联系，以期有助于提出有效的解释。对于森林地带的狩猎民族的研究，这一点是非常重要的。

原文刊登于《学海》2007年第1期。

参考文献：

[1] 清水昭俊.永远的未开文化和周边民族[J].国立民族学博物馆研究报告，1992(3)：417－488.

[2] Barnard and Woodburn. Property, “Power and Ideology in Hunter-Gathering

Societies: An Introduction", In Tim Ingold et al., Hunter-Gatherers (Oxford: Berg) pp. 4－31.

[3] 清水昭俊. 永远的未开文化和周边民族. 国立民族学博物馆研究报告,1992 (3): 417－488.

[4] Marshall Sahlins. *Stone Age Economics*. London: Tavistock, 1974.

[5] Senri thnological *Monograph 4*, KazunobuIkeya, Hunter-Gather-ersandthe State: Historical Ethnography of Subsistence Among the Kalahari San, 2002, Japan.

[6] 岸上伸启.《关于加拿大北极圈的社会变迁的特质》[J],收入(日)ス チュアート ヘンリ编《采集狩猎民的现在》日本言丛社 1997 年版。

[7] 德学英主编. 鄂伦春: 献给鄂伦春自治旗成立 50 周年[M]. 北京:民族出版社,2001: 10.

[8] 史禄国. 北方通古斯人的社会组织[M]. 内蒙古人民出版社,1982: 56.

[9] 都永浩. 定居前鄂伦春族的农业[J]. 黑龙江民族研究丛刊,1993(1): 52.

[10] 日本治安部参谋司调查课. 满洲的鄂伦春族的研究. 康德 6 年,第 42 页。

[11] Peterson, N. 1999 Hunters-Gatherersin First Word National States: Bringing Anthropology Home", 8th International Conferenceon on Huntingand Gathering Societies-Foragingand Post-Foraging Societies; Bulletin of the National Museum of Ethnology 23(4).

清以来大小兴安岭环境与狩猎文化的生态人类学观察
——鄂伦春族个案

何　群①

摘　要：鄂伦春族是中国东北边疆大小兴安岭深山密林中的世居狩猎民族，其传统狩猎文化是适应所在自然环境和社会文化环境的产物。适应特有的单一环境的结果，形成简单文化。20世纪中叶以来，鄂伦春族传统生存环境发生急剧变化，狩猎文化的自然进化过程遭致断裂，后来日益表现出文化的衰落，生存问题引人注目。问题关键在于，面对环境的急剧变化，传统文化所具有的简单文化的特点，束缚了鄂伦春族适应新环境的能力。在主体社会现代化进程中，在环境的进一步变化中，鄂伦春族表现出很强的不适应。

随着人类学知识对人类生活影响的加大，人们开始感受到这门知识的优势，即人类学研究的边缘视点和“异文化”视角，更能贴近人们的日常生活，并能够为消解当前人类社会文化差异带来的冲突提供工具。[1]而其分支——生态人类学的问题取向，“是探讨将‘环境’用于人类学解释的各种途径”[2]，即试图通过考察环境与文化的关系，“理清人类差异问题上的混乱”。[2]这里的“环境”概念，内含两个维度，即自然环境和社会文化环境。生态人类学认为，文化与环境——包括技术、

① 何群，女，蒙古族，内蒙古师范大学社会学民俗学学院教授。内蒙古师范大学人类学研究中心主任。中央民族大学人类学博士，中国社会科学院民族研究所民族学专业博士后。主要从事环境与小民族生存研究，及人类学、民族社会学视角下的北方少数民族社会文化变迁研究。

劳动与资源之间，存在着一种动态平衡和适应关系。生产方式在很大程度上依赖于可用的技术和正在开发利用的资源的性质，随之生产方式也会对社会制度，包括居住方式、人际关系、村社规模和位置、风俗习惯等诸方面产生强烈影响。这种相互作用的过程，或者说，这种适应，有助于并达成了人类肌体、文化等方面的生存和延续。

鄂伦春族是中国东北边疆大小兴安岭深山密林中的世居狩猎民族。从1643年该族人口的绝大多数开始陆续迁移到黑龙江南岸大小兴安岭地区后，其世代以来形成的传统狩猎文化继续演化。该族传统狩猎文化，是适应所在自然环境和社会文化环境的产物。适应特有的单一环境的结果，形成为简单文化。20世纪中叶以来，鄂伦春族传统生存环境发生急剧变化，狩猎文化的自然进化过程遭断裂，后来日益表现出文化的衰落，生存问题引人注目。问题关键在于，面对环境的急剧变化，传统文化所具有的简单文化的特点，束缚了鄂伦春族适应新环境的能力。在主体社会现代化进程中，在环境的进一步变化中，表现出很强的不适应。已故著名社会学人类学家费孝通教授曾注意到，鄂伦春族面临的情况是森林发生了变化。由于自然和周围社会环境的改变，造成了他们在生产能力和职业方面的不适应。给他们地种，但是他们把地转租给汉人去种或是找打工的汉人来种。[3]2000年该族人口8100余人，是仅存的占世界人口0.001%的传统文化相对简单、人口相对微少的小民族之一。

任何文化的演化都有其历史线索，有其来龙去脉。而有希望对鄂伦春族今天的社会生活实际做出合理解释的基础性工作，就是要了解其历史。本文以生态人类学环境与文化关系为视角，主要以清初以来鄂伦春族迁移至黑龙江南岸大小兴安岭地区的历史发展为线索，并以历史的眼光，追溯与辨析狩猎文化与环境的互动历程和流变轨迹。试图通过这种努力，探索和发现土地与小民族、环境与简单文化的关系，从而为认清小民族问题的本质拓宽思路。

那么，鄂伦春族狩猎文化可能是何时、如何形成的？形成之后，又经历了怎样的演变？他们是如何走过来的？他们的前景可能会如何？对这些问题的追问，首先就意味着，需要尽可能地了解他们生活于其中的清代大小兴安岭地区的生态环境，并尽可能地重现、还原或构建当时特定历史时空下狩猎文化与环境互动的场景。问题在于，“重现”和“还原”是不可能的。“构建”的难题来自两方面：中华人民共和国建立前，我国学者极少有对鄂伦春族当时所处的环境及历史、文化进行全面、系统的文献研究和实地调查研究；鄂伦春族没有产生自己的民族文字，没有留下文献形式的并由本民族研究者撰著的民族志。清朝以来的历史文献中，有一些有关鄂伦春族的零星记载，其中极少的一部分显示出某种环境与狩猎文化关系意向。这就需要有很好的耐心和自信，像“淘金”般去“淘”。当然，这也同样构成某种学术诱惑与挑战。

一、清以来大小兴安岭环境与狩猎文化轮廓

从 1643 年开始，鄂伦春族陆续迁移到黑龙江南岸。但是要认识他们的文化，需要知道他们最早的环境状况，即他们生活在黑龙江以北时所处的环境条件。可能有关的正史和各类历史资料确为有限，我只找到俄国学者史禄国的一些相关描述。[①] 而迁移至黑龙江南岸后，外人对他们的关注、“研究”似乎多了起来。

史禄国在他的名著《北方通古斯的社会组织》一书中，就他所观察到的鄂伦春族南迁至大小兴安岭地区之前———后贝加尔林区的自然景观有过生动的描述：覆盖着森林的低矮山脉，两坡之间是小河和溪流，它们形成了河谷。有些河岸上长满了灌木和通常是桦树以及落叶松的树丛。河流与山峦之间是平地和沼泽。在这些沼泽里，稍微结实些的土地上，有一片片的灌木和树林形成的小绿洲。攀登这些丘陵式的山脉通常非常困难，不能快行，因为有巨大的腐朽倒木，还有分崩离析的山岩和长满绿苔的有水的溪谷，山坡上也覆盖着倒木、苔藓和地衣。……冬季来得很早，它使景色为之改观。河流为冰层覆盖，河谷和山岭上是一片皑皑白雪。清澄的空气，低平的太阳，这种多少有些忧郁

---

① 史禄国（1889—1939 年），希罗科戈罗夫，谢尔盖，米哈伊洛维奇，俄国著名通古斯学家。曾于 1915—1917 年在中国东北地区多次进行人类学实地调查。著有《北方通古斯的社会组织》（中文版有吴有刚、赵复兴、孟克译本，内蒙古人民出版社，1984 年）、《满族的社会组织———满族氏族组织研究》（中文版有高丙中译、刘小萌校译本，商务印书馆，1997 年）。

的景观，只有在鸟兽偶尔出现时才显出一点生气，死一般的寂静笼罩着这一带荒原。

而动物的分布依地区特征而定。对当地居民有生活意义的动物，最重要的是马鹿、犴、驯鹿、狍子、麝、野猪、狐、灰鼠和紫貂。马鹿除了皮和肉以外，它的角是珍贵的药材。这种动物最喜爱的地方是有良好牧场和盐碱土壤的小河畔。犴并不像马鹿那么多，它多见于在覆盖着灌木和富于盐碱土壤的大河河谷中。狍子是最普通的动物，除岩石山中以外，到处可见。狍子给通古斯人提供做衣服和斜仁柱覆盖物等各种用途的皮张，它的肉通古斯人也最爱吃。

野猪大都生活在覆盖着灌木的大河河谷，但也栖息在森林中。狐狸和灰鼠很多，尤其是灰鼠最多，它们到处可见。熊和狼、野兔到处可见。狼喜欢草原，熊喜欢森林。而在通古斯人的活动中捕鱼并不是一项重要的生产事业。鸟类在通古斯人的生活中不起重要作用。可以见到树鸟、天鹅、雁和各种鸭类……[4]山峦、沼泽、河谷、森林、草木，对当地鄂伦春等通古斯集团有生活意义的多样的动物、植物；冬天来得很早，冰天雪地，显示出少有人为痕迹的自然原生形态，可以想见社会环境的单纯，异文化干预之微少。

鄂伦春人迁移至黑龙江南岸后的自然环境与后贝加尔地区基本相似。但是文献和传说、口述史以及文化遗留反映出，在黑龙江以北时，驯养并作为驮载工具的驯鹿，南迁后因为驯鹿所食用的植物——苔藓的稀少而消失，也因为社会环境的变化，马匹传入以替代驯鹿以驮载。而这一技术进步，最终引起了狩猎传统生产组织、社会生活习惯的动摇。

如前所述，鄂伦春族17世纪中叶以前，主要活动于贝加尔湖以东、黑龙江以北的广大地区。移居到黑龙江南岸大小兴安岭地区以后，他们的活动范围，在东经122°—131°，北纬48°—53°之间。地理（自然）环境型貌，可以提炼为两岭、两江、一山——大兴安岭、小兴安岭和黑龙江、嫩江的交叉纵向排列，伊勒呼里山在两岭之间的横向逶迤，构成鄂伦春族所居地域的基本地理框架。即：西起大兴安岭西麓的海拉尔河、根河、激流河，流汇于额尔古纳河。黑龙江及其上源额尔古纳河环抱于北，嫩江蜿蜒而南，流入松辽平原。大兴安岭由东北向西南斜贯于现黑龙江省和内蒙古自治区境内，平均宽约230公里，海拔1000—1400米左右。西麓多波状丘陵地，东坡陡峻，河流湍急，多布库尔河、甘河、奎勒河、诺敏河、绰尔河发源于此，从西向东流汇嫩江。这些河流构成许多峡谷，在峡谷之间有很多大小不等的盆地。东为小兴安岭。小兴安岭自伊勒呼里山脉向东南伸展，直抵松花江畔，海拔600—1000米之间，大部分300—500米的丘陵或洪积台地。呼玛河、宽河、法别拉河、逊河等大小支流，从西向东注入黑龙江。小兴安岭南段的汤旺河、梧桐河，由西向东流汇入松花江。近几百年来，鄂伦春族就在这方圆几十万平方公里的山区进行游猎活动。

史禄国就鄂伦春人迁移黑龙江南岸后的生态环境，也有过形象和详细的描述，我为他概括为三点：1.“满洲台地”和台地的周边。史禄国将后贝加尔地区，包括鄂伦春族在内的通古斯各集团地域的地理特征，概括为林区（通常是覆盖着原始深林的山区）、草原两种类型。而满洲（即指黑龙江南岸和大、小兴安岭地区）在很多方面与后贝加尔相似。他形象地提出“满洲台地”（Π型）——鄂伦春族生活地区地貌特征的概念。2. 三条重要的河流。即额尔古纳河、黑龙江和嫩江，是鄂伦春地区三条重要的河流。[4]3. 黑龙江南北两岸动植物群分布的差异。这种差异，主要是发生在两个地区，即迁移前黑龙江以北与迁移后黑龙江南岸的大小兴安岭地区。主要表现在，与后贝加尔地区比较，虽然在激流河及根河、甘河、嫩江、呼玛河、阿尔巴吉河和盘古河的诸河源，有苔藓，但满洲缺少野生驯鹿。

而大小兴安岭地区在动物和气候上也存在一些差异。在海拉尔河上游、根河、得尔布尔河、哈乌尔河、部分莫尔道嘎河和嫩江上游、甘河、多布库尔河、诺敏河和雅鲁河的南部出现了羚羊。羚羊在草原上很多。犴只有在激流河、根河、甘河、嫩江、呼玛河、阿尔巴吉河、盘古河的诸河源以及呼玛河、阿尔巴吉河和盘古河、伊勒呼里山以南才有……。而小兴安岭地区气候比大兴安岭地区温和得多。植物繁茂，出现新的灌木和树林。野生动物也不同，没有犴和野生驯鹿；麝很稀少，野猪和狍子很多。虎豹很多；獾和貉非常多；灰鼠和紫貂的毛皮不是最好的；猞狸和狐狸很普遍。然而这些动物还不能满足营养的需要。渔业在经济活动中起重要作用。[4]生态环境上的差异，也影响到狩猎文化的一些层面。如小兴安岭地区气候条件决定可以种植某些作物，所以吸引汉族农民在此盖房种地，从而有可能使狩猎者感受到农耕生活的某些方便，从而尝试着学习。而在大兴安岭地区，因气候、植被条件因素，狩猎文化接触其他文化的机会，可能性相对就要少一些。

日本人秋叶隆1935年8—9月，对活动于诺敏河流域到绰尔河上游，西至根河上游到海拉尔河上游，即现在鄂伦春自治族托扎敏乡的鄂伦春人进行过实地调查。他看到，他们居住的环境富饶丰美。大自然恩赐给鄂伦春人的丰富多样的动植物资源中，桦树和鹿对他们来说特别重要。桦树在兴安岭到处可见，其中白桦居多。它的绿叶白干和谐地结合在一起，构成了典型的山岳风景。鹿对于鄂伦春人来说特别重要。尽管当时鄂伦春人的“行”已经以马代替驯鹿了，然而，他们所吃肉类食品中仍以鹿类动物为主，他们所穿的衣类也多是鹿类的毛皮。他们所猎获的动物中占多数的仍是鹿类，特别是狍子。他在调查途中也曾品尝过烤狍肉的味道，无法忘掉它的美味。加之，他们一到冬天用狍皮盖住帐篷，帐篷内也铺上狍皮以防御寒冷。他们不仅用狍皮制烟袋、盐袋以及其他囊类，连萨满所立的一对桦木神杆也是象征着鹿角。萨满鼓和鼓锤也用狍皮蒙制，如此等等。桦树对鄂伦春人的用处不胜枚举。从这个意义上来说，把鄂伦春人称作依靠桦树和鹿生存的民族并不过分。①

以上描述，初步展示了大小兴安岭的生态条件以及生活于其中的狩猎民族的文化图景。这种文化的衍生源远流长。上溯至隋唐前后的室韦，主要部分即活动在大兴安岭北部森林地带。“室韦”是蒙古语“森林”之意，当时社会用这一名称泛指活动在大兴安岭北段的部落。室韦分为许多部，其中既有通古斯语族的部落，也有蒙古语族的部落。隋代北室韦，“饶獐鹿，射猎为务，食肉衣皮。凿冰，没水中而网射鱼鳖。地多积雪，惧陷坑阱，骑木而行。俗皆捕貂为业，冠以狐貉，衣以鱼皮”。鉢室韦，“用桦皮盖屋”，这些特点，与鄂伦春和鄂温克等族的习俗相同，

① 秋叶隆.大兴安岭东北部鄂伦春族调查报告(一)，转引自［日］大间知笃三等著，辻雄二、色音编译，北方民族与萨满教——中国东北民族的人类学调查.中央民族大学出版社，1995年，1—4页.

表明他们当属通古斯语族。元明时代，汉文史籍以“林中百姓”泛指这一地带的狩猎民族。清代，泛称这一地带的狩猎民族为“索伦诸部”，被认为精于骑射，骁勇善战。

就环境的另一维度——社会文化环境而言，考察鄂伦春族迁移至黑龙江南岸后的社会文化流变史，构成其20世纪中叶前社会环境的因素，总体可以归纳出两条主导脉络：一是在外部统治、政治环境上，主要包括清朝时期、民国时期的统治制度、日本侵略势力的控制以及1945年日本投降后国民党和日伪残余纠集形成的复杂形势。二是其他社会环境因素，包括政府出于防卫和资源开发等目的，在鄂伦春族狩猎地区组织的修建公路、开设驿站、开矿等引起的人口流入等人造物质景观的出现，特别是异民族人口的流入，异文化、多样化社会环境的开始形成。

对改变鄂伦春族所处社会环境具有决定性影响的历史事件，是清朝政府对东北“禁封”的“解禁”。“解禁”导致了汉族人口的大量增多，改变了原来大小兴安岭地区人口的民族分布结构，增加了鄂伦春族的对外交往和文化同化。史料透露的一个现象是，就在当时，现处于黑龙江省与内蒙古自治区两地的鄂伦春族，因地理位置、自然资源状况的一些差异，与外界互动的格局上也不尽一致。这也成为日后影响鄂伦春族内部演化存在某些方面程度不同差异的重要历史原因。

如上所述，清以来，鄂伦春族所活动的黑龙江大小兴安岭地区的社会文化环境，一直保持着复杂化的趋势。但是就总体而言，地广人稀一直是环境的主导方面，基本上是处于主流社会的视野之外，后来被公认为具有泱泱中华帝国“历史的幽静后院”的身份。

这种“地广人稀”的环境面貌，以及与之相适应的狩猎文化演进形态，还可以通过一些历史线索来说明。

清初，大小兴安岭地区有所谓“边外七镇”，其中属于黑龙江的有三镇，即卜奎（今之齐齐哈尔）、墨尔根（今之嫩江）和瑷珲（今之爱辉），加上清政府为了便于军中运输而先后设立的若干台站。除此而外，几乎没有多少人烟，到处都为莽莽苍苍的森林所覆盖，成为野兽们的憩息之地。这种局面在变化中基本上被大体上维持着。因而，这种环境，对于数量微少的鄂伦春猎人来说，自然是不愁没有驰骋的余地的。这种环境与狩猎文化关系，我们可以透过猎民社会的“务农”经历略见一斑。

19 世纪中叶，鄂伦春社会在周围汉人、达斡尔人影响下，个别地区开始经营一些农业。清末民初，中央政府提出“弃猎归农”政策，并强制在黑龙江沿岸的库玛尔路、毕拉尔路推行，即现在的塔河县、呼玛县以及黑河市、逊克县、嘉荫县等地。

现内蒙古地区的阿里多布库尔路的部分人口，即现在鄂伦春族自治旗境内诺敏小二沟鄂伦春人的先辈有经营农业的，但为数很少，境内其他地区的鄂伦春人从未经营过农业。史料表明，农业在猎民社会的昙花一现，一是归因于政府动员猎人“弃猎归农”，出于国家利益的考虑，目的是“收抚”鄂伦春族，通过使其“弃猎归农”而“寓兵于农”，防卫边疆，而对狩猎者能否接受和习惯农业生产，并没有加以重视；二是归因于自然条件尚能满足狩猎生产的进行；三是社会环境的不利因素，如土匪猖獗、强盗横行，马匹、物品丢失严重，生活秩序混乱，以及日本人对鄂伦春人从事农业的抵制等等。[①]

就自然环境因素而言，狩猎业在当时还有继续存在下去的条件，是政府“弃猎归农”不了了之的根本原因。狩猎是一种自然攫取经济，虽然清末以来野兽在逐渐减少，但是狩猎工具在不断改进，由使用火枪、“别拉弹克”枪发展到使用现代步枪，远距离就能准确猎取到野兽，不论是细毛皮张还是药用的鹿茸、鹿胎、麝香、熊胆，价钱都在逐渐提高。打到一架鹿茸，就能把 4—5 口之家一年的生活安排得很好，而且，他们的狩猎技术高超，不要花费多少劳动力就可以把野兽猎取到。因此，对其他生产难以感兴趣，一心为打猎而奔波。在政府的硬性安排下，有的人家虽

---

① 猎民社会尝试农业的经历可参阅：史禄国著《北方通古斯的社会组织》，赵复兴等译，内蒙古人民出版社，1984 年，第 109—138 页；《民族问题五种丛书》内蒙古自治区编委会编《鄂伦春族社会历史调查》（第一集），内蒙古人民出版社，1984 年，第 22 页；《鄂伦春族社会历史调查》，（第二集），第 51—57 页；《布特哈副总管博多罗告状文》，第 1—2 页；《东三省政略·兴东篇》；《鄂伦春族简史》编写组：《鄂伦春族简史》，内蒙古人民出版社，1983 年，第 103—104 页；《瑷珲县志》，咨祥文放下游生计地事竣由；《鄂伦春族调查材料之十一》，第 149—153 页；《鄂伦春族调查材料之三》，第 40—41 页；《鄂伦春族调查材料之三》、《鄂伦春族调查材料之六》、《鄂伦春族调查材料之十一》，农业部分；内部印刷；万福麟修，张伯英等撰《黑龙江志稿》，民国二十一年印本。

然开了大片荒地，并购置了全套农具，但是一旦歉收或因为其他原因，如被抢、被盗或发生疫病，他们会很轻易地把土地和农具全部扔掉而进山打猎。20 世纪 50 年代政府组织的民族社会历史调查中，老人们一致说，民国时期野兽比现在多(指 1963 年)，尤其是狍子更多。那时打狍子即使有时一天打不着，但几天内必定能打着。打到的狍子除自己食用外，还可出卖。一只整狍子可卖三元钱，能换一袋面粉。靠打猎依然能解决吃粮、穿衣等生活问题，所以“弃猎归农”没有成为猎民的迫切需要。[5~6]

缘起于一个民族先赋之历史命运，一个民族采取的生存技术，是适应特有环境的选择，并决定了文化各个层面的性质并使其成为有机的整体。我们看到，从 1953 年新中国政府组织猎民定居建村、现代化进程的扩散而引发的狩猎生产转型问题——弃猎务农或弃猎从事其他经营，这个持续了近一个世纪的问题，至今仍然没有得到真正的解决。与以往截然的区别可能在于，不是因为自然环境社会环境尚可维持传统生计的回旋，而是狩猎—简单文化遭遇急剧变化了的环境时适应能力和社会环境中存在的“适应限度”问题所致。

二、简单文化特点及已经表现出的文化适应问题

鄂伦春民族适应大小兴安岭地区地大物博，动植物资源丰富，地处偏僻、封闭，人口稀少，周围少有其他文化存在和影响等特有单一的环境的结果，形成为具有人口相对较少，生产方式和技术、社会组织、观念形态相对简单的简单文化—狩猎文化。

如上所述，鄂伦春人自古以来以狩猎为生，因为他们所在的原始森林里，生长着各式毛皮动物与鸟类、植物，河里鱼很多，只需足够的时间就能满足他们的最低需求并提供充足的食物。这种直接陷入谋生活动的情况产生许多后果，而最大的后果是鄂伦春人要依赖大自然。狩猎生活中的“狩猎”是文化的核心，社会生活的展开——包括家庭结构、社会组织、观念形态，都是围绕能否或怎样能够猎获到足以维持生存的动物而选择设计的。围绕生存，不仅关系到人与人的社会秩序如何构建，也事关人与动物的关系如何安排。如在处理人与动物的关系上，动物是活的，有自己的习性、能量和生命周期，猎人在与动物角逐中首先要

了解动物。有些动物人是敌不过的，因此，人要让过它们，并在信念中给予一个合理的解释，显示出这样做的道理。

因为生存直接依赖动物资源，长期下来形成为制度、习俗和观念，整个社会都清楚什么时候该打什么，不该打什么。如：不打正在交配中的野兽，以使动物繁衍后代，使动物资源更加昌盛；不打鸿雁、鸳鸯，因为它们成双成对地生活在一起，如打死一只，另一只就会孤独地死去。认为打鸿雁、鸳鸯会破坏动物的夫妻生活，也不利于它们繁殖。而保证动物的繁殖，即赢得了自己的食物来源。悠久的狩猎生活，形成了与狩猎对象——动物，也包括植物的共生关系。1915 年至 1917 年期间，曾几次深入鄂伦春地区和使鹿的鄂温克地区的俄国学者史禄国，对鄂伦春人与周围动物界的适应和共生，以及这种共生得以维持的条件，有过令人兴奋和信服的描述和分析。[4]

就鄂伦春族而言，对自然条件——动植物资源富集程度、游猎地域的足够广大、人口的相对稀少、社会环境的相对单纯的依赖，使他们的生存保障变得极为脆弱。

史禄国也认为，事实上狩猎文化的演变历史也表明，以上我们所观察到的人与动物的这种关系，只能存在于人口非常稀少的情况下。人口如果众多，与动物之间的关系就会有所不同。如果周围的异族人口增多限制了狩猎区域，剥夺了鄂伦春人狩猎权利，那么同样的情况也会发生。“因为只要外来人口不变，就不得不承认通古斯人对他们狩猎地区的权利。汉族猎人进入这一地区后，将要改变动物与通古斯人之间存在的平衡，因为汉人不了解现存的规则，占据属于动物和属于通古斯人的地区，而不承认那些动物或通古斯人的权利。动物将不相信这些新来的人，将同他们斗争，以后准备迁走。这就是在这样一个长期存在着某种平衡的地区人口过剩时，将发生的事例。”[4]史禄国的鄂伦春地区调查是在 1915—1917 年，而他预见的准确性，不断被以后数十年鄂伦春族狩猎文化衰落的事实所证实。

这一点我们不难理解。我们看到那些远古文明——简单文化，即使在其鼎盛时期的发展，也只能局限于它们所处的既定区域中。简单文化的突出特点，是对土地及自然资源的依赖，而这种依赖，使他们的生存保障变得极为脆弱。

简单文化容易受环境的限制，适应急剧变化环境的能力较差。此一理论，文化优势法则给予了一些解释。文化优势法则表明，一种文化的发展，必须具有对更大范围里各类环境的更强的适应能力，并对这些环境中的资源具有更高的利用水平；那些在既定环境中能够更有效地开发能源资源的文化系统，将对落后系统赖以生存的环境进行扩张。

较高的文化形态，我们所理解的与“简单文化”对应的“复杂文化”，具有支配或取代较低文化形态——“简单文化”的倾向。它的支配优势在于，它比较低文化形态能够更有效地开发更大范围的能量资源。较高形态相对地“不受环境控制”，即比较低形态适应更多的环境变量。而文化所征服的能量和栖息地越多，人类对命运的掌握便越感自信。[7]因而，与简单文化对土地及自然资源的直接依赖不同，复杂文化具有的文化优势，使其生存保障变得相对牢固。

一种文化的优势，与文化异质性水平成正比。变迁是所有文化的特点。“影响一个特定文化内部即将发生变化的方式的那些因素，就是一个文化鼓励和赞许机动性的程度如何；该文化在一个特定时期的特殊需求是什么；以及可能最重要的一点是新的因素与既有的文化母质之间‘适合’程度如何。”[8]在这里，“一个文化鼓励和赞许机动性的程度”，直接取决于文化异质性水平。一种文化具有的“文化异质性”，是指一种文化在吸收多种文化基础上获得的适应能力。构成这一文化的因素和组织，这种文化的特色和特长，不是单一的、脆弱的，而是多元而坚韧的，具有很强的适应和转型能力。与文化异质性相对应，一种文化主要显示出“同质性”，是指这种文化性质简单、单一，意味着吸收异文化的可能性比较小，文化适应和转型能力比较弱。

对此，不乏实证分析。如有研究指出：我们能从许多民族志报告上看到，族群之间互相学习耕作方法的事很多，然而，“安哥拉移民没有采用汲干水的方法去耕种湿地和咸水湖地，尽管他们常常占有适于种冬季玉蜀黍的地。实际上，报告多次指出，安哥拉人部落对于这类很好的土地未加利用。他们为什么不利用呢？看起来原因在于他们的传统力量，一种保守的力量。尽管这种力量非常重要，但有时常阻碍他们有效地适应环境，或是在可能选择一条新路时，迫使他们走原来的路。”[9]这是说简单文化受制于文化同质性，文化性质单一，吸收异文化的有益部分、选择的范围极为有限。他们在外人看来的机会来临时，他们不能迅速地抓住机会。

文化异质性使文化成长更具有保障。这一点，可以从简单文化对异文化吸收中失利的事实得到启示。

我们看到，文化传播中，没有一种文化成分是原封不动地扩散的。面对接触到的异文化，接受者无一例外地要挑选，他们往往“只接受这种文化中使他感兴趣，并能适应他自己对事物的看法和根据他的构思加以改造的某些成分。……每个人都在选择、曲解和重新创造外来的文化。但是这种改造并不破坏扩散这个事实。”问题在于，简单文化由于文化异质性水平的局限，他们在借用中事实上往往失利。如“某些古代勘探者在澳大利亚寻找金矿时，给当地的土著人灌输他们关于死亡和制作木乃伊的一些看法，以后这些土著人不再关心他们国家的金矿，却接受了对死者进行防腐处理和与之有关的祭亡仪式。这些土著人忽视了最吸引他们的行业，却接受了无用和无益的习俗”。[10]就采取传统狩猎生存方式的鄂伦春族而言，因简单文化所具有的文化优势、文化异质性方面的问题而引出的与社会环境互动中的文化冲突，与异文化交流、吸收中的失利现象也是存在的。

（一）发放“地照”和鄂伦春人的土地观

接续上述政府组织鄂伦春人“弃猎归农”——从农经历的回顾，1915年民国政府根据《生计地移垦章程》，在逊河以北奇兴社拨出荒地两万余垧（经实地丈量为1600余垧）①，作为毕拉尔路和库玛尔路鄂伦春人的生计地。各县都成立了集垦局，到各地丈量土地。凡是垦种三年的土地，要在丈量后发给地照。统治者丈量土地，发放地照，目的是以此来确定各户土地所有权，以加强鄂伦春人的土地私有观念，以便更好地把他们固定在土地上。然而，鄂伦春人对土地没有形成私有观念，从来没有把土地看作是“乌力楞”的、自己氏族的或个人私有的。他们

① 《瑷珲县志》，请派员分下游生计地议。

认为土地是“老天爷的”，头脑中没有希望拥有并死守住某一块土地的概念。这一土地观，表现在他们对政府发放地照的态度上。

据记载：民国初，毕拉尔鄂伦春经营农业不久，政府在逊河成立了集垦局，专管开荒、丈量土地和发放地照。发放地照，标志着土地所有权的确立。土地成为私有财产以后，在毕拉尔路，个别户有出卖土地和用土地抵债的。如莫丁星格在双河镇开垦的土地，在他搬到松树沟去时就卖给汉人了。用土地抵债的事，在浦拉口子和干杈子都发生过。但在鄂伦春族内部，还没有发生土地买卖的事。在这个地区，从总的情况看，出卖土地和用土地抵债的还不多，相反的倒是在搬家或不再从事农业时，把土地撂荒了的较多。撂荒地过几年被别人耕种了，他们也不再去追究。[11]政府的意图是通过发放地照，用拥有土地的好处吸引他们固定在土地上，然而对鄂伦春猎人而言，他们似乎不太明白占有一块土地究竟有多么重要。

他们之所以“这样”，有其必然性。除了土地观问题，还涉及到文化的其他层面。在当时，他们居住的地方地广人稀，到处都有肥沃土壤，随处可以开垦种植。开垦新荒并不比耕种熟地费多少事。他们在土地上加工很少，即使是熟地，除土地比较松软外，也无太大差别。况且熟地种过多年后，地力减弱，又没有施肥的习惯，也需要更换土地。所以，发放地照，在鄂伦春族特有的地理条件和狩猎文化环境下，他们仍然很随意地就举家迁移，而迁移的最终结果还是上山狩猎。即便名义在务农，实际还是狩猎，一些人家种地离不开汉人的指导，一些人家替他们务农的是雇来的汉族或其他民族的人。

（二）与外界交换中的文化弱势和蒙受的损失

17 世纪中叶以来，鄂伦春族的对外交换对象，包括官方“谙达”、商人以及日伪政治压迫下的经济压迫。考察这种“交换”史，存在三个明显的特点：表现为很强的政治色彩；狩猎文化因其简单性而表现出某种弱势，蒙受损失；存在丰富的文化交流。

因简单文化特点而在对外交换中的文化弱势和蒙受的损失表现在，不论是行商、坐商，还是金矿、林木经营者，都以各种办法欺诈、掠夺鄂伦春人。这主要是因为商人知道，鄂伦春人既缺乏商品价值观念，又对市场行情很陌生，对自己的猎品哪种值多少钱，也心中无数，而且，又很讲义气、看中面子。

在当时，不论是行商还是坐商，同鄂伦春人的交易，都是以货币论价。价格确定后，以货换货，从不用现金。只是当猎民出卖鹿茸，买够生产生活资料后还有剩余时，才找给一些现金。问题是，在鄂伦春人中，除个别人外，没有积累和保存货币的，而且绝大多数人也不识钱数。同商人交换时，商人让他们要价，他们要得高，商人说不值那么多钱。商人还价时，一般都将价钱压得很低，最后只好按商人给的价出售。所以，所谓以货币论价，实际是商人单方面的事。

（三）氏族组织的松散与权利争取

鄂伦春族的“穆昆”“乌力楞”社会组织，具有明显的组织结构松散这一简单文化特点。氏族是由同一父系祖先所传下来的、具有血缘关系的人群组织。这种父系氏族公社，贯穿着民主、平等的精神。在部落内部，由两个或两个以上互相通婚的氏族结成的一个部落，他们在一定的河流范围内游猎。由于狩猎生产的特殊性，一个部落在生产上的联系十分薄弱，一般都是以三五家——八九家为单位的“乌力楞”进行生产生活。两个“乌力楞”的狩猎者只有在猎场相遇时，才有可能联合起来进行狩猎。尽管地缘“乌力楞”打破了以血缘为纽带的家庭公社，然而，鄂伦春族各氏族之间的交往面仍然是十分有限的，基本是发生在一个部落内部人员、家庭之间。而跨部落、跨地区的交往还非常少。

在氏族内部，各个乌力楞之间，在周围没有其他群体政治、文化上的很大压力，游猎的生产、生活方式决定“乌力楞”之间不存在密切经济联系的情况下，氏族首领“穆昆达”的权力，实际上比较空泛。各流域之间，日常联系更是比较少，这表现在不同流域的各有一些方言，而一些氏族之间还存在着程度不同的偏见。如某个流域的人认为另一个流域的人普遍生活拖沓，不甚讲究卫生等等。

以上氏族组织特点表明，鄂伦春社会没有现代意义上的领袖，没有常设的管理机构，没有政治官员。问题是，以氏族为单位的认同，组织制度的松散，极大地影响了作为民族（族群）的建构，形成高度一致的内聚力和社会动员。这在地广人稀的环境中能够维持生存，一旦外部社会环境发生巨大变化，需要组织起强有力的民族动员以抵御外部压力时，便往往容易被分化，导致文化解体。甚至至今一些鄂伦春人的氏族、部落认同意识，仍然高于民族认同意识，社会交往圈习惯以“是哪个流域的”划分，甚至渗透到政治资源分配。凡此种种，影响着民族社会动员并直接影响民族共同利益、权力的争取。

三、20世纪中叶以来的环境巨变、文化断裂与生存困境

从某种意义上说，从事传统狩猎生产的鄂伦春族的生存问题、文化变迁问题，是由定居、国家对当地自然资源的开发、当地自然环境、社会文化环境发生巨大变化而引起的。

狩猎文化的延续受环境的直接控制和左右，如果人口密度达到一定程度，森林资源开发达到一定水平，狩猎生产失去了回旋余地，那么狩猎文化自然演进过程的断裂，狩猎文化的衰落，将是难以避免的。而文化的载体是民族，民族是由人群构成的，因此，一种文化的衰落，实际上即意味着作为这种文化主体的人和人群的生活出现重大危机。

新中国建立以来，随着其所处自然环境和社会文化环境的变化，传统狩猎生产、生活方式向农业、多种经营等产业的转变一直是鄂伦春族生存发展问题的焦点。环境的变化，要求他们必须进行转变。这是问题的一个方面。另一方面，鄂伦春族传统狩猎文化，是适应所在自然环境和社会文化环境的产物，面对环境的急剧变化，传统文化所具有的简单文化的特点又束缚了鄂伦春族适应新环境的能力。另外，同时还存在一定程度的“适应机会”、“适应限度”方面的问题。正是在这些复杂因素的作用下，在主体社会现代化进程和环境的进一步变化中，他们表现出很强的不适应，呈现出某种依附性生存、断裂式发展的态势。

（一）1954年以来国家对当地自然资源的开发、现代化进程的推进、鄂伦春族生存环境的变化

大小兴安岭亘古未曾开发的原始森林与外界基本隔绝的社会环境，给鄂伦春族提供了使狩猎文化得以延续的生存环境。新中国建立不久，国家即开始开发鄂伦春族聚居的大小兴安岭地区的森林、土地资源，现代化进程在这里开始全面推进。以内蒙古自治区为例，1954年

国家在鄂伦春自治旗境内筹建森林经营局，1958 年 4 月改为林业局。1964 年后实施开发林区大会战，在该旗境内先后建成了内蒙古自治区所属内蒙古大兴安岭林管局直辖的 6 个县团级林业局。这些林业局占地 4912832 公顷，占全旗总面积的 80%以上；1990 年林区居民超过 10 万人，占全旗总人口的三分之一强。从 1965 年开始，在该旗宜农的近百万亩荒原上，先后建立了内蒙古自治区所属大杨树农场管理局（1998 年后改称大兴安岭农场管理局）所属的 8 个农场。1990 年，农场施业区面积 1904 万亩，人口 5 万多人。各林场、农场均形成包括商店、医院、中小学校、邮电系统等设施齐全，人口、地域规模不等的社区，分布在自治旗境内包括 4 个猎民乡镇、6 个猎民村在内的全旗 8 镇、4 乡之间。作为林区开发的遗留问题，在自治旗境内，还有版图属于自治旗行政归属黑龙江省大兴安岭地区行署的加格达奇区和松岭区。两地人口 16.1 万（988 年）占地 18190 平方公里，为全旗总面积的三分之一强。

随着大兴安岭林区的开发，国家修建的伊加线（伊图里河——加格达奇）和嫩林线（嫩江——古莲）铁路，在自治旗境内通过四百多公里。这条呈 T 字形的钢铁纽带，把自治旗大部分乡镇由西向东、由北向南地连结起来。111 线国道、0501 区干线、林业运材公路和垦区农业公路总长 1382 公里，形成四通八达的公路交通网络。另外，新中国建立后，国家行政管理体制在当地的全方位配套落实，也成为这个地区人口和社区的来源之一。

以上述自然资源开发为主要内容的社会主义现代化建设事业在鄂伦春族聚居地区的推进，给鄂伦春族社会环境带来的变化，主要体现在以下三方面：

1. 鄂伦春族人口与异民族人口数量结构的变化

如上所述，来自行政分配的干部、职工及其家属，随着国家开发资源进驻的林业、农业干部、职工及其家属，铁路职工、森警、边防部队，大量的盲目流动人口等，根本改变了鄂伦春族与异民族在当地的人口数量比例。统计显示，1953 年至 1990 年 37 年间，鄂伦春自治旗境内人口由 946 人增至 293846 人，增长 311 倍，年递增 84 倍；鄂伦春族人口由 797 人增至 1858 人，增长 2.33 倍，年递增 0.06 倍。1953 年鄂伦春族占当地人口比例 84%，1990 年为 0.6%。这主要是 1954 年开始的林区开发进驻的移民。

2. 鄂伦春自治旗境内社区数量结构的变化，鄂伦春族猎民社区的外围社区

随着大小兴安岭森林、农业等资源的开发，大量人口的迁入，国家行政体制的推行，自治旗的行政辖区，由 1951 年自治旗初建时以鄂伦春族人口为主体的 3 个努图克增至 1998 年的 8 镇 4 乡、68 个村民委员会、253 个自然屯。此外旗境内外在驻的 6 个林业局及其下设的 45 个林场规模不等的社区，6 个农场以及基建工程公司、煤矿等 18 个处级部门的社区，在当地占有相当的规模。例如被当地人称为“小香港”的大杨树镇人口规模仅次于旗政府所在地阿里河镇，它东至古里乡，北接乌鲁布铁镇嫩林线铁路通过镇辖区 186.41 公里，有国家 111 线等 10 条公路 532 公里，是进入全旗 4 个猎区乡镇的必经之地。镇内驻有大杨树林业局、大杨树农场管理局等市、旗、镇三级所属企业五十多个，是该旗东南部经济、金融、贸易和文化中心。

上述社区的出现，根本改变了鄂伦春族传统的生存环境。如果说鄂伦春族定居前传统的以血缘和地缘为纽带形成的、以相对的猎场（流域）为地域的生产、生活单位“乌力楞”具有某种“准社区”的性质，那么当前鄂伦春社会的基本社区——4 个猎民乡镇、6 个猎民村以及外驻单位、临近社区的大致分布状况则构成当代鄂伦春族所处的社会环境。1998 年笔者在黑龙江省大兴安岭地区塔河县十八站猎民村和呼玛县白银纳猎民村了解到，这两个社区周围也有部队、铁路、林场、农场、建筑工程队等各种类型的社区。这些社区人口结构复杂，他们当中既有当年的下乡知识青年，从外地调来的干部、职工，也有大量逃避所在地生存困境的流动人口；既有几乎整个村屯一举迁移来的异族村屯，也有逐渐形成的以一、两个民族人口为主的村屯，而汉族移民形成的村屯占绝对优势。这些临近社区的一些方面，如人口数量、体质、技能、观念，与猎民社区反差很大。调查中发现，具体到每个个人之间的生存竞争，鄂伦春族猎民往往处于观念上、体质上、技能上的弱势状态。鄂伦春族

的大量社会问题表明，与外界的这种互动及竞争态势，已形成某种程度的民族自我认同困扰和社会失序。

3. 自然资源条件的变化

依据上述鄂伦春族人口与异民族人口数量结构的变化与比较、社区结构数量的变化、鄂伦春族猎民社区的外围社区状况、盲目流动人口的数量和迁移情景取向的事实及分析，可以断言，鄂伦春族传统自然环境的改变将是不可避免的。这种改变目前集中表现在两方面：第一，森林、土地、动植物等自然资源日益匮乏，水文、气候、植被等地理条件恶化；第二，鄂伦春族自然资源使用范围的大幅度减少。或许正是因此而使鄂伦春族传统狩猎辅之以采集、捕鱼的生产难以为继，从而引发转产以及国家帮助、扶持政策的长期实行。

（二）当代鄂伦春社会因环境巨变带来的问题集中反映在生产方式转变面临的困境方面

除自身文化传统、体质、农业生产技能等原因外，鄂伦春族新一轮农业生产实践面临诸多复杂的外部环境条件。如上所述，国属林业局、农场局的众多社区、施业区、“加松”两地的占地面积，在自治旗总土地面积中已占绝对比重，鄂伦春族的可生产空间已十分有限；鄂伦春族猎民开发土地较晚，从60年代初期便开始进驻的林业局、农场局、与日俱增的流动人口对当地土地资源的开发较早，优良的耕地大都已被开垦，余下的多是生产能力低下的山坡、洼地；长期滥砍滥伐、水土流失造成耕地面积减少、气候条件恶化、自然灾害增多；国属林业、农业企业和地方条块分治引起周围林场、农场与猎民开地发生的土地边界、使用权益的纠纷；近几年当地“开荒竞赛”兴起，林场、农场职工因企业不景气也想办法开荒种地，周围异族社区农业生产、发家致富热情高涨，一些投机商巧取豪夺，挥之不去的盲目流动人口怀着一腔的发财梦前来淘金；国家退耕还林、天然林保护工程的实施与猎民禁猎转向农业需要扩大耕地面积发生冲突。如当地林业部门开展退耕还林工作，在猎民世代使用的大片草场实施“水湿地”改造种树，因为缺乏科学论证，结果不仅挤占了鄂伦春族的生存空间，种下的树苗也难以成林。凡此种种，均构成对鄂伦春族以尝试农业生产为主的生存竞争的压力。概括而言，鄂伦春族目前的农业生产，除少数家庭有独立经营能力外，总体上是出租土地，自己并没有亲自务农，掌握农业生产技能。租地者多为汉族盲流以及附近林场、农场职工。当地习惯按农业经营状况，把鄂伦春猎民家庭分为“大户”、“租地户”(中等户)和“困难户”。“大户”指家庭农场主，雇工多，收入多；“租地户”指自种少量，大部分出租，在当地被视为温饱型的家庭。然而，他们的实际收入差异很大。“困难户”只有少量土地或无地，少量土地往往出租，无地的直接原因是无能力种地。这样的家庭一般由老弱病残或鳏寡孤独者组成。“大户”、“租地户”、“困难户”在一个猎民村的分布结构为中间大，两边小。[①] 这不仅表现在从农后的土地经营方式上，而且可以说，在既定的条件下，在这个过程中(由猎民向农民的转换)他们表现出的与外界很大程度的依附性关系现象是意料之中的。这种依附性包括对周围异族人力、技术、资金的依赖，和对政府各项生产、生活优惠政策的依赖。

定居五十多年来鄂伦春社会引人注目的一道风景就是其生产方式的频繁调整，就是其传统狩猎业难以为继后何以为生所引发的困扰。而生产方式的频繁调整，除受国家政治气候变化、经济政策的影响外，与周围环境的关系亦十分密切。如黑龙江省呼玛县白银纳鄂伦春民族乡 1991 年以林为主生产方针(所谓“以林为主”，是指争取到的在临近国营林场的清林生产)的动摇，清林生产的没落，1995 年扶持农业政策的出台，其主要内幕是：除林业市场不景气外，还因为清林生产后期，鄂伦春族参加清林生产者，有的因不愿意干或体力差等缘故，多转包给周围工程队职工、企业下岗职工、盲流等。但是这些人中，有的往往只

---

① 这一部分的分析依据作者实地调查的第一手资料。1998 年至 2003 年，笔者曾三次、历时近半年对鄂伦春族聚居地区进行田野调查。分布于内蒙古自治区、黑龙江省的鄂伦春族 15 个猎民村中，笔者走访了 11 个猎民村，并对其中若干猎民村进行了接续调查。具体调查情况为：第一次是 1998 年 7—9 月为完成所主持的国家“九五”社科基金项目：“现代化进程中小民族发展问题及政策研究——以鄂伦春族为例”而开展的调查。课题结题成果《狩猎民族与发展——鄂伦春族社会调查}2002 年 5 月由内蒙古人民出版社出版。第二次是 2000 年 7—8 月为完成由费孝通先生担任学术顾问的国家民委、北京大学、中央民族大学的联合项目“中国人口较少民族经济社会发展调查研究”而进行的实地调查。第三次是 2003 年 9—10 月为完成人类学专业博士论文而进行的田野工作。

求经济效益，不按林业部门清林生产规范操作，有的竟然把母树伐倒挣钱，致使地方林业局一方面要给清林者开工资，一方面又要受上级林业部门处罚而无法验收交差。另外，一些人想方设法开出“鄂伦春族”的身份证明参加清林生产，而使清林生产出现混乱局面。无奈之下，林业局从 1996 年开始以每年 100 万元作为收回清林生产补偿金发给十八站、白银纳猎民乡(两乡各 50 万)。或许，鄂伦春猎民一些人的体质确已不宜从事重体力劳动，或“吃不了苦”而对清林生产厌倦，又恰逢林业不景气，恰逢众多的可供选择的代为清林者，再加上转农生产中与外界的互动与冲突，这些似乎在表明一个事实：这个民族被外界巨大的力量包围、裹挟着，已经身不由己了。

1996 年，鄂伦春族自治旗政府宣布包括境内鄂伦春族在内的人口一律禁猎。为什么要禁猎？据在当地了解的情况，政府是出于两方面的考虑：一是为了保护当地的生态环境。当地人口的剧增，长期的滥砍滥伐滥猎，已使自治旗境内的动植物资源遭致严重破坏，树林消失、物种减少，传染病和水灾、冰雹等因气候、生物链的破坏而增多。为了遏制这种严重局势，所以提出禁猎。而鄂伦春族作为传统狩猎民族，享有合法持枪的权利。但是照顾到国家总体利益，也是意在发挥自治民族的带头作用，所以猎民的狩猎枪支也统一由政府收上来统一保管。而其他人口的枪支则要没收，而不许收藏。另一个考虑，是希望通过禁猎，促使猎民彻底告别基本已无什么收入的狩猎业，集中全部精力从事农业等其他谋生出路。禁猎后，猎民在政府的有力扶持下，大规模转向农业生产，兼顾多种经营。各个乡镇因气候、发展基础、人口等因素的不同，情况不尽一致。但是普遍情况是，给他们地种，但是他们把地转租给汉族去种或是找打工的汉族来种，绝大部分人口靠吃地租和国家的护林员工资、低保补助等其他补助生活。所谓农业大户只占猎民人口的极少数。黑龙江境内的鄂伦春族尚未禁猎，但是狩猎业收入已微乎其微。6 个民族乡镇的鄂伦春族也是以农业为主，同时兼顾种植、养殖等。但是猎民社会分化严重，总体而言，还没有形成从心理上接受、技术上过硬、体质上能够负担农业劳动的局面。

自 20 世纪中叶定居之后，鄂伦春族数十年的经历，特别是近十年来各个地区社会发展的主要经历——事件、过程、结果，导致以下几方面的问题：第一，尽管生活在内蒙古和黑龙江省两地以及同一地区不同乡镇，在环境、历史演进、与外界文化交流程度上存在某种程度的差异，但是共同呈现出传统狩猎文化技术以及由此引起的组织、观念等层面的文化适应问题。这主要体现在因禁猎而普遍转向农业生产后发生的社会分化。第二，环境剧烈变化引出的问题，已经超出了文化适应范畴，即社会环境带给他们的“适应机会”、“适应限度”问题。考察鄂伦春族在发生巨变的社会环境中的生存史，我们有必要指出一种现象，即定居五十多年来鄂伦春族所经历的生存困境，并不完全是他们不能主动适应变化着的环境，而是环境没有提供给他们改变自己和适应环境的足够的时间和机会而造成的。主流社会大的发展计划、政治运动、社会风气使鄂伦春族缺乏使某种产业得以形成、巩固和繁荣的时机，缺乏使狩猎文化技术、组织、观念等各个层面向现代化实现平稳转型的时机。第三，鄂伦春猎民现时期生计问题以及未来前景，既受制和取决于传统文化简单性因素与复杂环境的互动，同时也受制和取决于五十多年来积累的体质、财力、观念、信心状况和可能的转机。对新的生产技术的掌握，是决定今后鄂伦春族产业前景的至关重要的因素，或者说，若希望找到鄂伦春族得以稳定持续发展的产业类型，取决于内外两个方面的条件：内部条件是鄂伦春族是否习惯于或胜任于新产业；外部条件是所在地区政府是否能够根据实际，科学决策，找到适合于鄂伦春族的产业，管理体制、社会环境是否可能保证他们从事新的产业。

四、结论

1. 生态人类学视野的对清以来大小兴安岭地区环境与鄂伦春狩猎文化互动历程的个案研究表明，历史上与外界接触很少，长期生活于一种比较单一的自然环境中的小民族，它们的传统文化是一种简单的文化，而小民族的生存问题，主要是由外部环境急剧变化而他们的传统文化不能有效适应而引起的。当小民族周围的自然环境与社会环境发生急剧变化时，它们传统的、简单的文化和社会组织无法进行迅速的调整和有效的适应，必然发生生存的危机和发展道路迷失的问题。简单文化在与复杂文化的接触中，尽管文化借用、传播等文化变迁的一般法则仍在发生作用，但是由于简单文化产生于比较单一的环境，缺乏复杂文化多元、多层面、异质性强的性质，因此，面对急剧变化的新环境，传统文化所具有的简单文化的特点，又束缚了小民族适应新环境的能力。

2. 鄂伦春族的生存发展问题，多是由于在外部压力影响下发生的急剧文化变迁引起的。问题的原因不仅在于简单文化适应能力的大小，还在于不合理的森林、土地等自然资源开发，外地移民和盲目流动人口的巨增，国家发展鄂伦春族理念上文化理解的欠缺，发展计划的全国“一刀切”，主流社会政治运动、社会风气等大的社会文化环境的影响。这一切使鄂伦春族缺乏相对稳定的生存环境，缺乏使某种产业得以形成、巩固、繁荣的时机，缺乏使狩猎文化技术、组织、观念等各个层面向现代化实现平稳转型的时机。相对稳定的社会环境的缺乏，使他们没有得到相对稳定的适应时间，没有机会发挥出他们的适应能力，而严峻的生态与社会压力，使他们在消极被动中沦为社会边缘和依附性群体。因此，小民族的生存状况是对国家政治文明的一种挑战，也是对人类基本权力的一种挑战。

3. 鄂伦春族的生存发展和未来前途取决于社会文化环境。为什么包括鄂伦春族在内的那些秩序井然且不乏人间欢乐的狩猎、采集社会如逝去的黄昏？为什么他们的生存发展和未来前途依然引人注目？通过考察鄂伦春族狩猎文化衰落的过程和经历，可以看到，小民族目前的生存问题，更多是外界因素引起的。尽管小民族适应环境变化的能力不一，但是总的来说，他们的现实生存和未来走向，在很大程度上决定于现代社会构成的环境变量的影响。要为小民族创造生存下去的客观条件，首先是保证小民族用来适应新情况的时间，第二是保证他们生存发展的自然资源和活动空间，第三是通过尽可能地延续他们的语言、艺术等来增强他们的文化自豪感。最后，至关重要的是，外部世界欣赏并重视他们的文化和对主流社会的贡献。

许多学者通过总结小民族社会与较发达文明间的接触史，希望能够回答世界上怎样才能避免失去小民族文化的最后残迹问题，希望能够回答何种做法能带动小民族繁荣、如何引导小民族文化适应变化了的环境的问题。透过历史理解现在，将当前的事件深植于它们的历史脉络中，可使我们对它们的了解更为丰富。

本文根据作者发表于《满语研究》2007 年第 1 期《清以来大小兴安岭环境与狩猎文化的生态人类学观察——鄂伦春族个案（上）》与 2007 年第 2 期《清以来大小兴安岭环境与狩猎文化的生态人类学观察——鄂伦春族个案（下）》综合而成。

参考文献：

[1] 周大鸣. 迈向 21 世纪的中国人类学[J]. 新华文摘，2006(12)：81.

[2] [美]唐纳德·L. 哈迪斯蒂著，郭凡，邹和译. 生态人类学[M]. 北京：文物出版社，2002：1.

[3] 费孝通. 民族生存与发展——第六届社会学人类学高级研讨班上的讲演[J]. 民族社会学研究通讯，2001，(26).

[4] 史禄国. 北方通古斯的社会组织[M]. 呼和浩特：内蒙古人民出版社，1984：21-35，64-65，475.

[5] 鄂伦春族调查材料之六[Z].

[6] 鄂伦春族调查材料之十一[Z].

[7] [美]托马斯·哈定著，韩建军，商戈令译. 文化与进化[M]. 杭州：浙江人民出版社，1987：31-61.

[8] [美]咸廉·A. 哈维兰，王铭铭译. 当代人类学[M]. 上海：上海人民出版社，1987：558.

[9] [英]雷蒙德·弗思著，费孝通译. 人文类型[M]. 北京：华厦出版社，2001：41-45.

[10] [英]G. 埃利奥特·史密斯著，李申等译. 人类史[M]. 北京：社会科学文献出版社，2002：26-27.

[11]《民族问题五种丛书》内蒙古自治区委员会编. 鄂伦春民族社会历史调查[Z]. 第二集. 呼和浩特：内蒙古人民出版社，1984：51-52.

狩猎经济文化类型的当代变迁

——鄂伦春族、鄂温克族猎民生计调查*

王俊敏①

摘　要：进入21世纪不久，随着中国最后一个狩猎部——敖鲁古雅鄂温克民族乡猎民的整体生态移民，狩猎—采集作为一个独立的经济文化类型，在中国悄然消失了。这一文化变故，不仅对于当事民族来说是头等大事，而且对于整个中华民族的文化生态系统来说，也应该具有不小的震动。通过鄂伦春族狩猎文化经济类型的当代变迁、敖鲁古雅鄂温克民族乡生态移民、吉登嘎查鄂温克族猎民村弃猎转牧三个个案的调查，展现出狩猎经济文化类型所走过的坎坷道路和猎民目前的困难处境，并探讨成功弃猎转牧的条件和途径。

按照上个世纪的讲法，中国的狩猎—采集经济文化类型包括讲阿尔泰语系通古斯—满语族诸语言的赫哲族、鄂伦春族及部分鄂温克族，分布在东北大兴安岭的森林地区及黑龙江、松花江、乌苏里江的交汇处。进入21世纪以后，随着中国最后一个狩猎部——敖鲁古雅鄂温克民族乡猎民的整体生态移民，狩猎—采集作为一个独立的经济文化类型，在中国悄然消失了。这一文化变故，不仅对于当事民族来说是头等大事，而且对于整个中华民族的文化生态系统来说，也应该具有不小的震动。对此，我们有必要沿着狩猎经济文化类型所走过的道路，去反复

---

* 此次调查的主持人是何群研究员，参加者有乌力吉副教授、何文柱先生。

① 王俊敏，男，内蒙古翁牛特旗人，苏州大学社会学院教授，主要研究方向为环境与社会、族群关系、社会理论。

探寻和追思。

1998年7—9月，笔者作为主要成员参加国家社会科学基金项目课题《现代化进程中的小民族》调查组，曾赴内蒙古和黑龙江的鄂伦春族地区进行实地调查。当笔者承担国家社会科学基金项目课题《经济文化类型的互动、变迁、重塑与区域—民族可持续发展》的研究任务后，于2003年8月再次走访内蒙古鄂伦春族地区。同时正值内蒙古根河市对敖鲁古雅鄂温克族猎民实施生态移民，这是一次难得的实地调查机会。随后又走访了内蒙古鄂温克族自治旗吉登嘎查猎民村。这个调研报告就是在原有文献研究和实地调查的基础上，主要根据最近一次调查材料写成的，其中包括三个分报告，同时也是三个个案：

1. 鄂伦春自治旗鄂伦春族狩猎经济文化类型的当代变迁调查
2. 敖鲁古雅鄂温克民族乡生态移民调查
3. 吉登嘎查鄂温克族猎民村弃猎转牧调查

一、鄂伦春自治旗鄂伦春族狩猎经济文化类型的当代变迁调查

1. 从游居到定居，再到城镇化

近半个世纪以来，各种经济文化类型发生变化最大的莫过于狩猎—采集型。

鄂伦春族的狩猎经济文化类型变迁首先是从居住方式开始的。鄂伦春族的定居早在清末民初就做过尝试，但维持了10余年便失败了。第二次定居，黑龙江省鄂伦春族实现于1953年，内蒙古自治区鄂伦春自治旗的鄂伦春族开始于1954年，完成于1958年。这次定居的目的是使鄂伦春族摆脱落后和人口数量下降的严峻形势，以便迅速赶上全国的发展步伐。

在农业文化占主导地位的社会，人们一般倾向于认为，定居是农耕的专利，而与森林狩猎和草原畜牧无关，因为狩猎其实就是游猎，畜牧其实就是游牧，游猎和游牧都不可能、也不宜于定居。但事实告诉我们，森林狩猎既可以游猎，也可以定猎；草原畜牧既可以游牧，也可以定牧。其实农耕不一定非要定耕，也有游耕，一般所谓“刀耕火种”往往就是游耕。与此相对应，居住方式也就分别有游居和定居。但问题并不

如此简单还需要进一步明辨以下几点：

第一，森林狩猎文化变迁过程中一般要经历游居和定居两个阶段。事实上鄂伦春族在继续以狩猎经济为主时就大致经历了这两个阶段。可是，这确实又与猎民逐渐兼营需要定居的其他生计有密切关系，如果不是这样，森林狩猎文化中可能永远都不会有定居出现。

第二，游居和定居两个阶段不一定前后相继，其界线并非泾渭分明，互不相容。其实在相当长的时期里，游居和定居是交织共存的，或者说实际的居住方式是"半游居半定居"的方式。鄂伦春族猎民定居后，一般在山下有一个相对固定的居住点，以便在特定时间（如夏季）居住使用；在另一时间（如冬季）进山狩猎，在山上建立就地取材便于移动的"撮罗子"。这样，他们就有了两个居住点，游居和定居参半，生态、生产、生活的好处兼而有之。

第三，狩猎民和游牧民在定居转产（如转向农耕）之后的一段时间里，其居住方式大多继续维持半游居半定居格局。这也证明，农耕类型中也可以有游耕游居与定耕定居之分别和交织。1998 年我们在鄂伦春族地区调查时看到，兼农或转农的猎民由于其住所与工作场所的分离且距离太远，在农场又建起了简易住宅。

定居只是第一步，接下来鄂伦春人还要从分散居住向集中居住过渡。定居之初，确定了四条关于定居点的选择原则：第一是交通方便，依山傍水，便于鄂伦春人入山狩猎和生产、生活用水；第二是有发展农业的土质条件；第三是水质较好，防止地方病的发生；第四是距离汉人村屯较近，便于帮助鄂伦春人发展农业。[1]这些条件是定居顺利实现的保证。不过根据这些条件，定居虽有相对集中的居住，但总体上还是分散的，仍是在传统的地域"乌力楞"基础上延展的。所以，居住在一起的往往是一个"乌力楞"的，或是一个"流域"的（鄂伦春人不用"氏族"、"部落"，而习惯于按所居住的河流名称称"流域"，至今还在这样沿用着）。因为这样的分散定居与上述定居条件并不矛盾。

虽说居住点的选址要考虑到便于农业发展，但时至今日鄂伦春人居住的地方大部分都不适合于农耕，在当时还是主要适合于狩猎。非但如此，如果由于交通的发展和人口的增多而影响到了鄂伦春族猎民的狩猎，他们有的还是从原居住点搬迁到更适于狩猎的新居住点，如乌鲁布铁镇的讷尔克奇猎民村就是如此，诺敏镇的一部分猎民也曾搬迁到托河乡。[1]这被鄂伦春人戏称为“你进我退”。他们似乎在不断退避三舍，幸好广阔无垠的大森林慷慨地给他们提供着退避的余地。但是，这种余地毕竟是有限的，兴安岭林区的迅速开发，终于使他们无路可退，禁猎转产逐渐成为定势，而到今天，这已经成为唯一的选择。居住方式与经济类型终究还是要相互配合的，几十年来的居住方式其实一直在朝着狩猎经济向多种经济过渡的方向发展，而今天则再也用不着考虑是否适合狩猎经济了。

既然如此，原来考虑便于狩猎的定居原则也就逐渐失去了意义。随着教育、卫生等社会事业的发展越来越受重视，为了便于发挥教育和卫生的效益，集中办学和集中办医不仅为政府所希望，也是猎民本身的愿望。在1998年我们调查期间，鄂伦春自治旗政府正在议论将乌鲁布铁镇的朝阳猎民村搬出来与另两个猎民村集中，但考虑到历史原因和经济原因，似乎在当时还不可行。但托河乡偏僻的木奎猎民村搬迁至乡政府所在地，与西日特奇猎民村集中的方案已经确定。到2000年我们听说这一方案变成了现实。

另外，大部分猎民村正好位于其所在乡的政府驻地，其村落社区规模也就自然而然地扩大了。后来有的乡改为镇猎民村址与镇政府驻址重合，其村落社区规模进一步扩大。把乡镇政府设在猎民村，其目的是为了加强猎民村的工作，客观上则对鄂伦春族猎民的居住模式发生了深刻的影响。

鄂伦春族的居住方式的变迁也受到民族政策和民族关系的影响。在成立合作社和人民公社时，曾人为地把其他民族居民与鄂伦春族居民杂居起来，以便于经济类型的互相影响和民族之间的理解融合。“文化大革命”中鄂伦春族享受的民族政策难以落实，破坏了鄂伦春族和其他民族的关系，所以在“文化大革命”后，政府重新为鄂伦春族猎民修缮新居，民族杂居又变为民族聚居。但经过这段变化，聚居的猎民村的猎民民族成分却变得复杂起来，即出现了大量的跨民族通婚户，纯鄂伦春民族的猎民村已不复存在。

鄂伦春族的居住方式在由游居转向定居以后,其城镇化过程也随之开始了。由于鄂伦春族猎民出身的干部职工越来越多,鄂伦春自治旗的鄂伦春族人口结构目前已演变为“三三制”,即三分之一是猎民,三分之一是干部职工及其家属,三分之一是学生。后两部分人口大部分居住在旗府所在地阿里河镇或在县城和猎乡有两个住处,经常往来于两地之间。这就自然而然地展开了鄂伦春族的城镇化过程。这一过程还在继续推进。城镇化是人类居住方式的又一个阶段,是一种新的文化模式,也是现代化的综合标志。鄂伦春人的城镇化显然有自己的特点,他们不是通过工业化和商业化而达至城镇化,而是通过上学、招工、招干而向城镇聚居的,或者说,鄂伦春人城镇化的原因主要不在经济,而在政治和教育。这样的城镇化过程对于民族发展的利弊得失,还有待于进一步观察。

由此,我们看到了鄂伦春族居住方式的两条相互交织的变化路径:一条路径是“相对分散居住—相对集中居住—城镇化”;另一条路径是“与其他民族分离聚居—民族杂居—与其他民族相邻聚居—跨族通婚、民族杂居”。这种居住方式的变迁,既是鄂伦春族地区经济社会变迁和民族关系变迁的一种反映,也是其变迁的趋势。

2. 生产方针的频繁调整

定居初期,人民政府并不急于改变鄂伦春族以狩猎生计为主的状况,应该说注意到了两个经济文化类型的本质区别。但也开始引导鄂伦春族发展其他类型的经济生产,改变了狩猎—采集经济文化类型一统天下的局面。

1958—1966 年间,鄂伦春族地区的基本生产方针是“以猎为主,多种经济”。如 1958 年开始提出“护、养、猎”并举的方针。这种取向应该说是正确的,但当时正值国家开展大规模经济建设,大兴安岭林区全面开发,10 万林业、铁路大军开进林区,建起了大批林场、铁路车站和工人住宅,带进去了采掘、农耕、工业经济文化,一些干部和工人及其家属对当地动植物掠夺式的猎取和采集使野生动植物及其赖以生存的生态环境遭到严重破坏,民族结构和产业结构发生了根本性的变化。于是,上述生产方针便难以继续贯彻执行。1962 年国务院在《关于积极保护和合理利用野生动物资源的指示》中，明确规定二类保护动物包括马鹿、驼鹿、猞猁、貂熊等动物，对鄂伦春族的狩猎生计也产生了直接影响。

这样，政府开始引导鄂伦春族猎民捕捉野鹿，发展养鹿业，这虽与狩猎业最接近，但仍属于两种经济文化类型的转换，故又是一次重大变革。除养鹿业外，其他畜牧业生产发展不快，尽管政府从内蒙古牧区输入了牛和马，并大力倡导牧养，但收效甚微。这一变化表明，从养鹿到畜牛牧马，在畜牧经济文化类型内属于两个亚型，仍有级差，难以跨越，但以畜力运输为主的副业生产发展很快。

鄂伦春族以农业为主的经济产生于 1966—1976 的 10 年“文化大革命”。由于“左”倾思想的影响，传统的狩猎经济因猎枪被没收而基本中断，护林津贴被停发，在狩猎业基础上发展起来的养鹿业也因管理不善、效益低下而夭折，副业生产和畜牧业生产降到低谷，只有农业在“以粮为纲”政策的鼓励下勉强发展起来。但这种缺乏传统和基础的单一经济格局使鄂伦春人的生活再一次陷入贫困之中。他们只好依靠国家的补助和救济过日子，国家也只好把他们“养起来”。

1982 年鄂伦春族地区开始进行产业结构调整，自治旗确定“以林为主，林猎结合，多种经营”的方针。但是，此时狩猎业所依赖的野生动植物资源及森林资源已经由于掠夺式开发而所剩不多，经营林业又没有林权，因此，这一方针政策事实上很难落实。[2]

至 1996 年鄂伦春自治旗政府已不得不宣布“禁猎转产”。如果说此前生产方针的调整还始终考虑到狩猎经济发展的话，这一次则把狩猎经济连根铲除了；如果说此前的经济文化类型的变迁还多少考虑到狩猎经济与森林生态系统的内在关联以及与鄂伦春族文化的内在关联的话，那么这一次则完全扯断了这一关联。不过准确地说，由于森林生态已今非昔比，鄂伦春族与此相关的传统文化也已日渐衰退，它们与狩猎经济的关联已经非常薄弱，“禁猎”不过是以明文规定的形式适时地改变了这种关联。尽管鄂伦春族猎民在感情上是难以接受的，尤其是仍以狩猎为生的极少数猎民一时想不通，甚至表示抗拒，但是他们从事狩猎经济的基础毕竟不存在了。

问题在于，禁猎难，转产更难。经过多方摸索和反复论证，似乎只剩下了一条路子可走，那就是多种经营。由于当地的自然生态环境内部存在差异，各地方鄂伦春人的生计方式多年来也已经发生了不同的变化，其“一业为主，多种经营”的模式也不尽相同，大部分猎乡还是以农耕为主。1998 年夏在鄂伦春族地区调查期间，我们到处耳闻目睹人们在贷款筹资开垦土地，似乎正在掀起新一轮的开荒竞赛。由于深处林区，开荒拓土成本较高，所以，不少没有能力和门路的猎民，尽管享受着禁猎转产的优惠政策，还是没能开成。有了土地的猎民，极少数人很快发展为大农场主；一小部分大多为跨民族通婚户，逐渐适应了农耕，能够维持生计；大部分则难以适应，还是把地转租给外地人耕种。

2003 年夏我们再次访问鄂伦春自治旗进一步了解到，由于很多地方不适宜农耕，受气候和灾害影响，粮食产量很不稳定；又由于水土流失严重，生态恶化加剧，2000 年国家开始在这一地区实施了“天然林保护工程”和“退耕还林还草工程”。事实上，在此之前，当地政府已不得不停止执行鼓励没有垦地的猎民继续垦地的政策。为了保护森林资源和野生动植物资源而禁猎，转产农耕后紧接着又限耕退耕，鄂伦春族其实又遇到了新的问题，实质问题由经济类型转换问题变为新经济类型与自然生态环境的关系问题。现在，猎民又在政府的动员和支持下，像内蒙古其他地区一样，把主要精力和积蓄投到了奶牛饲养上。

也许可以说，在生产关系上鄂伦春族早已“直接过渡”到社会主义，并随各种体制变革而变革；而就作为一个整体的经济文化类型来说，鄂伦春族虽然已经走过了半个世纪的历程，也较快地成功实现了定居，但还不能说整个转型过程已经完成。从游猎经济文化类型转向其他经济文化类型，人类大约经历了几千年的时间，而鄂伦春族只用了几十年时间就基本走完了这段历程，其中不无曲折和艰辛。从一种经济文化类型跃迁到另一种经济文化类型实在太难，更何况是从最原始最古老的狩猎经济文化类型跃迁到开发和利用能量水平较高的现代农牧经济文化类型呢。

二、敖鲁古雅鄂温克民族乡生态移民调查

敖鲁古雅鄂温克民族乡猎民的生产方式以狩猎和饲养驯鹿为主。从狩猎角度可以归入狩猎经济文化类型，从饲养驯鹿角度可以归入畜牧经济文化类型。从狩猎和驯鹿结合及其主要特点来看，将其看做狩猎经济文化类型的一个亚型，似乎更符合实际。

1. 鄂温克民族历史渊源和敖鲁古雅猎民乡状况

鄂温克民族有索伦、通古斯和雅库特三个分支。其中，索伦和通古斯是游牧部落，在我国，这两支鄂温克人大部分居住在呼伦贝尔草原上的鄂温克族自治旗和陈巴尔虎旗。而居住在内蒙古根河市敖鲁古雅乡的鄂温克人就是雅库特猎民，他们是历史上有名的“使鹿部落”。18世纪初期，鄂温克猎民先祖从外贝加尔湖沿岸和西伯利亚勒拿河流域迁徙到大兴安岭地区。由于这里山高林密、水草丰美，野兽出没频繁，猎民生产方式也以狩猎和饲养驯鹿为主，过着逐水草而居的游猎生活。

新中国成立以后，党和政府尊重鄂温克猎民的风俗习惯和民族意愿，特许鄂温克猎民继续用枪狩猎，并于1965年组织引导鄂温克猎民从中俄边境的额尔古纳河畔搬迁到距铁路沿线较近的内蒙古根河市敖鲁古雅，实现定居，对鄂温克猎民实行免费教育、免费医疗保健，支持鼓励他们发展经济，提高和改善生活质量。定居后的近40年鄂温克猎民成为由原始社会的民族部落直接跨入社会主义社会的民族典型，不但生产生活条件大为改善，还培养出了一批本民族的小康户、大学生、知识分子群体和公务员队伍。[3]

2003年的敖鲁古雅乡有居民500人，其中鄂温克人179人。他们大部分已经是定居后的猎民的第二、三代了，手里还有猎枪，但已经不以打猎为主。政府为他们提供了新的就业机会，他们靠发展驯鹿饲养、出售猎产品、民族工艺品和旅游业，加速了融入现代社会和市场经济的进程。在离乡政府驻地10—100公里的山林中，还有4个猎民点，有30多名习惯于打猎和在山上放养驯鹿的猎民，仍然保留着祖先原始的生产生活方式。

2. 驯鹿及驯鹿业发展情况

驯鹿俗称“四不像”，外貌为鹿角、马头、驴身、牛蹄。驯鹿属哺乳纲、鹿科，不论雌雄头上均生有叉角，又称角鹿。驯鹿以苔藓、地衣等地表植被、菌类植物为主要食物，喜洁净，善于在沼泽、林海中穿行，是鄂温克猎民赖以生存的生产和生活工具，被誉为“林海之舟”的驯鹿现为国家级保护动物。鄂温克人是我国迄今唯一饲养驯鹿的民族。

鄂温克猎民定居敖鲁古雅后，于 1967 年 9 月，成立了东方红猎业队，将驯鹿作价入队，实行集体化牧养管理，但实质上依然是自己牧养自己的驯鹿，也仍然是放牧，驯鹿资源并没有形成驯鹿产业，狩猎仍是主要的生活方式。1984 年敖鲁古雅乡实行驯鹿承包责任制，调动了猎民的驯养积极性，驯鹿由此开始发展成产业。1985 年敖鲁古雅乡猎业联社开始着手发展鹿茸片、鹿胎膏等鹿产品加工业。

但是，由于牧养管理方式简单粗放，非法狩猎、套害和兽害严重，鹿群规模较小，鹿产品产量低，占有市场份额微不足道，致使驯鹿业没有得到很好的发展。1992 年开始尝试驯鹿圈养，大大减少了驯鹿丢失、意外死亡。1995 年从俄罗斯引进 29 头良种驯鹿进行种群改良，初步解决了驯鹿种群退化问题。1999 年 12 月，敖乡再次改革了承包方案，在管理方面有了高层次的改进，驯鹿业有了进一步的发展。今天，驯鹿业由原来简单的原始化，逐步通过改革、科学管理向民族经济支柱产业迈进；由鹿产品的初加工向深加工迈进。由鹿茸、鹿鞭等配合中草药制成的“茸鞭宝酒”，已经成功地走向了市场，鹿茸片、鹿鞭片、鹿心血、鹿胎膏等产品也颇受顾客的青睐。但是，尽管如此，驯鹿群规模小、鹿产品产量低、缺乏市场竞争力等问题，仍未从根本上得到解决。

2000 年国家实施“天然林保护工程”后，根河市随之进行产业结构调整，市委、市政府决定对敖乡实施“生态移民工程”。同时，市委、市政府实施“三个基地”建设也日趋成熟，对驯鹿业发展高度重视。这些为敖鲁古雅的鹿业发展提供了难得的机遇，为做大做强驯鹿产业提供了强有力的条件。

截至 2003 年 6 月开始正式进行移民搬迁，敖鲁古雅驯鹿产仔 63 头，成活 138 头，总头数共有 765 头。

3. 生态移民的原因和发展构想

敖乡实施生态移民的原因主要基于三个方面。一是在生产生活方面，猎民多年始终处于天然养畜的状态，管理粗放，加之驯鹿近亲繁殖，又由于狼害、套害等原因，导致驯鹿种群质量下降，数量逐渐减少，总头数多年徘徊在800头左右。同时由于森林覆盖率逐年下降，野生动物因生态环境的破坏而锐减，敖乡又处于自然保护区中，按国家有关法规，自然保护区内的动植物资源受到严格保护，根河市也开始实行禁猎政策，狩猎生产难以持续。仅此一项，猎民每户年减少收入约1万元，62户猎民共计减少收入62万元，猎民传统的生产生活方式受到严峻挑战。

二是在地理环境方面，敖乡乡址位于激流河与敖鲁古雅河的交汇处，近几年由于植被遭到破坏，生态环境恶化，河流经常改道，河床侵蚀严重，致使每年汛期水灾频繁，给猎民的生命财产造成严重威胁。

三是在民族繁衍和社会环境方面，敖乡猎民群体地处偏远，人口规模过小，周围从事类似产业的族群也已经纷纷弃猎转产，而与从事其他产业的族群进行交往又始终受到局限，因而青年猎民成婚难的问题日益突出，直接威胁到该族群的正常繁衍。与此相关联，敖乡交通、通讯、卫生、文化、教育等基础设施滞后，严重影响了经济社会的发展和猎民生活质量的提升。

为了使敖乡猎民彻底改变游牧山林的生产生活方式，促进人口和生态的平衡发展，走人定居、鹿圈养的道路，促进民族经济文化的发展，实现致富达小康的目标，在国家西部大开发和“十万人口以下少数民族整体脱贫”的政策指引下，根河市委、市政府决定对鄂温克猎民进行整体生态移民。

经过广泛征求意见，确定了移民新址。敖乡新址位于根河市区附近，紧邻301省道，交通便利，有适合驯鹿舍饲的场地，有利于驯鹿业的发展，便于猎民子女入学、就医、购物。同时，该乡与市区保持一定距离，可以保持民族乡的相对独立性和民族特色。敖乡生态移民工程总投资约1600万元，主要建设内容有住宅31栋、62户，每户58平方米；鹿舍48个；办公楼700平方米；学校700平方米；博物馆800平方米，此外还有鹿产品加工厂房等。目前，已完成投资 900 万元，该项目国债资金投入 510 万元，截至目前缺口资金达到 390 万元，待工程全部完成后缺口资金将达到 1090 万元。

在生态移民工程设想提出之初，市委、市政府就确定了进一步扩大驯鹿规模，提高驯鹿质量，实现驯鹿养殖规模化，依托丰富的驯鹿资源和独特的民族文化，大力发展鹿产品加工业和民俗旅游业，使新敖乡尽快致富达小康的发展思路。按照这一思路，下一步正在考虑着重抓好以下几项工作：

一是加快驯鹿保种工程步伐。据测算人均至少达到 50 头驯鹿，敖乡猎民才能达到小康水平，按 200 人计算目前敖乡驯鹿头数缺少 9200 头。需要在近期从俄罗斯引进 30 头种鹿(每头约需人民币 60 万元)总计 1800 万元，同时引进精液进行人工授精，需资金 20 万元。此项工作正在积极运作中。

二是大力开展鹿产品加工业。建设饲料基地，保证驯鹿的饲草供应，加强驯鹿疫病防治，提高驯鹿体质，建设驯鹿产品加工厂，拉长产业链，提高产品附加值。

三是加大文物保护和旅游基础设施建设力度。根河市与邻近旗市旅游资源趋同，因此发展旅游业必须在民俗文化上下功夫。鄂温克猎民长期生活在大兴安岭的原始森林中，创造和发展了多彩的狩猎文化、桦皮文化、森林文化等，因而要以鄂温克独特的民族文化为切入点，发展旅游业。保护和发展民族文化，主要采取建设博物馆，抢救、整理、保留鄂温克猎民文化遗产，结合发展旅游业，建设民俗村和狩猎场。民俗旅游村要充分展现传统文化风貌，同时赋予时代气息；在狩猎场可以传统的“撮罗子”民居为主要景点，为旅游增加新项目。

四是进行生活配套设施建设，建设养老院、卫生院，提高猎民的生活质量。

4. 目前存在的突出问题

目前存在的突出问题是：第一，搬迁的主要目的是改驯鹿野放为圈养，猎民虽然不习惯，但大多数人也不想到山林里过那种劳顿奔波、蚊叮虫咬的生活，而愿意在家门口进行舍饲圈养。但一方面驯鹿适合野外放养却并不完全适应舍饲圈养，改良站圈养的驯鹿就明显不如猎民野放的驯鹿高大肥壮；另一方面由于饲料等因素，舍饲圈养方式的成本明显高于野外放养方式，这新增的成本开始是由政府负担的，但政府不可能长期负担下去，而猎民又不可能负担得起。所以猎民还是经常人去房空，进山放鹿去了。我所访问的猎民就是上午下山买粮，下午还要开车返回山上放鹿点去的。

第二，猎民原来有两个主要生活来源：一是驯鹿，二是狩猎。现在让猎民放下猎枪，就意味着失去了一个生活来源。驯鹿牧养方式的改变并不能保障驯鹿会给猎民带来更多的收入，"生态移民工程"只包括建立猎民最低生活保障制度，除此之外并没有其他增加猎民收入的优惠政策和有效措施。所以，这一转变带给猎民的是收入的下降，而不是增加。因此，刚刚放下猎枪的猎民，又要求发还猎枪，好让他们恢复狩猎，以维持原有的生活水平。同时，猎枪还可以帮助猎民减少狼害，保护野放驯鹿的安全。

总之，对于已经实施的"生态移民搬迁"和"驯鹿舍饲圈养"，猎民还处于非常矛盾的心态。

三、吉登嘎查鄂温克族猎民村弃猎转牧调查

1. 弃猎转牧的基本情况

吉登嘎查鄂温克族猎民是鄂温克族索伦部的一部分，索伦部由于驻防呼伦贝尔草原而由狩猎部落转变为游牧部落，但这部分猎民由于靠近大兴安岭林区而保留了狩猎业，从事的产业属于牧猎结合，但仍以狩猎为主。20 世纪 80 年代初他们被分为两个嘎查：一个是红花尔基嘎查，村民大部分由牧猎结合转向以牧为主；一个是吉登嘎查，狩猎仍然是大部分村民的主要生计。这两个嘎查隶属于鄂温克族自治旗伊敏苏木处于红花尔基林区林缘地带。这时他们已经是半游动半定居居民，住木制的"木刻楞"和"撮罗子"。截至 2003 年 8 月，我们访问的吉登嘎查猎民村共有 42 户，173 人。

1997 年，鄂温克族自治旗在猎区宣布禁猎。吉登嘎查弃猎转牧，猎民住进砖瓦结构的房子。在禁猎转产过程中，政府帮助购买牲畜和

建设房屋。但猎民认为,政府拿的钱也来自村集体土地的租用费,因为村集体或村民并没有拿到租金,而始终由政府和官员们支配。猎民们住的房子,在禁猎前先后盖了 30 幢,主要是由旗教育局的一位退休职工出资盖的。他承包了村集体的草场用来开荒种地,未能获益,便给猎民盖房进行补偿。2003 年 6 月,猎民又强制农场主交了 20 万元承包费,为每户安装了风力发电机。电视已经普及,而且能收到几十个国内和国外频道的节目,效果良好。在电力充足时,不仅照明,洗衣机和冰箱也能照常使用。

猎民弃猎转牧虽然有困难,开始很不适应,但几年过来,还是越来越习惯了。因为他们中有的以前就从事草原畜牧业,其他人对畜牧业也不是全然陌生的,长期以来也程度不同地有所了解或接触。因此,他们认为弃猎转牧比原来要好。当然,这一情形是就总体来说的,具体而言则是不平衡的,牧户之间也存在着明显的差异。

同时,猎民们对狩猎生活仍然记忆犹新,十分留恋;对于狩猎文化的消失,也深感惋惜。而且,他们认识到狩猎文化消失与自然生态破坏之间是有内在联系的。他们认为自己长期守护着这片土地,留下了这份宝贵的遗产,这里已经成了他们世代生息的家园。可是,由于开垦草原,猎民的土地利益既遭到侵害,又导致了草原沙化,对此,猎民深表痛惜和愤慨。

2. 鄂伦春族猎民与鄂温克族猎民弃猎转产的初步比较

我们一方面要认真研究和调整对待狩猎经济文化类型的政策,另一方面又要在不走回头路的前提下尽快想办法帮助猎民摆脱目前的困境。我们在这里要探究的问题是,为什么原来同样是狩猎民族,有的民族(或其中一部)跨过了禁猎转产这道难关,有的民族(或其中一部)却长期难获成功?现在看来,黑龙江和内蒙古扎兰屯市南木乡的鄂伦春人、内蒙古鄂温克族自治旗和阿荣旗的鄂温克人,弃猎转产相对成功;鄂伦春自治旗大部分鄂伦春族猎民和根河市敖鲁古雅鄂温克族猎民弃猎转产比较艰难。那么,后者能否在未来一个适当的时期内克服困难取得成功呢?到吉登嘎查猎民村调查的目的,就是想看看这个刚刚禁猎转产的村子能提供什么经验。

内蒙古自治区社会科学院民族所的毅松研究员也比较了解呼伦贝尔盟各民族猎民的情况，我带着这个问题与他进行过专门探讨。我们认为可以做两个比较：一个是在本民族内部不同部落或不同流域之间进行比较；一个是在鄂伦春族与鄂温克族之间进行比较。这两个比较所用的变量大致是相同的。

（1）地理环境和自然资源条件

原来他们所处的地理环境都是相似的。那么，后来为什么部分鄂伦春人、鄂温克人走出森林而大部分鄂伦春人和少部分鄂温克人滞留下来了呢？这一问题还有待进一步研究。

虽然现在环境都发生了变化，但鄂伦春自治旗和根河市的大部分地区还不适合于畜牧和农耕。他们尝试从事其他产业，似乎也不行，这是否表明其他产业所需的自然资源和生态条件也不具备呢？转产相对成功的，那一定是该产业与特定的自然条件基本相适应，如鄂温克族自治旗吉登嘎查猎民所转向的草原畜牧业。大兴安岭岭东三旗市的达斡尔、鄂温克、鄂伦春三个少民族从事农耕的历史已经很长，也取得相对成功，主要是由于那里的农业资源条件只是相对适宜，从根本上来说并不是很理想。现在那里生态恶化加剧，退耕还林还草和调整产业结构的任务十分艰巨。

（2）民族交往和文化接触

部分鄂伦春人、鄂温克人由于有与其他民族接触的条件，长期耳濡目染，渐渐习得畜牧和农耕等产业的经验和知识。黑龙江和内蒙古扎兰屯市南木乡的鄂伦春人、内蒙古鄂温克族自治旗和阿荣旗的鄂温克人，由于具备这样的条件，由猎转牧或由猎转农，相对来说就容易得多。

（3）民族政策

虽然所有的少数民族都享受优惠的民族政策，但人口较少的民族，尤其是其中的猎民，享受的政策大概是最优惠的。不过猎民中的情况也不相同，在我们介绍的三个个案中，相对而言，吉登嘎查猎民村享受的优惠政策是最少的，但转产却相对成功；鄂伦春自治旗鄂伦春族猎民和敖鲁古雅鄂温克族猎民享受的优惠政策则较多，但转产相对困难。

大概上述几个变量正好机缘巧合，猎民弃猎转产就能够获得相对成功了。

原文刊登于《中央民族大学学报(哲学社会科学版)》2005 年第 6 期

参考文献:

［1］都永浩. 鄂伦春族：游猎·定居·发展［M］北京：中央民族大学出版社，1993.
［2］逯广斌. 鄂伦春族四十年［M］北京：中央民族大学出版社，1994.
［3］孔繁志. 敖鲁古雅的鄂温克人［M］. 天津：天津古籍出版社，1994.

鄂伦春族日常生活节奏的变迁与适应*

张雨男①

摘　要：生活在我国东北地区的鄂伦春人，在经历定居与发展农业的阶段后，部分人口逐渐从狩猎转向农耕。以资源快速消耗、与自然同步的作息和个体与群体切换为特征的鄂伦春传统日常生活节奏，在发展农业的过程中，逐渐向以农作物剩余积累、与农作物生长同步和个体与家庭切换为特征的农耕生活节奏转变。鄂伦春传统日常生活节奏在应对来自外部的"非日常"节奏冲击中形成困境，世代狩猎生活习惯的节奏与农业生活所要求的节奏不相匹配。

一、问题的提出

生活在我国东北大兴安岭腹地的鄂伦春族，世代以游猎的方式为生。在历史上，一部分鄂伦春人不断南迁，到达今天内蒙古自治区鄂伦春自治旗境内。随着中华人民共和国的建立，在官方的话语表述中，这一区域内的鄂伦春人实现了民族历史上的三次跨越。1951 年 10 月成立了鄂伦春自治旗，鄂伦春民族从此享有与其他民族同等的政治地位

* 笔者对匿名评审专家和《民族研究》编辑部所提供的修改意见表示由衷感谢。本文在写作过程中得到南京大学范可教授的悉心指导，中央民族大学麻国庆副校长和黄志辉教授为笔者田野调查的开展提供了帮助，特此感谢。文责自负。

① 张雨男，男，北京人，南京大学社会学博士研究生。研究方向文化人类学，现主要关注鄂伦春社会变迁。

和民族区域自治权力，实现了鄂伦春民族历史上第一次跨越。从1951年到1958年，为了鄂伦春族的发展繁荣和人民的迫切需要，鄂伦春自治旗政府让鄂伦春人实现了定居。历经7年时间，鄂伦春民族从原始的游猎生活到实现山下定居，实现了鄂伦春民族第二次历史跨越。随着外来移民的涌入所导致的人口急剧增加，大兴安岭的环境问题变得日益突出。在打猎的过程中，鄂伦春人发现猎物逐渐减少。外来移民野蛮的打猎方式破坏了鄂伦春人传统中具有生态智慧的打猎禁忌，打破了大兴安岭的生态平衡。有些外来居民利用在山上“下套子”的方式野蛮打猎，造成了动物资源的极大浪费。在1996年，鄂伦春自治旗政府颁布《禁猎通告》，实行“禁猎转产”，开始“弃猎从农”，实现了鄂伦春族社会的第三次跨越。[1]本文聚焦于第三次跨越之后鄂伦春社会的变化及其所存在的一些问题。

鄂伦春的生计方式变迁经历了一个漫长的过程。从清朝开始，鄂伦春虽曾多次尝试诸如农业等不同的生计方式，但从未真正地放下猎枪。在不同时期，政府的农业政策均未能在鄂伦春地区收到很好的效果。1996年的全旗禁猎政策使得鄂伦春生计方式发生彻底改变。自治旗出台这项政策的部分原因是考虑到大兴安岭林区的森林过度开发，植被减少，人口增多，野生动物的生存空间持续恶化以及动物种群急剧减少等问题的不断出现。[2]这些在发展过程中所出现的问题使得当地环境遭到急剧破坏。为了保护、发展和合理利用自治旗境内的野生动物资源，自治旗政府决定在全旗范围内禁猎。[3]

在民族地区不断发展的过程中，鄂伦春人努力地响应政府号召从狩猎逐渐向农业转变，但一直无法很好地适应农业的生产节奏和相应的生活方式，使一部分猎民陷入贫困。这已成为鄂伦春族发展中的老大难问题。查干姗登的研究表明，转产政策使得相对平等同质的鄂伦春族因农业经营出现分化。[4]何群进而指出，部分猎民转产失败引发了一系列的社会问题。[5]这些研究对鄂伦春猎民的生活变迁进行了细致而准确的描述。但笔者试图通过对日常生活节奏的描述与分析，揭示从鄂伦春族社会第三次跨越至今①，鄂伦春人生活节奏的变迁，从不同角度对鄂伦春人的生活变化有着新的理解和认识。

作为分析工具和研究对象的节奏概念，可以帮助我们在猎民的日常生活中发现一丝端倪。列斐伏尔（Henri Lefebvre）在其晚年将研究关注的重点放在节奏概念上，节奏研究构成了他日常生活批判研究的重要组成部分。节奏在日常生活中的普遍性，使其成为日常生活研究中的重要面向。[6]不同的生活方式会产生出相应的不同节奏。布迪厄（Pierre Bourdieu）注意到社会秩序、节奏与身体之间的关系。社会秩序是通过一定方式调节活动的节奏，并将其深深烙印于身体之上。[7]社会通过对节奏的改变来控制身体，实现对人的控制。反观，节奏也成为了社会秩序在人类行为上的一种表达。从在身体上观察到的节奏入手，我们可以探究社会，亦可以了解个体。生活节奏如同布迪厄所言的惯习（habitus）一样，是一种外在客观结构在个体身上的内化与表达，达到一种主客观的统一与体现。人们的日常生活节奏是外在自然和社会环境所塑造而成的一种无意识的生活实践。生活节奏的产生及其所引发的行动全部基于实践，通常不假思索但符合规范。因此，节奏可以成为透视人们文化和社会习俗的一面镜子，帮助我们从日常生活中洞悉在其背后所隐藏的社会结构与文化特征。

在人类学的经典研究中，马塞尔·莫斯（Marcel Mauss）运用节奏视角做出了深入而精彩的分析。莫斯发现爱斯基摩人的生活在冬夏两季差别明显。从冬夏两季的节律和社会形态来看，其社会生活在一个年度周期中，以一种规则的二分节奏交替进行。这种节奏的变化在西方社会中也同样存在，城镇与乡村因农业生产的节律形成了不同的生活规律，产生了生活节奏上的交替与对张关系。[8]莫斯的研究呈现出一个社会在年度周期中的节奏变化，而贡纳尔·哈兰（Gunnar Haaland）对富尔人与巴加拉人边界变化的研究则可归纳为在同一时空下，与生

① 本文重点研究在1996年禁猎以后，鄂伦春族生计方式转型的困境。鄂伦春的农业经营虽从清朝就已开始，但1996年全旗禁猎的政策彻底切断了原有的狩猎生计方式，使得猎民转向农业经营。本文利用笔者搜集到的田野材料，重点讨论现阶段在不能从事狩猎的情形下，鄂伦春族的生计方式转型和民族发展所面临的困境。

产方式相关联的生活节奏在日常生活中的不断交替。[9]不同的生产方式有不同的存储观念和合作方式，使日常生活节奏产生差异。本文借助列斐伏尔在日常生活研究中所关注的节奏概念，以“日常生活节奏”为视角，对鄂伦春人的生活变迁进行细致入微的观察和研究。

本研究的田野点位于内蒙古自治区鄂伦春自治旗境内的一个猎民村——小河村①。笔者曾于2016年7月至2017年底期间先后三次进入该村进行田野调查。通过在猎民村中长期地参与观察，并对鄂伦春猎民、村干部和其他民族的村民进行的深度访谈，笔者开展了比较全面、细致的研究。目前，小河村登记在册的猎民共有70户、197人，其中鄂伦春族猎民157人。相较于其他猎民村，该村与其他民族交汇程度较高，经济发展水平较高，鄂伦春族传统特色较为鲜明。在农业经营方面，小河村的70户可以分为不从事农业活动和从事农业生产这两类人群。全村现有耕地一万余亩，其中村集体耕地近千亩。据统计，该村无地户45户，占全村总人口的64%。有地户25户，占全村人口的36%。② 根据笔者的田野调查经历，在“禁猎转产”和“弃猎从农”以后，的确存在部分鄂伦春猎民陷入贫困，仅靠政府生活补助勉强度日的情况。这一困境一直延续至今，也使得政府让猎民发展农业的设想并未完全实现。那么，猎民为何会在发展农业的过程中产生不适并陷入贫困？日常生活节奏的视角可以帮助我们对鄂伦春族面临的困境进行客观分析，避免从带有成见和简化的视角思考鄂伦春族所面临的困境。

二、鄂伦春传统日常生活节奏

鄂伦春人曾在历史上的一段时期以狩猎采集为生，逐渐形成以狩猎为核心的传统日常生活节奏。在有关狩猎采集社会的经典研究中，财产观念、生计方式以及资源共享等议题都是学者们所关心的重点。[10]而这些同样也是鄂伦春传统日常生活节奏中的典型特征。因此，笔者将从他们的资源快速消耗节奏、与自然同步的生活作息以及个

---

① 文中地名和人名均为化名。

② 感谢中央民族大学民族学硕士李香寒提供的数据。

体与群体切换的生活节奏这三个方面，来探寻鄂伦春传统生活节奏在当下的延续及形貌(configuration)。

(一) 资源快速消耗的生活节奏

从时间维度上来看，个体的消耗节奏常有快慢之分。以狩猎采集为生计方式的传统鄂伦春人明显具有资源快速消耗节奏的典型特征。① 而这种消耗节奏又与其财产观念有着密不可分的关系。人类学将狩猎采集群体的组织形式称为“游群”(bond)，这些群体私有财产观念不强。他们通常与所处自然环境保持着某种平衡，因此他们必须经常游动。习惯于狩猎生活的鄂伦春人同样如此。他们在传统上虽因自然条件优越，曾选择过定居狩猎。但在他们传统的生活中依然普遍缺乏存储②的观念，对食物资源的消耗节奏较快，这说明鄂伦春族在历史上有过长期的游猎生活。学者在过往研究中曾指出，鄂伦春人在从狩猎到农耕的转变过程中，也暴露出缺乏耐心和存储观念等问题[11]。而这与传统上形成的资源快速消耗的节奏惯性有着密不可分的关系。

资源快速消耗的节奏特征常见于全世界狩猎采集民的日常生活中。狩猎采集民生存的第一要务是通过游动来维持生产[12]，因此为了便于游动，狩猎采集民不愿有过多的存储和积累，会快速消耗掉随时获取的资源。这就形成了从大自然中获取资源后快速消耗的生活节奏。这一点在鄂伦春传统生活中也有所体现。猎人打猎归来后，会将猎物分食或尽快消耗。这一行为不仅与群体生活方式息息相关，也与猎物不易保存从而能够快速、及时地消耗有关。尽管前人研究未对鄂伦春传统日常生活中的消耗有着具体的细致描述，但根据笔者在田野中的观察，当下猎民村中集体分红的时间从侧面印证了猎民缺乏存储观念

---

① 根据萨林斯在《石器时代经济学》一书中的论述，生活在“原初丰裕社会”中的狩猎采集民，在生产过程中采取“有限目标经济”的生存方式，仅仅获取所需的必要资源。但笔者强调的是在消耗资源时，会尽可能及时消耗掉已获取的资源。

② 以鄂伦春猎民为代表的狩猎采集群体和游动生计群体由于常年需要迁徙等原因，不便于积累和存储剩余产品，因此没有现代社会中普遍的存储行为和观念。萨林斯在《石器时代经济学》一书中提出的“有限经济目标”也印证了狩猎采集民未必生产剩余价值产品的观点。同时，这一积累存储的观念与现代银行系统出现之后的“储蓄”观念和行为相差甚远，因此笔者在文中利用存储一词来描述积累剩余产品的行为。

和资源快速消耗的节奏特征。近年来，笔者调查的小河村有集体土地和集体山地等资产，每年年底由村委会组织对村民进行分红。村委给没有正式工作的猎民每人每年分红达到1000元以上。有趣的是，每年发放分红的时间点都在春节前几天。当问及为何在这个时间节点分红，村干部认为这是传统上没有存储观念的一种延续，并说道："这是因为考虑到贫困户，提前发就会花完。这笔钱是让他们去置办年货，别把钱提前花完了，这样可以过个好年。"分红的时间点从侧面反映出猎民在生活贫困的同时，的确缺乏一定的存储观念。部分猎民会将钱放在自己身上，而不会选择将钱存放在银行。无论是一万元还是一千元，基本都会很快花完，经常出现"月光"现象。同样，小河村中不种地的猎民向种地户借钱的事情时有发生。由于很多猎民不会经营现代农业，转产以后的生活每况愈下、更加困难，鄂伦春自治旗决定给没有工作的猎民每月发放低保补助金。但很多人在补助发放之前的几天，就需要向其他猎民借钱度日。传统的生计方式使狩猎民养成任意消耗的节奏，缺乏私财观念使他们难有合理的处理剩余劳动产品的观念，自然难以形成存储意识。

（二）与自然同步的生活作息

鄂伦春的狩猎文化是在对生活世界的不断认知中所得来的，这使他们的生活节奏与自然节奏相同步。生活世界的整体性及其形塑出的狩猎生活节奏贯穿在鄂伦春狩猎生活的方方面面。[①] 以狩猎为核心的

---

① 以鄂伦春为代表的狩猎采集民，其文化与自然本身就是不可分割的整体。近年来，狩猎采集文化与自然之间关系的本体论意义（ontological significance）重新引起学界重视。自然与文化的整体性研究带来了对以自然、文化两分为代表的西方中心主义的反思。菲利普·德斯科拉（Philippe Descola）指出，现代西方表达自然的方式绝非广泛存在。不同于现代西方思想，在世界上的许多地区，人类和非人类不被认为是截然对立或者相互独立的范畴，大部分群体并未将自我与自然区分开来。自然不被视为一个独立的领域。在很多文化中，自然与文化的界限是模糊的。生活世界的连贯性和整体性在提姆·英格尔顿（Tim Ingold）的研究中同样得到印证。文化并不是建构的，是在人们熟知世界的过程中所不断认识得来的。通过栖居与实践，人们逐渐形成了一套来源于对整体性认知的行为方式。参见 Philippe Descola, *Beyond Nature and Culture*, Chicago: University of Chicago Press, 2013, p. 30, pp. 201 - 225; Tim Ingold, *The Perception of the Environment*, London and New York: Routledge, 2000。

传统生活节奏与大兴安岭整体世界中的节律息息相关，并与大兴安岭动植物的生长周期相同步，形成了传统的生态智慧和打猎禁忌。根据鹿的生长周期，只能在三月份的时候打鹿胎，到每年四五月份的时候才能打鹿茸。野猪只能在冬天打。春天不能猎熊，因为正在下崽。猎熊要等到秋天才能打。狍子是一年四季都可以打……[13]鄂伦春祖辈流传下来的经验告诉他们，只能在相应的规定季节猎取这些动物。鄂伦春人关于大兴安岭的这一整套生存智慧是在长时间打猎的过程中所积累起来的，符合大自然持续发展的客观规律，能够维持合理的动物种群数量来达到生态平衡。鄂伦春人可以从森林中源源不断地获得自己所需的能量。这种逐渐积累而成的打猎禁忌，在鄂伦春人的生活中慢慢地形成了一种打猎的节奏。有些鄂伦春人有每年固定的游猎线路，在自己熟悉的区域内寻找应季的猎物。因此，这种狩猎的禁忌知识形塑的不仅仅是鄂伦春人打猎的节奏，也影响了鄂伦春人一整年的生活节奏。传统的狩猎生活节奏深深地扎根在鄂伦春人的日常生活中。

在传统习俗所规定的打猎时间范围内，猎民上山狩猎的具体时间是因人而异。相较于工业社会对时间的精准把控和农业社会对作物的细心照料，打猎的节奏是比较自由的。笔者在田野中通过访谈听到过这样一个案例。20 世纪 70 年代的某个清晨，猎民白冰的父亲起床后让白冰烧水。交代任务后，父亲就骑马拿猎枪出门了。由于气温较低，烧水时间比较久。水刚开，父亲就骑马拎着一只狍子回来，经过处理后直接下锅。父亲出门时，没有跟白冰说烧水是为了做什么，他自己也没有什么期待，不过是临时起意。这种临时起意而决定出发、没有详尽规划的打猎行为是狩猎采集社会一种典型的生活方式和生活节奏。在那个年代，富饶的自然环境决定了当时的鄂伦春人依然可以延续原初丰裕社会的生活方式。

当地人认为宽松的作息节奏在现实日常生活中得到了延续，笔者在小河村中也见证了这一点。关宏斌是村里公认的手最巧的猎民。他擅长土建领域，而非农业领域。在猎民村和猎民村周围，与土建有关的活儿都会找关宏斌做。笔者初入村庄时，关宏斌每天早上坐在家门口的板凳上，一边听着自己家音响播放的音乐，一边喝着啤酒跟人聊天。

这种情况一连持续四五天,每天从早到晚,除了睡觉、聊天以外就是喝啤酒。带有极强节奏感的音响有时会一直响到后半夜,隔壁的邻居跑过来关音响时发现他早已进入梦乡。在持续四五天以后,关宏斌就开始在村庄周围打工、干活,并且在干活的日子里滴酒不沾。凭借自己的辛勤劳动,每天至少可以挣一百多元。连续工作几天以后,时而会有战友或者村里人叫关宏斌一起吃饭喝酒,他便不去工作。于是又开始了连续几日一天三顿酒的节奏。关宏斌的日常生活就在几天饮酒和几天上工的两种状态中不断循环转换,这构成了一种由个人做主、无所拘束的生活节奏。现如今,在笔者调查的猎民村里,像关宏斌一样自由自在生活的猎民不在少数。这种自由的生活节奏应为过去狩猎生活节奏惯性使然。

在笔者的田野调查中,包括关宏斌在内的一些猎民曾在村里的组织下,到小二沟附近领养马匹。这种发挥鄂伦春狩猎民族传统智慧和地方知识的行动出发点是好的,但由于这些猎民经常喝酒,疏于看管,造成马匹意外死亡,产生经济损失。笔者重返小河村时,关宏斌因为旷工太多而被开除。不同的作息方式使不同群体在交往过程中出现矛盾。饮酒的节奏从侧面体现出了鄂伦春在传统上无所约束的生活作息。

(三)个体与群体切换的生活节奏

正如上文所言,生活节奏是一种外在客观结构在个体身上的内化与表达。与大自然和谐共生的相处方式在鄂伦春传统日常生活中也体现在个体与群体切换的生活节奏中。鄂伦春人个体与群体切换的生活节奏恰恰反映出的是外在自然和社会环境所塑造而成的一种无意识的生活实践。

在狩猎时代,除了个体自由地生活以外,鄂伦春常以群体式生活方式栖居于自然世界中。在个体与群体生活的切换中,群体生活方式是生活节奏中较为鲜明的特征。其表现为在鄂伦春人的狩猎方式中,有很强的平均主义和群体意识。除了鄂伦春人打猎在大多数情况下会采取集体外出打猎的方式,单独打猎的情况很少。一方面是因为在森林中,会遇到类似于熊和野猪这种体型较大、有攻击性的动物。一个人单独行动遇到这种情况,时而会有生命危险,此时只能求助自家的猎狗帮忙和运气才能逃过一劫。另一方面，有些猎物体型较大，结伴打猎可以将猎物及时运走，否则要往返找人帮忙。此外，当猎手打猎回到“乌力楞”①后，要把猎物分给老年人和丧偶等丧失打猎能力的人，这样在部落中就不会出现有人挨饿的情况。这种平均主义和部落内部分享的特质在世界上其他狩猎-采集和游耕(slash and burn)群体中经常可以看到。狩猎的危险性和以部落为单位的生活方式与群体式生活方式相契合。

鄂伦春人并不总是以群体为单位进行狩猎活动。除了群体狩猎以外，在鄂伦春人中也存在着个体外出打猎的情况，这体现出了个体与群体相切换的生活节奏。在传统鄂伦春社会中，绝大多数单独狩猎的鄂伦春人都是在群体狩猎的空闲时间中进行单独狩猎。个体单独狩猎主要是为解决在驻地附近临时获取资源的问题，一般不在外宿营。有一些猎手，因家中有老幼病残需要照顾不能离开或马匹不易跟上群体的行动，不得不长期进行单独狩猎。[14]赵复兴1957年在托扎敏调查时听当地老人说，曾有个鄂伦春哑巴，打猎技术高，能在险要的山地环境中追捕野兽，有时一人能获取十几只鹿。但他不愿意集体出猎，甚至连家人也不愿意带。周围的鄂伦春人对这种人印象很差，也不愿意和他们一起出猎，认为他们自私自利。但在以群体为单位狩猎的空隙中单独打猎，就会被认为是一种正常现象，不会遭到质疑。[15]这一案例充分说明了个体与群体生活节奏在狩猎过程中的切换逻辑及其内在的社会规范。

个体与群体相切换的生活节奏遍及传统鄂伦春人日常生活的各个角落。例如，人们在日常生活中有时以个体的方式在营地周围生存游走，但在喝酒时就会以群体的方式聚集在一起。何群对鄂伦春酿酒文化作历时性研究时发现，不管是一家酿制的还是几家合作酿制的，都是全“乌力楞”的人一起喝，直到全部喝完为止。[16]传统上，鄂伦春以“乌力楞”作为社会组织的基本单位，构成生产单位和消费单位的统一体。因为社会主义制度的核心是公有制和集体化原则，这种群体生活方式

① 乌力楞是在鄂伦春人中，以血缘、亲属关系结成的社会基本单位。

有助于鄂伦春人从“原始社会”“直接过渡”到社会主义社会。但随着国家开始转向以家庭为单位开展生产活动时，鄂伦春人在传统上以“乌力楞”为中心的群体式生活方式开始逐渐陷入困境。一部分猎民响应旗政府号召开地，另一部分猎民没有开地，依旧上山打猎。在禁猎以后，没有开地的猎民失去了自给自足的生活来源。当笔者问及为什么80年代没有开地时，老人告诉笔者：“打猎时土地领域都是按部落[①]流域划分的，不同部落有不同的狩猎范围。当时忽然要自己开地自己种，就没有当回事。”可见，鄂伦春以部落为单位生活方式使他们习惯于以群体性的思维方式来思考问题。

在鄂伦春生计方式改变之后，其成员发生的意外事件较多，平均寿命较短。猎民中的完整家庭比例略低于其他民族，破碎家庭的情况比较常见。鄂伦春人习惯采取群体生活方式，使现阶段的家庭重组意愿和比例相对较低。传统上聚群而居的生活方式，使猎民喜欢彼此之间相互串门，到别人家一起吃饭喝酒。在日益个体化的今天，猎民独自游走更加自由，不再受群体所约束，但我们仍能看到猎民有时喜欢以群体的方式聚集。个体与群体切换的生活节奏无时无刻地体现在鄂伦春猎民的日常生活中。尽管这种生活节奏在今天遭受到不断地冲击与挑战，但鄂伦春社会传统的平均主义原则依然在他们的日常生活中起着重要的作用。

三、鄂伦春日常生活节奏的变迁

鄂伦春传统狩猎采集的生产方式塑造猎民资源快速消耗节奏、与自然同步的生活节奏和个体与群体切换的生活节奏这些特质。但在“禁猎转产”的过程中，鄂伦春传统日常生活节奏与农业所要求的生活节奏相冲突，进而造成部分狩猎民对经营农业缺乏兴趣，无法维持正常生活水平。以下，笔者从积累、作息、家庭三个方面再次切入，分析农耕节奏在猎民日常生活中的表现形式，比较狩猎与农耕这两种生产方式

---

① “部落”一词的用法很有趣。“部落”不是鄂伦春人的传统语言，学会使用“部落”一词一定是受现代教育的结果。

对猎民生活节奏的不同要求，进而深入理解鄂伦春传统日常生活节奏在应对来自外部的“非日常”的节奏冲击中所形成的困境。

（一）从资源快速消耗到农作物剩余积累

从狩猎到农耕的转产过程对鄂伦春人的存储观念和消耗节奏提出了新的要求。不同于“即时回报”（immediate return）系统的狩猎采集，农业作为一种“日后回报”（delayed return）系统[①]，需要经营者有充足的耐心和资金投入。这也意味着现有的农业生产要求鄂伦春猎民能够从快速的资源消耗节奏调整到较慢和有规划的消费节奏，并学会剩余积累。加之当地的农业需要大型拖拉机作为生产工具，需要启动资金。资源快速消耗的节奏和存储观念意识的淡薄使得鄂伦春人无法购置农业所需的基本原料和机械，造成很多猎民从事农业生产的意愿较低，纷纷将土地转让出去。鄂伦春猎民整体生活水平虽有提升，但随着在经营农业上所出现的差异，内部贫富差距越拉越大。这种来自外部“非日常”节奏的要求和冲击，使大部分猎民无法在农业上施展身手，进而陷入困境。

不同于我国其他农业地区的精耕细作，当地政府不仅把农业当作鄂伦春人的普通生产方式，而且还将之作为一种现代化的投资手段。由于该地区人均耕地面积较大且地势平坦，农业需要借助机械来提升效率，节约劳力成本。过去仅靠人力耕种的日子已一去不复返，拖拉机成为当地现代农业生产方式的标志性符号。这种大规模的机械化种植需要大量的资本投入来购置原料和机械。随着家庭联产承包责任制的实现和准许鄂伦春猎民开地，个人开始租用机械开地和种地。如今，经营农业的鄂伦春人都拥有用于犁地、播种、打药的拖拉机。由于这里的农业都是大规模机械化种植，无论购买收割机还是提前购买种子、化肥，都需要大量资金。当地的自然条件和地理环境使得该地的农业并非是一种精耕细作的生产模式，而是一种投资。合理的剩余积累节奏和良好的储蓄意识是猎民从事现代农业生产的重要前提，其存在与否

① 即时回报与日后回报概念参见 James Woodburn, “Egalitarian Societies,” *Man. New Series*, Vol. 17, No. 3, 1982, pp. 431 - 451。

成为决定猎民是否有能力和资本从事现代化农业的关键。

在“禁猎转产”后的猎民村中，从事农业的猎民渐渐掌握了农耕节奏，从而与延续狩猎节奏的猎民有所区分。禁猎和农耕所带来的冲击，使大多数猎民难以很快地适应“非日常”的生活节奏。农业生活所要求的储蓄、相对准时和时间规划能力，通常不见于狩猎采集生活中。鄂伦春人传统的生活方式使猎民在日常生活中没有明确的收支计划，出现无序和随心所欲的消耗节奏。这种无序的消耗节奏和缺乏存储与积累的观念，使猎民很难经营现代化农业。90 年代，小河村给每户分一垧地[①]，使得每户都有地可种。但这些不善于种地的猎民发现自己经营不挣钱，于是将土地转让出去从而一次性变现，再次成为无地户。这些没有地的猎民既没有土地，也不能打猎，成为了没有自主生活来源的贫困户，一些年长的猎民只能依靠政府发放的低保勉强度日。然而，小河村中的部分猎民通过与农业民族通婚这种社会结合方式形成的团结户[②]和姑爷户[③]，给自身家庭带来了储蓄观念和稳定、有计划的消费节奏，充足的资金使得这些猎民在现代化农业经营的浪潮中独占鳌头。有无存储观念和能否形成有序的消费节奏，是狩猎节奏和农耕节奏的区别所在，也成为猎民能否在大兴安岭现代农业生产中有所作为的基本条件。

（二）从与自然同步到与农作物生长同步

与前文所谈到的与自然同步的狩猎节奏相对应，习惯于农业生产的猎民在生活中有着与农作物生长周期相同步的农耕生活节奏。狩猎和农耕这两种生活方式对于作息有着完全不同的要求。相对于狩猎民按季节打猎，农业作物对天气变化极度敏感，需要经营者在较短的时间内抢种抢收。二者对猎民生活作息节奏要求的差异，使猎民很难从狩猎轻而易举地转向农业的经营方式。

与传统上相对自由的狩猎节奏相比，大豆和小麦这些作物对于猎民的生活作息要求严格。作物的生长周期使得猎民无法按照过去宽松

---

① 在当地，一垧地约合 15 亩。

② 团结户指鄂伦春族男子与其他民族女子通婚建立的民族结合家庭。

③ 姑爷户指鄂伦春族女性嫁给其他民族结合而成的家庭。

的生活节奏经营农业。作息要求上的变化让很多猎民对农业望而却步。鄂伦春自治旗地处北纬50度左右，每年的无霜期较短，对作物的播种和收割时间有严格要求。一旦耽误了播种或收割，作物容易遇上霜冻，对投入大量资本的现代农业有着无法估量的损失。无霜期极短的自然环境使种地者需要抢种、抢收。有时一旦错过秋收最佳时机，遇上连续下雨的天气，会影响当季作物产量。严重时甚至有可能出现亏损的情况。这就要求种地猎民有与作物生长周期同步的生活节奏。小河村的种地猎民在农忙时节每天只睡三个小时，凌晨两点就起床开着拖拉机下地播种。为保障农作物的良好生长，需要从事农业活动的猎民对农业种植节奏有所规划，并严格遵守，而不能随意为之。在笔者的田野中，有些猎民耕种两百亩左右面积的土地。每年固定要在四月中旬播种小麦，在五月中旬前后播种大豆。由于地块分散，不同地块的先后顺序也需要遵循作物生长的自然规律。每年修理拖拉机的时间则固定在播种小麦和大豆两者之间的间隔期内，小麦和大豆的播种机要在相应作物播种前维修。这些与农作物生长有关的活动形塑了这些猎民的生活时间表，要求猎民形成有规律的农耕节奏。不同于狩猎采集的自由自在，农业作物的生长周期和规律要求种地的猎民有着相对严格的生活作息和稳定的生活节奏。时间的精准把控对年底的收成有着至关重要的作用，而不能任由自己决定劳作的节奏。因此，这些家庭如果想要确保年底能够获得丰收，就需要有较强的时间观念，形成与农作物生长周期相一致的生活节奏。

农业生产活动也需要种地猎民对酒有相对的节制。鄂伦春人热情好客，喜欢饮酒。无论在喝酒频率、时长还是数量上相比，小河村种地的猎民要少于不种地的猎民。种地的猎民在家喝酒时的规模和人数也要小于不种地的猎民。这种区分与这些猎民从事农业生产有着密不可分的关系。饮酒这种相对自由且充满不确定性的娱乐活动和消遣方式要求务农的猎民自我节制，这是对务农生活的适应所致。

狩猎不是恣意妄为、毫无节奏的生计活动，也需要遵循规律。但相较于农业而言，狩猎的节奏相对自由得多；务农则需要按照农作物的生长节律来调整生活作息时间，以配合农事节奏。同时，受多变天气的影响，农业对作息有相对严格的要求。因此，以月份和季节为单位节奏的狩猎生活和以天为单位节奏稳定的农耕生活，在紧张程度上存在明显差异。农事活动所要求的紧张生活节奏阻碍猎民农业投资的积极性。

现代化的农业生产方式需要经营者遵循规律的作息，并有充足的资金确保进行前期投入，而这些发展现代农业的基本前提和要求对猎民而言是困难重重。猎民没有存储观念和自由的作息，与农业对资金和作息的严苛要求是相互矛盾的。这使猎民种地连年亏损，最后无奈转让土地的案例屡屡发生。很多没有适应农耕生活节奏的猎民迫于生活的压力，将原本外租的土地变卖换钱，以维持生计。政府的低保补贴等优惠政策也使猎民不用强迫自已经营农业，从而能继续在日常生活中延续狩猎生活的节奏。

（三）从个体与群体切换到个体与家庭切换

对应于个体与群体相切换的鄂伦春传统日常生活节奏，当下的农业生产活动要求的是一种个体与家庭之间相切换的日常生活节奏。伴随着改革开放和当地农业的发展，经营农业的猎民需要以家庭为单位进行劳作。在鄂伦春社会日益个体化的同时，出现了在个体与家庭之间相切换的日常生活节奏。

伴随着生产方式的转型，鄂伦春猎民传统日常生活节奏中的群体活动单位已开始逐渐被现代的家庭活动单位所取代，出现了个体与家庭切换的生活节奏。而家庭是这一生活节奏中较为鲜明的特征。在传统上，鄂伦春人狩猎采集的生产方式与以“乌力楞”为单位的群体生活方式相辅相成。但这种群体生活方式随着个体家庭的农业经营日渐淡出鄂伦春的主流社会生活。个体家庭的重要性日渐超过原先跨越家庭边界的群体“乌力楞”之上。然而，时至今日，由于部分猎民不以家庭为生产单位，他们仍未能完全适应现在的农业生产方式，不习惯按劳分配，也不适应日益商业化的经济和社会。在猎民的日常生活中还能看到群体文化特质，延续个体与群体切换的狩猎节奏惯性。这种节奏与需要以家庭为单位的农业生产方式格格不入。个体与群体切换生活节奏中所特有的平均主义，遭到了以家庭为单位“能者多劳”、效率优先原则的挑战。鄂伦春人习惯的个体与群体切换的生活节奏与以家庭为单位的农耕生活构成的矛盾，使得他们无法快速改变节奏，进入到收入较为稳定但要求比较严格的农耕生活节奏中。大多数猎民没有很好的适应以家庭为单位的农耕节奏，错失开地和发展农业的良机，逐渐对农业失去兴趣。

小河村在 1955 年开始定居宣传，1957 年完成猎民下山定居的工作。随之成立的猎民队，从事狩猎、务农、放牧等生产劳动。1960 年公社成立开荒队时，购买了五台双轮单犁，两台播种机，七辆大车。但开荒时期以集体为单位的农业发展效果不尽如人意，收成欠佳。80 年代，随着现代社会科学技术的进步和对大自然的开发，可供狩猎的空间已在日趋缩小，继续坚持这种生计方式的前景并不明朗。狩猎收获开始变得不稳定，且所获甚微，每年都需要国家扶助。经过政府的耐心宣传，部分鄂伦春人意识到土地在当代社会中的重要价值。在以家庭为单位的联产承包责任制政策下，由于当时猎民生活水平较差，部分猎民开地大多以家庭为单位，采取两家或两家以上合作开地的方式，以五五、四六等分成方式进行土地所有权的分配。尽管此时大多数猎民由于不熟悉农业、对农业没兴趣以及害怕出现毁约等情况没有开地，但不同于传统上个体与群体相切换的生活节奏和集体化时期的生活方式，此时部分猎民已经开始以家庭为单位从事农业生产。

不同于鄂伦春猎民在日常生活中时常进行的个体自由活动，当地的现代农业发展要求猎民需以家庭为单位进行生产才能实现效益最大化。于是，在经营农业时，家内合作就显得十分重要。在农业生产过程中，鄂伦春猎民需要暂缓日常生活中个体的自由活动，而以家庭为单位经营农业，这体现出了个体与家庭切换的日常生活节奏。这种节奏中家庭的重要性与当地发展现代农业对于家庭完整程度的严格要求有着密不可分的关系。不同于内地农村，人均耕地面积大的特点使农业活动不能仅依靠人力种植，需要借助机械帮助完成。在每年的农闲时节，要对拖拉机进行维修，更换零部件。在维修的过程中需要家庭内部成员分工协作，或找村里其他猎民帮忙。除此之外，因为无霜期较短，在春天播种和秋天收获时要在较短的合适时间内完成作业。在操作机械时，需要有人在土地旁边照看并轮流使用机械进行播种，在尽可能短的时间内耕种更多的土地。家庭内部的分工也确保有人在家做饭，作为后勤保障以便种地的人可以在较短的时间内完成高强度的作业。在这种情况下，拥有较多劳动力和结构完整的家庭便占据一定的优势，可以提升效率，获得更大的利润。这一系列自然节律导致的限制条件，使经营农业的猎民家庭结构相对完整，破碎家庭的重组比例高。一方面，重组家庭有利于维持稳定的农耕节奏，耐心经营农业，以便创造机会提升效率，实现利润最大化；反之，农耕节奏和农耕性格也会驱使破碎家庭进行重组，维持完整的家庭结构。

与此同时，承包责任制的推行和户籍制度的宽松——达斡尔族和汉族的移民通过婚姻这种社会结合的方式进入猎民村，帮助猎民村中部分鄂伦春人开始熟悉农业生产方式，使鄂伦春猎民内部因农业而在生活水平和生活节奏上产生了分化。这些团结户和姑爷户为鄂伦春族带来了稳定的农耕节奏，能够以农耕民族较为熟悉的个体与家庭切换的生活节奏维持生计，更好地适应了农业生产方式。

四、分析与讨论

从鄂伦春传统日常生活节奏变迁的过程中可以看出，世世代代以狩猎为生的猎民在日常生活中逐渐形成了一种狩猎生活节奏，这种节奏是布迪厄意义上的“惯习”[①]，与经营现代农业所要求的生活节奏有所矛盾。狩猎与农业这两种生产方式在生活节奏上的差异使猎民无法在农业上产生盈利，对转而务农兴趣不大。以狩猎为代表的传统日常生活节奏与外来的“非日常”的农耕节奏间的差异，使得猎民难以很好地适应农业经营活动。

从消耗与积累、生活作息以及群体与家庭这三个节奏维度的视角出发，我们发现了传统狩猎节奏与农耕节奏在特征上存在的差异。鄂伦春以狩猎为核心的传统生活节奏所代表的是一种资源快速消耗的生活节奏，自由和平均主义是其生活特点；而来自外部“非日常”的农耕节

① 惯习概念及相关表述参见[法]皮埃尔·布迪厄著，蒋梓骅译. 实践感. 译林出版社，2012年，第 73—92 页；Pierre Bourdieu，“Social Space and Symbolic Power，” *Sociological Theory*，Vol. 7，No. 1，1989，pp. 14 - 25。

奏则是一种积累意识，有计划和约束的生产和消费节奏，时间规律和家族主义原则是日常生活准则。从生活节奏入手，我们得以解释为何这些猎民在旗政府给予的开地优惠政策下依旧不能适应务农生活，对农耕没有兴趣，纷纷脱离务农生活。两种生计方式所带来的日常节奏的不同，很难让世世代代以打猎为生的鄂伦春人迅速地从狩猎生活中转换到农耕生活中。虽然手中已没有猎枪，但狩猎生活的惯习犹存。狩猎惯习所伴随的实践生产和认知系统，及其所产生的相应节奏在鄂伦春猎民的日常生活中不断延续至今。周围务农者在羡慕政府所给予鄂伦春人开地优惠政策之时，却惊讶地发现他们却不愿开地。当村委会决定分地给猎民时，猎民也不种，而是将土地外租或转让出去。这类事例不断累积的结果，铸就了外界对鄂伦春族人“懒”的刻板印象。

实际上，鄂伦春族现存困境体现在不同层次的节奏之中。首先，对猎民个体而言，很难从以狩猎为核心的传统日常生活节奏快速过渡到外来“非日常”的农耕生活节奏中。二者节奏的不匹配使得部分猎民无法适应农业，进而抛弃土地，重新陷入贫困。其次，就猎民村整体而言，由于经营农业的缘故，村内已经习得农耕生活节奏的种地猎民与不种地的猎民在经济生活上的差距越来越大，产生社会分化。再次，在鄂伦春猎民定居后生活的区域内部，存在多族群不同的生活节奏。与小河村联系较为紧密的达斡尔族和汉族移民在传统上都善于农业生产，早已形成了以农业为主的日常生活节奏。这种多族群的不同节奏既帮助了鄂伦春族更好地适应农耕生活，也使部分猎民对农业产生抗拒心理，以此来形成民族的自我认同。

将日常生活节奏的视角带入我们对现实经验世界和日常生活的观察和研究中，有助于我们从不同视角对已有问题产生新的理解，进行深入研究。但本研究重点不在于研究视角的独特性，而是关心能否借助日常生活节奏视角对鄂伦春族现有问题进行透彻地理解和分析，从而有助于真正解决鄂伦春族目前的发展困境。这是关乎鄂伦春族未来发展命运的重大议题。

鄂伦春族之所以在今天陷入困境，其部分原因就在于外人总以农耕生活方式的立场和视角来想象传统的狩猎采集生活方式，简单地将其贴上“落后”的标签，没有真正理解其文化逻辑内涵。通过运用日常生活节奏这一新颖的研究视角，可以帮助我们更好地理解鄂伦春人传统的生活方式及其变迁过程。同时认识到，在生计方式快速转变的过程中，狩猎与农耕在日常生活节奏上存在的巨大差异使得猎民无法很好地适应农业生活节奏，进而陷入贫困。对鄂伦春猎民的研究实际上也给我们提出了一个有关“发展”的问题，那就是“发展”是否存在着千篇一律的模式？鄂伦春人不愿意或者说不会种地，是因为他们还没有完全接受务农生活。集约化、大规模的耕种可能带来可观的收入，但农业生产的付出，资金的投入，这些都得依靠节俭和积累。对这种农耕生活节奏，猎民显然难以很快适应。我们需要思考的是，难道对于狩猎采集生计者而言，务农和定居即意味着发展？彻底改变他们的传统生计意味着发展？鉴于狩猎为生在今天的条件下已经难以持续，狩猎退出他们的生活是一种必然。但是，难道只有务农才是唯一的出路吗？这是需要我们反思的问题。

同样，对于鄂伦春猎民日常生活节奏的经验研究不仅可以理解鄂伦春人在转产过程中面对的痛苦，也揭示了社会政策在小民族和边缘民族问题上的困境与争议，提供了一个反思人口较少民族和世界上的边缘族群发展进程和社会政策的视角。我们应正视不同群体的传统文化与现代社会的不同之处，但避免做出孰优孰劣的价值判断。笔者认为，二者之间其实可以相互借鉴。在大兴安岭的土地上，汉人与鄂伦春族猎民也一直处于相互学习的过程中，两者的文化特质和生活习惯也在相互不断地渗透。迁移而来的汉人需要向猎民学习自然环境意义上的地方知识，而猎民也需要借鉴汉人社会中的创造发明。学习与交流的过程是双向互动，而不能总是将这些边缘民族放置于单向度的梯级进化论中。不同群体的生存智慧可以帮助解决现代社会在发展中所面临的难题，提供一种不同的视角，对我们习以为常的单向度和阶梯式的发展观念提出批判和反思。

本文刊登于《民族研究》2018 年第 3 期，刊登时有所删减，此为原文。

参考文献：

[1] 敖长福.《中国鄂伦春族人物志》[M]. 呼和浩特：内蒙古文化出版社，2013：1－2.
[2] 麻国庆. 开发、国家政策与狩猎采集民社会的生态与生计——以中国东北大小兴安岭地区的鄂伦春族为例[J]. 学海，2007(1).
[3] 何群. 环境与小民族生存——鄂伦春文化的变迁[M]. 北京：社会科学文献出版社，2006：353.
[4] 查干姗登. 鄂伦春人的社会变迁与社会分化——以鄂伦春自治旗猎民村落为例[D]. 中山大学博士论文 2010 年；论狩猎民族的身份分化——以鄂伦春族为例[J]. 湖北民族学院学报(哲学社会科学版)，2012(6).
[5] 何群. 酒与"酒"之两难——基于鄂伦春族生态环境与历史文化变迁的分析[J]. 思想战线，2014(2).
[6] Henri Lefebvre. *Rhythmanalysis*：*Space*，*Time and Everyday Life*. New York：Bloomsbury Academic，2004.
[7] [法]皮埃尔・布迪厄著，蒋梓骅译. 实践感[M]. 南京：译林出版社，2012：107－108 页；Pierre Bourdieu. Social Space and Symbolic Power. *Sociological Theory* Vol. 7，No. 1 (Spring，1989)，pp. 14－25.
[8] [法]马塞尔・莫斯著，林宗锦译，梁永佳校. 人类学与社会学五讲[M]. 桂林：广西师范大学出版社，2008：115－192.
[9] Gunnar Haaland，"Economic Determinants in Ethnic Processes，" Barth，F.，ed.，*Ethnic Groups and Boundaries*：*The Social Organization of Culture Difference*，Illinois：Waveland Press，1998，pp. 58－73.
[10] 查干姗登. 狩猎采集社会研究述评[J]. 学术研究，2010(5).
[11] 唐戈. 鄂伦春和鄂温克：从狩猎民到农民的困境[J]. 满语研究，2008(1).
[12] [美]马歇尔・萨林斯著，张经纬等译. 石器时代经济学[M]. 北京：生活・读书・新知三联书店，2009：40.
[13] 于硕，赵式庆. 山上啊，山上！鄂伦春猎民口述史[M]. 北京：新世界出版社，2017：468.
[14] 吴雅芝. 最后的传说：鄂伦春族文化研究[M]. 北京：中央民族大学出版社，2006：67－68.
[15]《民族问题五种丛书》内蒙古自治区编辑委员会编. 鄂伦春族社会历史调查(第二集)[M]. 呼和浩特：内蒙古人民出版社，1985：36.

文化中的生态：鄂伦春族、鄂温克族的生存智慧和挑战

白　兰[1]

文化作为一种资源，人们利用它创造和延续对自然的特定适应方式，解决生活中出现的各种问题。文化多样性历练了人类千百年的智慧，体现了人类适应环境的能力和机制，并实现着独特发展。文化多样性保护促进生物多样性保护，传统文化中的生态知识、文化生态观在当今环境保护、生物多样性保护中也具有非常重要的意义。本文以鄂伦春族、鄂温克族为例分析文化中的生态。

一、鄂伦春族、鄂温克族概况

鄂伦春族是狩猎民族。有文字记载"鄂伦春"始于清代，史料中称为"摩凌阿鄂伦春""雅发罕鄂伦春""俄尔吞""俄乐春""毕拉尔"等。"鄂伦春"是自称，有"山岭上的人们"和"驯鹿的人们"两种意思。鄂伦春族有 8196 人，主要分布在内蒙古自治区和黑龙江省。1951 年 10 月成立鄂伦春自治旗，总人口 28 万人，其中鄂伦春族 2500 人。

传统生活中，鄂伦春人恪守有物共享、平均分配的习惯。饮食中鄂伦春人以兽肉为主，野菜、鱼类为辅，粮食是通过交换所得。交通工具是猎马，住房是圆锥形的 30 多根树杆搭盖的"斜仁柱"，冬季用狍皮围起来，夏秋则用桦皮围盖。出猎时骑马，雪深时也用滑雪板。猎枪、猎马、猎狗、猎刀是鄂伦春男人的伙伴，漂浮的白云、满山的野花、针线盒、

① 白兰，女，鄂伦春族，内蒙古社会科学院内蒙古达斡尔族鄂温克族鄂伦春族研究基地首席专家，研究员。

摇篮是鄂伦春女人的朋友。林中出没的松鼠、扑扇着花翅的蝴蝶、溪水里游动的小鱼，都是鄂伦春孩童的玩伴。

游动迁徙的生存方式，合作和分享的社会准则，豁达平和的心态，构成了狩猎文化的基本特征。狩猎文化是鄂伦春人千百年来在大、小兴安岭和外兴安岭地区的游猎生活中与自然不断碰撞而形成的与特定的自然环境相适应的文化行为。

“鄂温克”汉意为“走下山的人们”，也解释为“大山里的人们”。200多年前，他们是清朝骁勇善战的“索伦部”将士。鄂温克族人口30505人，主要分布在内蒙古自治区和黑龙江省，新疆也有鄂温克人。1958年成立鄂温克族自治旗，总人口为144251人，其中鄂温克族11307人。鄂温克族文化呈现为农耕、游牧和狩猎的多元特征。

特别要说的是，在北纬52度呼伦贝尔草原和大兴安岭交汇处的泰加林区，生活着中国唯一牧养驯鹿的鄂温克族。鄂温克人在过去几千年间游走于苔原地与森林之间，封闭但坚强地与大自然融合，大自然是鄂温克人最亲密的朋友，是鄂温克人最安全的精神家园。

今天，鄂伦春、鄂温克族的发展面临着与现代化相交的文化碰撞之痛。现代文明带来了方便快捷的生活方式，也带来了适应新的生活方式的困惑。

二、狩猎民日常生活中的生态意识

鄂伦春族与鄂温克族同自然的关系是最为直接的，因其完全依赖于自然的生存方式。其文化的核心理念是“敬畏自然而遵从自然”，深刻表达了人与自然融为一体的生存法则，其在酷寒条件下生存的特有的生活方式及独具特色的民族文化影响了整个中国寒温带地区。

鄂温克族的游徙人群与驯鹿种群和谐地相依为命，鄂温克族的小生境系统整合了动植物种群与地方族群的物质与精神文化。

鄂伦春族以狩猎民那神秘的空灵感，保持着森林特有的自然和安详，他们不会任意改变和毁掉什么。生活、生产中有许多禁忌，是他们在千百年的山林生活中积淀下来的。当失去这一切，那种与山林交流的智慧也将失去，与大自然交流而建立起来的生命体验也将湮灭。

三、狩猎民习惯法中的生态意识

保护生态环境和森林资源的传统观念、法制、规定和习俗等内容是各民族文化的重要组成部分，具有鲜明的生态保护特征，反映了我国少数民族对自然环境和自然资源进行科学保护和合理利用的情况，同时也体现了文化对森林资源保护和经营管理的影响和作用。从文化推动社会发展的视角出发，对少数民族生态文化及其与森林资源管理的关系进行深入分析，学习和借鉴少数民族生态文化，将对促进生态文明建设非常有意义。

鄂伦春人和鄂温克人强调的社会法则是，森林是共有的，猎场是共有的，猎物平均分配，狩猎民没有贪婪和囤积，没有弱肉强食。正因如此，他们对山林没有形成硬伤式的索取，这和现代社会中汰弱留强的丛林法则形成强烈对比。

现在，在森林生活的场景中，我们能深刻地体会到很多变异了的因素，例如帐篷逐渐代替了传统住屋“斜仁柱”，纷至沓来的人们也打扰着这里的静谧生活。与现代社会的广泛接触中，森林生活表现出了不稳定状态。必须要指出的是，人口极其稀少的族群千百年来一直生活在高寒山林地带而没有灭绝，对生态环境没有造成破坏，是因为他们有适应山林游猎的生存本领和技能。这种独特的文化优势就是鄂伦春人和驯鹿鄂温克人的生存哲学——对人与自然关系的独到见解和价值观。

狩猎民的传统生活方式

四、狩猎民宗教信仰中的生态意识

鄂伦春族和鄂温克族信仰的萨满教是以“万物有灵”为信仰核心的，与宗教信仰紧密关联的禁忌文化是传统文化的重要组成部分，是一个民族在不同的自然环境和社会交际中逐步形成的一种复杂的社会文化现象。随着社会的发展，许多禁忌的具体内容与形式会发生转化甚至消亡，但是有些禁忌却仍然在现实生活中担当着重要的角色，许多民族的禁忌习俗对生态环境的保护仍然发挥着其他法律规范、制度措施所不能比拟的积极作用，可以认为少数民族包括禁忌在内的传统文化对生态保护和生物多样性的保护有着积极作用。

五、狩猎民文化在现代社会中的价值

在现代社会中，狩猎民的生产生活方式将渐渐退出历史舞台，但他们的文化理念告诉我们：人类对自然规律的遵从将是唯一可持续发展的路径。

由于禁猎，负载着鄂伦春人、驯鹿鄂温克人的价值取向、生存哲学的基础已经不复存在，而对现代社会并不熟悉、对新的生产生活方式尚未完全适应，让他们表现出了种种困惑和矛盾。这种困惑和矛盾在逐渐消磨他们的意志，使他们的生活方式变异而不为外界接受。

文化中的生态是狩猎民的生存智慧，它将警示人类从人类中心主义的噩梦中醒来，回归人与自然和谐共处、永续发展的理念，这是现代以及未来人类文化发展的主流，也是人类实现可持续发展的基础。因此，从生态学视角认识和理解人类面临的各种困境和问题，寻求可能的、合理的解决途径，显得格外迫切和重要。

六、狩猎民文化与生存的出路选择

现代文明的进入是对狩猎民文化延续的一个挑战。在恶劣的自然环境中，少数民族传统文化成功地创造出了满足人们基本需要的方式。人们在获取自然资源的同时，非常注意资源的再生和重复利用，使资源能够长期满足人类的需要。

少数民族的生产生活方式是在长期的生产生活实践中总结出来的，有着适合当地环境的独特优势，并与其价值观、世界观、生活态度密切相关。在现实社会中，人们认识和理解传统生产生活方式时如何看待文化，会对文化变迁产生重要影响，在外部作用力较为强烈的地方尤其如此。

当代人遇到的难题是，我们在获得巨大成功面前，对于所付出的自然生态破坏的代价能够承认，而对文化生态破坏的代价却被考虑较少。于是就形成了当代人在解决自然环境问题上遇到的一个无法走出的悖论，这就是我们希望在原有的工业文化不变的前提下，以导致自然生态破坏的文化与理念来挽救自然生态环境。

以多元民族文化的破坏来换取工业化，如同破坏生态环境换取经济增长一样，是值得关注的另一种生态破坏。

原文刊登于《实践(思想理论版)》2015 年第 6 期

现代化过程中的赫哲族："文化"还是"生产方式"？

于长江[①]

摘　要：赫哲族的文化和生产方式具有重度重合的特征。在现代社会转型过程中，赫哲族所面临的不是学术意义上的"族群文化"问题，而是现实生活中的强制性"产业转型"和"产业升级"问题。如何选择和实施代价小、痛苦少、条件方便的产业转型和升级方案，并基于此发展出新的文化，才是赫哲族当前所需要的。

在社会"现代化"发展中，如何处理特定族群[②]的文化传统的问题，一直是非西方发展中国家难以解决的两难问题。这里面有两方面含义：一方面是，如果传统文化与现代化的要求存在冲突，要不要和如何克服？另一方面是，鉴于基本的文化价值，人们究竟应不应该为了现代化而放弃文化传统？放弃传统文化会不会导致一个族群的"消失"，这种"放弃"和"消失"究竟"对不对"、"好不好"？这类问题，在一些人口规模比较小的族群中，特别突出地表现出来。基于这些问题，北京大学社会学人类学研究所和国家民委、中央民族大学等单位合作，在 1999 年

---

① 于长江，男，北京大学社会学系与美国北美民族种族研究中心合作培养博士。现为北京大学中国社会与发展研究中心研究员、北京大学深圳人文学院执行院长。主要研究领域为城乡区域发展、社会治理、社会工作、民族与民俗、艺术群落。

② 关于"民族"、"族群"的定义和使用，在我国一直存在着多种观点，没有统一的标准。本文采用"民族"、"族群"并用的方式，其基本含义，均约等于英文"ethnic group"在已经成为长期通用语的词组中，使用"民族"一词，其确切含义依据中国大陆 20 世纪 50 年代民族识别时的定义；而"族群"则泛指各种层次上自认为或被他人认为属于同族的群体，包括"族"、"民族"、"人"、"种族"等。

到2001年,立项进行“中国人口较少民族社会经济发展”研究,专门研究中国人数在10万人以下的小族群面对现代化挑战的各种问题。笔者参加这一研究项目,并选择了居于中国大陆东北边境地带的赫哲族作为一个典型个案进行了田野研究。

选择赫哲族,是因为根据相关部门和某些赫哲族人士提供的信息,赫哲人近年来正面临着这种“两难”处境:究竟是要“文化”,还是要“生存”?一方面,为了“生存”,似乎必须放弃自己的某些传统文化;但另一方面,如果仅仅保住了“生存”,而丧失了原有的文化,这个“民族”还存不存在?这在价值观上能不能接受?那么,是不是应该为了保存“文化”而牺牲“生存”和“发展”呢?

本研究的基本目标,是深入了解赫哲族目前面临的这种文化两难的核心问题之所在,探索在现有条件下有没有可能、在多大程度上可能解决这些问题。

一、基本假设和研究方法

这项研究的基本假设是:

在现代化过程中,赫哲族的传统文化面临着严峻的冲击和挑战,威胁到族群文化的生存,而赫哲族人试图捍卫自己族群的特殊文化,拒绝改变,这种对立的局面,造成人们心理上的紧张和不安,影响到社会的稳定发展,也影响到赫哲族与其他族群之间的关系。

基于这种假设,笔直在调查前希望能够重点检验几个问题:赫哲族对其他族群和文化的基本态度和心理,是排斥还是乐于接受?2. 目前赫哲族究竟面临什么问题?传统文化受到什么“挑战”?3. 现实中有没有解决这种困境的努力和途径?效果如何?4. 作为背景因素,赫哲族所处的族际环境如何?与其他族群的一般关系状况如何?笔者通过寻找这些问题的答案,检验(证实或推翻)上述基本假设,进而探讨解决赫哲族面临的文化困境的方法。

二、应对危机

赫哲族在传统上一直靠在黑龙江、乌苏里江和松花江打鱼为生。

一般地说，在中国东北和俄罗斯远东一带的很多族群中，渔业一直是一项重要的生产活动，但赫哲族对渔业的依赖程度特别高，传统上几乎是以渔业为唯一的生存基础，基于渔业而发展的各种产品种类也非常多，不仅包括自己食用的各种食品，还包括服饰、日用品、工艺品等，同时，赫哲人发展出一整套跟渔业和水上生活有关的文化体系。现在赫哲族生产的很多渔业产品主要是用于在市场上销售，换取现金收入，这部分收入，几乎构成了赫哲人的全部生活来源。

渔业传统使得赫哲人在生产技能上相对比较“特化”，渔业活动和有关水上生活方式具有很特殊的性质，跟一般的农耕生产生活有很大区别，二者不太容易兼容。当地赫哲族人很少有善于兼做农活做得好的，而非赫哲族的农业人口，也很少有人能像赫哲族人一样习惯和擅长捕鱼作业。渔业和农业，似乎是两种不太容易兼顾的生产方式。

近十年来，赫哲族这种传统渔业出现了严峻的问题。随着当地赫哲族人口不断增加，长期实行粗放式捕捞方式导致渔业资源被破坏，再生能力跟不上捕捞量，黑龙江、乌苏里江鱼类资源的不断减少，已经无法承载日益增长的捕捞和生活需要。随着江中鱼类总量急剧减少，捕捞量下降，赫哲族的经济收入也相应减少，尽管还没有威胁到温饱问题，但仅仅靠打鱼已经越来越不足以维持和当地平均水准相应的生活水平。根据有关方面测算，如果这种趋势持续下去，赫哲族人民的基本温饱也会面临着一定的威胁；同时，即使现在加强环境保护，江河中鱼量回升，但在目前技术条件下，仍然无法支持日益增长的人口和扩大的需求，因此，无论如何，捕鱼这种古老的生产生活方式都将面临着空前的挑战。

从理论上说，目前赫哲族可以通过开发和提升渔业产品的品种和档次，提高附加值，在产量大幅度减少的情况下维持收入水平。在赫哲族的渔业产品中，有些产品可以很昂贵，比如鱼皮衣服，在现代社会可以作为高档的工艺品；有些产品则具有潜在的市场和价值，比如大马哈鱼子，虽然在中国菜中不占主要位置，但在俄罗斯和欧洲饮食中有相当重要的地位，是很贵重的东西，具有很大的潜力。但是，这些“潜力”要变成现实的价值，还需要投资、人员培训、经营管理、技术支持、市场规模等等多方面的配套和制约，目前是远水不解近渴，而且这些现代生产管理方式,当地赫哲族的文化取向和素质技能能不能胜任也是个问题。所以实际上,这些潜力在当前没有现实意义。

为了尽快扭转这种贫困化趋势,黑龙江省有关部门根据实际情况,制定了促使赫哲族从单一渔业生产方式部分转入农耕的政策,以维持赫哲族的基本生存。政府把一些土地无偿分配给赫哲族村民,又安排农业技术人员深入到村中免费讲授和指导大家如何种植各种农作物,这项政策已经实施几年,获得一定效果,目前,已经有相当多的赫哲族村民开始从纯渔业转向部分种植业生产,解决了自己的粮食生产问题,基本生存得到保障。但是这种转型,实际上存在着很大的难度。根据调查的情况,赫哲族人始终没有习惯于这种转变,他们对农业生产没有兴趣,也很不擅长,因为绝大多数成年人从小到大从来没有种过地,突然学习种地,感到很不习惯,要想在一代人之内适应生产方式的变化,是非常困难的。

政府这种鼓励赫哲人转向农业生产的导向,引起了一些人士对于“现代化”与“保护族群传统文化”的关注,有学者担忧这种做法是不是“人为破坏传统文化”。事实上,促使我们进行这项研究的动机,本来就是这种基于对赫哲族文化传统的关注。不过实际调查显示,这种做法在目前的困境下确实是必要的和有效的,它为赫哲族的生存提供了一个最基本的保障和回旋余地,只有在这样一个基础上才有可能进行其他的选择和尝试。

除了某些受现代人文思想和民族意识教育的知识分子之外,普通赫哲族民众自身主要关心的基本上不是抽象意义的“文化传统”——诸如语言、服饰、艺术、手工艺等,这些东西,现在并不是赫哲族本身最为关心的问题,而目前他们最担心的,就是捕鱼业能不能继续下去的问题。从学术意义上说,捕鱼业也是赫哲族人“文化传统”的一部分,也应该归入广义的“文化”范畴之内,但当地赫哲人并不是从“传统文化”的角度来理解和提出这一问题的,他们是从纯粹“经济”、“生产”、“收入”的角度来担忧的,简单地说,就是越来越觉得打不到鱼了,靠打鱼赚钱不行了,收入无法维持,物质生活无法保证。就赫哲族本族人的感觉来说,“文化”的“独特性”本身并不必然地具有价值,这种概念本来并不是人们关注的重心。在东北黑龙江流域特殊的社会移民杂居的社会环境中，各族群人口都没有很深的根基，都没有很强的族群意识和族群认同，地域、社区特征的重要性，已经超过族群特征。由于长期处于这种相对宽松、没有人为隔离和歧视的社会环境中，赫哲人除了少数知识分子之外，普通民众基本上没有文化危机感，缺少保持自己文化传统的内在动力。在这里的赫哲人，在基本价值观、基本理念、基本文化取向和审美品味上，已经和中国主流社会没有多少差别，通常对“传统文化”这一概念和词语均持一种消极（如果不是“否定”）的态度，认为那是“落后”、“愚昧”的东西。人们的总体心理倾向在于追求“新”、“现代”、“进步”，尽管在来自真正“现代化”社会的人看来，当地人对这些概念实际上存在着很多基本的误解和错觉，但当地人对自己头脑中“现代化”的想象和目标深信不疑。人们仅仅在某些需要强调自己族群身份的情景下，才强调“传统’的特殊性，以此来支持身份的特殊性，但这种强调，已经具有实用的因素，不是纯粹感情上自然而然地对于自身传统的留恋。

从另一方面来说，这种对自身文化传统的“不自觉”，也正好证明了这种渔业生产的“文化性”——它已经完全融入赫哲人的生活和价值观中，他们把捕鱼业视为“理所当然”的生产活动，除了这种活动之外，他们很不习惯于想象自己还“能”或还“应该”从事任何其他的生产活动，对于生产和生活方式的变化，没有人有心理准备。

三、兼顾“传统”

赫哲族转向农业（粮食）生产虽然解决了最基本的生活保障的问题，但是土地和农业其实只是起到一种“失业保险”的作用，并不能维持一个和周围社会发展相称的不断提高的生活水平。且不说是这些不擅长农耕的赫哲族人，事实上在今天中国大陆，即使其他世代长于农耕的族群，比如汉族，也很少有仅靠农业生产本身来维持日常收入的。当然“农业生产”也包含各种经济作物，附加值可以很高，但大陆的农业生产，还是以粮食为主，因为农产品市场、流通、加工等方面尚不发达，高附加值的经济作物还不可能是普遍的选择，对于广大农村人口来说，只有发展农业生产之外的产业，才能维持生活水平的提高。

当地的社会各界也在探索赫哲族除了农耕之外的出路——仍然是从“经济”和“收入水平”的角度,而不是从“保留文化传统”的角度。值得注意的是,在这种探索和探讨中,赫哲族普通村民很少积极参与或发表看法。长期不变的特殊生活方式、相对“袖珍”的人口规模,使得很多普通赫哲族人形成一种游离于现实事物之外、与现实社会有距离感的心态,也不太具有依靠自己的力量决定和改变自己命运的习惯。当一种具体危机出现时,并不能表现出迅速的积极主动的反应,只有一些干部和知识分子表现出强烈的迎接挑战的竞技状态。因此,当地的很多决策,实际上只能在“精英主导”的模式下进行。

目前在关于赫哲族产业转型的选择中,除了农业之外,人们正在探索两种生产模式:同江模式和饶河模式。

个案 1　同江街津口:利用民族特色文化

目前中国赫哲族人口大部分(约 1500 人)聚居在同江市。同江市有街津口、八岔两个赫哲族乡,其中街津口乡东南北三面环山,西面临黑龙江,共辖有 8 个自然村:东有卫江、卫垦、卫东、卫丰 4 个自然村,南有卫华自然村,西有卫国、卫星 2 村。从这些名字,可以看出这里建立村落时浓厚的边境意识,一切以“卫”字为先。全乡总面积 42 万亩,其中山地 29.2 万亩,草原耕地 4.4 万亩,水面 8.4 万亩,大概是“七山二水一分田”。

街津口的历史经历了多次变革,是赫哲族人历史的缩影。清朝以前这里实行所谓“哈拉、穆昆”的氏族制度,清康熙年间被编入八旗。民国初年街津口仅有村民 15 户,其中赫哲族 13 户,当时在行政上归同江县衙门管辖,村内驻有村官,下设百家长、十家长等。后来外地人不断迁入,村民达到 40 户。1931 年“九·一八”后,百家长改为屯长。1937 年日本发动全面侵华战争后,日本统治者强行实行“集村并屯”,把其他 4 个赫哲族人聚居地的赫哲族人强行迁到此地,街津口变成一个“集中区”,屯长改称“部落长”。1949 年新政权建立时,这里人口仅有 107 人,当时组建了农民联合会,设主任一人,1953 年实行普选,改为行政村,1956 年成立高级农业生产合作社,1959 年由于大的行政区划变动,街津口变成“农场三分场三队”，1962年县、农场分立，1963年成立“赫哲族民族自治乡”，“文革”中1967年成立“革命委员会”，1984年恢复“赫哲族民族乡”至今。目前街津口赫哲族人口为500多人。

街津口历史上的行政体制变化，同时就是经济制度和生产方式的变化。但不管经济制度如何变革，直到20世纪90年代，其渔猎，特别是打鱼的基本生产方式一直没有实质性变化。

目前，街津口赫哲族面临着渔猎资源减少的压力，出现了一定程度的“生存危机”，为了应付这一挑战，当地政府和民众正在探索走出困境的途径。

街津口具有独特的区位优势，两条河流从境内流过，周围具有丰富的动植物资源，河流泡泽密布，形成独具特色的自然生态景观。同江市委、市政府于1998年8月，邀请了有关专家学者对这一地区进行了调查研究，在赫哲族渔民中征询意见，取得关于本地发展战略的共识。他们得出的结论是：“以北方内陆特色的渔猎文化带动民族经济，从本民族的经济文化的根本利益出发，制定出保护资源、开发资源、合理利用资源，发展民族旅游，弘扬赫哲文化，进而带动赫哲族发展”。[1]

依据这一思路，当地政府组织有关专家学者制定了《街津口赫哲旅游度假村总体规划》，计划在街津口一带进行基础设施建设，开发一系列旅游项目。依据这一规划，未来旅游度假区的性质被定义为：“江滨森林型生态旅游度假区，即以大界河山水风光、赫哲族民族风情观光为主，辅以民族特色游乐，民族文化博览，以旅游度假、康体休养为主要功能，发展成为可为游客提供多种选择的国内一流的综合性生态旅游度假区”。计划中的项目包括赫哲民族博物馆、赫哲民族文化村、乡村(渔农)休闲区、小动物狩猎区、钓鱼台景区等含有族群文化成分的项目。其中民族族群博物馆、赫哲民族文化村本身就有某种直接恢复和传播赫哲族传统文化的功能，如果组织得好，确实有保护小族群文化的意义；乡村休闲区、狩猎区和钓鱼台则可能在某种意义上有助于保持和弘扬赫哲族传统生产方式。

这一旅游度假村计划的实际可行性及相关的技术性问题，还要靠有关部门做出具体判断，但笔者认为值得注意的，是他们努力利用族群传统文化特色发展地区和族群经济的出发点。三江地区是中国少有的几块尚保有大量原始生态环境的地区,这种相对人少地多、污染较轻的地区,其环境本身就是一种难得的潜在资源,赫哲族与自然融为一体的族群文化传统,也理所当然地具有观赏和体验的旅游价值。

个案 2 饶河县四排乡:发挥传统优势

饶河县是中国赫哲族除同江市之外的另一个聚居地①,行政区划上属于双鸭山市管辖。饶河县的赫哲族主要居住在“四排赫哲族民族自治乡”。四排乡位于饶河县城东北 17.5 公里处,乌苏里江西畔,边境线长 30 公里,行政区域 42 平方公里,区内地形以冲积平原为主,地势低平,平均海拔仅 48 米。

四排乡赫哲族在清代初年奉命留住原地编户纳贡。康熙五十三年,本地四个大氏族被编为镶黄、正黄、正白、正红四旗,在三姓地方设协领衙门管辖。雍正年间设副督统,增加四个旗的建制。光绪八年设协领衙门,赫哲族分属三个旗管辖,每年进贡貂皮、鳇鱼骨等珍贵土特产。民国年间废旗建县,赫哲族人被编入当时的社会基层组织“会”、“排”中,不用再披甲当兵。1931 年后,在伪满洲国时期,赫哲族人被强行归并到“部落”中,被迫弃渔从农,实际上落得无衣无食,流离失所。光复后,迁至现在的四排地方,建立村政权。1985 年建立“四排赫哲族自治乡”至今。[2]现在四排乡下辖两个自然村和一个国营林场,人口 1300 多人,除赫哲族、汉族外,另外还有朝鲜族、满族、蒙古族、壮族等人口,其中赫哲族主要集中在“四排自然村”,有 68 户,211 人。全乡现有耕地 1.6 万亩,林地 800 亩,牧草 1000 亩,水面 2.09 万亩,可养鱼水面 3600 亩。渔业生产方面有捕鱼网滩 6 处,捕鱼水面 1.3 万亩,捕鱼船 45 只,

四排赫哲族乡的民众和干部,在面对生存状态和生产方式方面挑战时,本来也存在着多种选择。饶河县有一些东西在中国大陆家喻户

---

① 有一种未经证实的说法:由于饶河县相对而言比较封闭,这里的赫哲族保留了比较多的传统生活方式。

晓，完全有条件“炒作”一番，以提高“知名度”。比如有一首在大陆各地颇受欢迎、广为流行几十年的《乌苏里船歌》，就是在这里根据当地风土人情创作的。这首歌描述赫哲族打鱼为生的习俗，使得“赫哲族”这个人数很少的族群闻名遐迩，知名度远远高于大陆其他小族群。本乡境内的一个“大顶子山”，也在歌中出现。另外，距离这里县城不远的地方，就是“珍宝岛”，这个小岛因为20世纪60年代末中国和苏联的边境冲突而牵动过中外亿万公众的心，可以说举世闻名。这些特有的“名胜”，为本地开发旅游业提供了潜在的可能性。但经过调研和论证，本乡基层干部从资金、投资周期等现实可能性方面考虑，没有立即致力于旅游项目的开发，而是决定首先从比较小的、切实可行的项目搞起，并侧重于项目的生产性功能。他们的思路是：力图最大限度地利用赫哲族长期从事渔猎生产的族群传统习惯和技能，把民族传统技能本身当作一种人力资源优势加以利用，发展相对比较接近于渔猎的生产方式——水产养殖业。这样，一方面保持赫哲族人已经习惯了的生产环境和生活方式，另一方面又提升产业层次，提高劳动生产率和收入，“要使赫哲族人致富，需要从捕鱼逐渐引导到养鱼且走上养捕结合的轨道”，“在四排赫哲族乡发展养鱼业，是引导赫哲族人调整产业结构、走上养捕结合道路的需要，是因地制宜、充分发挥地域优势、扬长避短努力发展少数族群经济的需要”。为此，县、乡政府制定了“一水带两水”计划，就是用乌苏里江“水”带动“水稻”和“水产养殖”的经济发展战略。[3]

从目前饶河县的地理位置、交通条件、技术水平和市场状况来看，一般的常规水产养殖并不是四排乡的优势。为了在市场竞争中争取主动、造成优势，他们总结了各方面的经验，制定出养殖“名优特鱼”的思路，就是专门养殖市场上比较紧俏、知名度高、有特色、价格比较高、品种优秀的鱼种。根据计划，他们已经修建了大小鱼池14个，总面积170亩左右，以江水养鱼，水源由灌区泵站供给。经过2000年和2001年的试养已经收到很好的效益，由此，县、乡政府已经把名特优鱼的繁育和养殖作为重点项目加以支持。现在正在考虑建设一个孵化站，改造1000亩面积的水库，按绿色标准生产名特优鱼种，并着眼于精深加工。当然目前的瓶颈问题是缺少资金,县、乡干部民众正在四处奔走,争取必要的资金。

这种含有经营成分的养殖渔业,也是对历来尚渔猎、轻农商的赫哲族人的一种“培训”,可以促进赫哲族人树立信心、振作精神、尽快向市场经济的观念和实践转型,是培养新的生产动机和创业精神的有效途径。据说有一位原来绰号“懒人”的赫哲族村民,家里有地也不爱去种,打鱼每天又打不上几斤,全都卖了换酒喝,老婆气跑了,自己领着儿子生活;自从去年入股参加了养鱼场工作后,犹如换了一个新人,早春冰还没化尽,他就穿着短裤在鱼池中忙碌,冷急了就喝几口烧酒御寒;年底不但分得了很多红利,而且成为远近闻名的“鱼把式”(“把式”,当地语言,意为“专业能手”)。养殖业方面的成功,也改变了他的公众形象,目前提亲、求婚的人也接踵而来。

从原始捕捞到自己养殖,生产方式有某些相关性,跨度不像转入农业那么大,人们心理上和习惯上比较容易适应,但还是需要很多新的专业知识和新的思想观念,四排乡正在做这方面的工作。针对这种现状,人类学家费孝通先生在考察这里时曾经提出:要鼓励他们培养一些企业和企业家,他们没有这种“企业”传统,其他人数多的大民族要帮助他们经营,给予基本条件上的支持,建立自力更生的样板,如果做好了,就可能为人数特少民族发展现代经济和保持传统文化找到一种重要的思路,会有一种开创性的意义,可以和美国的保留地形成对比①。

任何新创意、新方法的实践都不可能是一帆风顺、一蹴而就的,引导一个族群由渔猎经济转入养殖经济,是一项很有意义的尝试,不管他们成功还是失败,都会给我们从事族群和地区发展研究留下十分宝贵的经验。这种“就近转型”,也是中国大陆民族工作的一种新的取向,特别重要的是,它反映了基层政府机关在产业发展这种“经济活动”的决策中,开始考虑民众的文化传统,这在中国大陆的社会背景下是一个十分重要的观念转变,它不仅对于民族工作,而且对一般意义上的地区发展,也有一定的参考价值。

---

① 根据现场讲话录音整理。

四、人文环境：交流和融合

关于不同族群关系问题，人类学、族群学界有诸多理论和观点。在赫哲族地区，笔者首先看到的和关注的，就是可能出现的“融合”的趋势。学术界对于“同化”、“融合”的问题，一直有不少争议。基本问题是，究竟应不应该鼓励融合？什么样的融合是“好的”，什么样的是“不好”的等等。从各国族群政策来看，各种价值取向的都有，比如美国的“熔炉”理念，就是鼓励融合，而印度、欧洲某些国家的多元文化模式，就有故意保持各族群特点的潜在假设。中国大陆目前的政策，由于来自复杂的历史演变过程，具有一种混杂的性质，没有明确一致的导向。在制度设计上，是明显强调保障各族群的特殊性，但是在社会生活层次上，实际上鼓励融合，而目前的基本制度——族群区域自治制度——在不同地区不同族群中会造成多种不同的结果，在赫哲族地区，总的趋势是有利于自然融合。

1. 小族群的局部优势

中国大陆的所谓“少数族群地区”，实际上绝大部分是族群杂居地区，汉族人口往往早已超过少数族群，比如内蒙古地区，早在19世纪，汉族人口已经超过蒙古族人口。大陆实行的中国式的“民族区域自治地方”制度就是针对这种状况，要求在这些地方，必须在行政制度上保证少数族群的“主导地位”。在划定的“自治地方”范围内，小族群人数与大族群相比，不会像全国范围内平均人数那样悬殊，这样有利于大、小族群之间的平等交往。像同江市街津口赫哲族乡政府所在地的自然村落，赫哲族居民占人口比例在50%以上；饶河县的赫哲族村，赫哲族人数与汉族人数相当。这样，像赫哲族这样一个小族群，能够在与他们日常生活直接相关的地域内，成为一个局部优势的群体。

而小族群依照法律规定，在政治上必须居于主导地位，主要行政官员和整个干部系统，少数民族裔干部要达到一定比例数，这种强制性的保持比例的措施，也平衡了小族群在人口、文化方面的总体弱势地位。在街津口乡，赫哲族人口只占1/8，但全乡范围内赫哲族干部的比例远高于赫哲族人口比例，达30%到40%。在佳木斯市的郊区，有一个“敖奇赫哲族自治乡”,在建立自治乡时,赫哲族人实际上就不是多数,而是少数,但由于族群乡的建立,赫哲族干部比例达到50%,在局部上,形成赫哲族在地方权利和行政管理方面的优势。通过这种以地方行政机构中有意识地“扶小抑大”的安排,尽量弱化族群之间人数不同可能造成的“势力”的强弱,平衡族群关系中最敏感的行政权力分配问题。由于这种体制是最基层的政权组织,这种权利平衡也就在相对比较小的社区内直接实现,它的功能和作用能够直接在人们的日常生活中显现出来。在农村社会中,绝大部分涉及到民众切身利益的事宜,都发生在乡、村两级政府的管辖范围内,所以在乡级以下的社区中建立这种权力平衡机制,在很大程度上确实保证了赫哲族作为一个小族群的特殊权益。

2. 社区认同和融合

目前民族地方区域自治制度的一个结果,就是区域内社会交往的增加和社区认同感提高,民族区域自治地方制度客观上有助于塑造一种“区域”认同,也就是发展一种跨越族群的“社区感情”。具体来说,促成这种变化主要有两个方面因素:

第一,在基层民族区域自治地方的小范围内,由于统一的行政区域造成的便利和事务性联系,使得自治区域内部各族群人口之间的流动、交流非常频繁。调查显示,“乡”是基层民众日常交往主要地域范围,各族村民流动、交往最集中的圈子,大多限于本“乡”范围,同一“乡”内不同族群之间的交往,远远超出不同“乡”的同一族群成员的交往。民族自治地方建立在“乡”一级,正好符合一般村民交往的规律。这种区域交往的增加的一个结果,就是区域认同的增加和族群认同的相对淡化。

第二,当前市场经济的发展、地方产品品牌的重要性以及潜在旅游价值的影响,使得人们非常关注本人所在“地方”的知名度和公众形象,而这种“地方”的基本单位,是基于行政区划,在中国大陆农村主要是“县”和“乡”,“民族自治乡”就成为这种“名声”的基本载体之一。在饶河县四排乡,赫哲族和汉族乡干部共同策划如何提高“四排”这一名称“知名度”,取地名中的“四”字和“排”字,提出了“四万宾客排队来”的广告语。这种对地域名称而不是族群名称的强调,实际上推动了村民对

“乡”的认同感。不论汉族村民还是赫哲族村民，都首先把自己视为“四排乡人”。而赫哲族的文化特色，则被视为“全乡”的特色。在访谈中，汉族干部和村民也特别喜欢强调自己所在的四排乡是“赫哲乡”，因为这种名称突出了地方特点，使得这个乡比其他普通乡多了一层意义，人们感觉生活在一种有自己特色的社区中。

另一个例子是，佳木斯市敖奇乡的汉人和赫哲族人都极力向外人强调他们那里是赫哲族的“发祥地”（根据当前比较权威的“中国少数族群简史丛书”中的《赫哲族简史》，赫哲族源流非常复杂，并不存在一个所谓“发祥地”）。这种把自己的地区视为“发祥地”的现象，是典型的构建地方性特征的“神话”（MYTH）的过程，它极力强调本地的独一无二的特点，反映了该地域的各族群人口地域认同的心理倾向。正是出于一种休戚相关的共同命运的感觉，人们才共同努力争夺名誉资源，试图提高自己地方的荣誉感和知名度。

可见，在乡一级的民族区域自治地方中，存在着强化社区意识，淡化族群意识的社会文化气氛。在这种气氛中，族际通婚成为平常的事，出现很多被戏称为“多元一体”的大家族。在敖奇乡，我们走访了一户“多元一体”的人家。女主人本来是满族人，因为丈夫是赫哲族人，所以也就可以算作“赫哲族”了。他们的儿子算作赫哲族，是该村的负责人之一（这种由赫哲族担任村干部的安排是民族自治乡规定的）。这个儿子刚刚结婚，新娘是汉人。这样他们一个家庭中就有了三种民族成分。在儿子新婚的房间里，墙上挂着大幅结婚照，新郎穿西装，新娘披白色婚纱，完全是“西化”的形象。这个家庭两代人，很典型地反映了这一地区，在中国特色的“民族区域自治”这种体制和机制下，不同族群人口之间的动态关系。不同族群成员在密切的交往中，淡化族群身份，而把注意力越来越多地集中在“发展”、“现代化”方面。结婚服装的“西化”，在这里的特定条件下，体现的是对“现代生活方式”的梦想和追求。在这样一个社区，不同族群——主要是汉族、赫哲族和满族——在日常交往中几乎没有族群意识，而真正重要的是“社区意识”，也就是“你是哪一个村的”。民族区域自治这种制度对“现实的”区域概念的强化和对“想象中的”族群“整体利益”的淡化，有利于避免各族群把注意力过分集中在“族群利益”的争执和分配上,而更多地是从“社区成员”个体身份考虑各种利益关系。所以在这种制度下,跨族际通婚成为十分平常的事,几乎没有引起任何疑义。事实上,由于计划生育政策的副作用,汉族人有故意设法找赫哲族结婚的倾向,为的是享受特殊优惠的生育政策。

五、讨论:“文化”还是“生产方式”?

本次调查前提出的几个问题,调查中基本上都有了答案,同时也发现一些新的值得探讨的问题,在此进行一些探讨。

1. 赫哲族的文化开放性

赫哲族几百年来一直处于其他大族群的环境之中,但没有受到明确针对其族群身份的压迫和迫害,与其他族群交往没有太大的心理隔膜,对其他族群的文化,通常采取一种开放的、乐于接受的态度。这种相对宽松的环境,反而造成赫哲族人没有强烈的保存自己“文化传统”的动机。在缺乏这种内在动机的情形下,文化上面临一种悖论:越是那些事实上在思想和行为上比较“传统”的人口,越没有主动地、有意识地保持自己文化传统的冲动,他们甚至把自己的文化传统视为“落后”、“保守”的代名词,有一种自我否定的倾向;而那些大声疾呼“保存传统”的赫哲族或其他族人,反而是那些接受过现代教育的、在实际生活方式中不那么“传统的”知识分子,这是一种典型的社会精英主导的、把“文化”从日常生活方式中剥离出来,用于构建族群认同象征物的倾向。但是在赫哲族目前的情景下,这种“有意识”的塑造和保存传统,究竟会造成一种什么“传统”,还有待于观察。

本地有一些非常引人注目的民众自发的保存自身文化的努力,但这种努力实际上是明显地基于旅游业的考虑,而不是人们自身的文化品位和审美兴趣。比如,在敖奇,有一家个体饭馆老板,在饭馆旁边办了一个“家庭博物馆”。当然他开办这个博物馆,有保持和恢复赫哲族传统文化的用意,但据笔者了解,其直接的动机是利用赫哲族文化,招徕更多的顾客……可能会让学者们感到遗憾的是,这种为了“发展旅游”而“保护传统文化”的心理,也许是目前条件下我们唯一能够想象出来的现实的“保护传统文化”的动机。当然这种商业动机下的努力,也可能会反过来不断对当事人造成一种自我心理暗示，最后很可能真的唤起他本人和本族群人越来越强烈的自觉的文化意识和文化认同。这种过程，在其他一些族群文化演化中也有过先例。

2. 对问题和挑战的再解读

我们的调查，本来也正是基于对"文化"的关注，但实际调查显示，这种学术意义的"文化"概念，与"当地人"头脑中的基本分类范畴和基本关注并不完全契合，还需找到一种对接点，否则，我们就难以理解和把握赫哲族社会文化演变的真正脉络。在当地具体情景下，赫哲族人口确实存在着对于人类学意义的"传统文化"的留恋，但这种留恋，主要是不自觉地体现在对原有渔业生产方式的留恋；而特别重要的是，当地人并不是从一种抽象化、概念化的"文化"的角度来理解自己的焦虑和怀旧感而是从"收入"、"生活水平"、"经济"等"世俗的"、"功利的"角度来认识自己的感受的。在现实中，并不存在一个直观地、物理意义的"文化"存在，赫哲族普通民众本身并没有怀着一种类似"文化"这样一个一般性的范畴来感受和体验面临的社会变迁。

像赫哲族这样相对开放的小族群，目前其"文化传统"的核心，除了日益弱化的语言和心理上的族群认同感之外，就是他们独特的生产方式——捕鱼。如果抛开其基本的生产活动，很多日常生活中的"文化"（实际上是跟生产有关的活动）也就没有存在的必要，会自动消失了，"文化"就仅剩下博物馆中的几件历史遗存而已，这些东西，与今天的赫哲族人的现实生活已经没有多大关系。目前所谓"现代化"与"文化传统"的冲突，是体现为人们现有生产方式的困境和同一层次的其他生存技能的缺乏，比如近年来赫哲族人无法仅靠捕鱼为生，又不善于农耕，所以引起"问题"。如果没有了这种实实在在的"威胁"，赫哲族本身究竟会不会、会在多大程度上提出"文化"问题，还是一个未知数。

从另一个角度来说，包括传统方式的捕鱼、农耕在内的所有这些传统生产方式，在真正意义的"现代化"面前，实际上都注定不可能作为实际的生产方式永远"保存"，而在现代社会的分工范畴中，这些活动方式即使被"保存"，也仅能越来越走向一种艺术化和形式化的表演。不管人们愿不愿意，在今天的世界上，"文化"只有从实际"生产"中剥离出来,才可能“保存’。这就又回到上一个问题中,赫哲族究竟有多少现存的“文化”可以从生产活动中剥离出来,独立保存?如果赫哲族和其他族群的社会精英试图保存赫哲族文化,首先就要尽快完成“构建”一种独立的赫哲族的“文化领域”的工作。如果赫哲族文化一直像现在一样完全依附于生产方式,那么总是会存在问题,即使躲过了目前的危机,还是会有别的问题,躲了初一躲不了十五。

现代社会严酷的现实是,“生产”以及一般的经济活动,已经独立成为一个独立的、似乎超越文化的领域,是可以供任何人自由选择的就业方式,并不与一种特定“文化”相联系(当然,也有学者坚持认为它还是应属于特定的“西方文化”)。在市场经济背景下,赫哲族人自身不可能为了保留“传统文化”,而把自己的就业范围仅仅限于从事捕渔业。对于年轻一代赫哲族青少年和儿童来说,由于未来的发展还是完全开放的,没有成年人那种已经形成的生产技能方面的局限性,所以感觉不到生产方式转化的危机感;他们梦想的,既不是捕鱼,也不是养鱼,更不是农耕,而是学习电脑和英语,将来到合资企业工作……这种趋向,已经完全绕开了目前存在的“传统文化”的危机的情景。一个在现代公司工作的人,工作状况与族裔背景基本上没有关系,既无冲突,也无优势。作为一个赫哲族人,他/她可以在合资公司工作,但仍保持自己的族群心理、饮食口味、审美情趣、嗜好、朋友圈子等,白天像别人一样穿着西装在公司洽谈业务,下班回到家里换上鱼皮衣服出去会朋友......在这种新的场景和语境下,“现代化”与“传统”还算不算“冲突”,是不是毁灭了“传统”,是不是完全“西化”了?这是一个值得进一步讨论的问题。

3. 目前几种努力方向的评价

从目前官方和民间提出的各种应对渔业危机的方式来看,基本上反映了三种思路:一种是在传统框架内改换行业,由渔业转为农业,这种思路是最现实、直接解决最紧迫的实际问题的方式,但它基本上是在现有条件下的救急措施,只是一种类似社会保障的安排,进一步发展的潜力是相当有限的。另一种思路,街津口发展旅游业的模式,在中国目前很多少数族群中都在发展,也是国际上某些小族群的生存之道,应该说是一种相对比较成熟的模式。但现代旅游业已经成为一种复杂的系统工程，已经需要相当密集的资金和技术支持，对交通、区位、传媒等依赖性非常大，并且需要相当高素质的专业人员，并不是仅仅一点族群风格表演就能支撑。当地是否具备条件，还是一个问题。同时，这种旅游思路，实际上是把赫哲族人和赫哲族文化变成一种供“现代人”观赏的“对象”和“客体”，而不是把自己变成现代社会内在文化和机制的一部分，似乎缺乏一种主体性，这种问题在很多国家的少数民族中也存在，究竟是不是一种好的方向，还有待观察。第三种思路，饶河模式，是一种具有一定创新意识的思路，其突出特点，在于考虑了赫哲族的传统文化，但又不是像旅游业那样把它们当作一种“客体”去简单地观赏利用，而是把这种传统置于“现代化”主体的位置上，发挥其内在的优势，保持其积极的作用，支持一种新的、邻近的生产方式。从目前的情况来看，这种试验在一定程度上是成功的，存在的问题是资金和技术方面的问题。

从传统捕鱼转为养鱼，可能是目前所能找到的比较理想的方式，如果成功，将会提供一种解决文化转型问题的重要的思路，具有重要的现实和学术意义。这种方式，实际上也成为我们这一次研究最关注的重点和亮点。当然，正如上文所论及的，我们不应该指望这种转型能够简单地“保存”赫哲族传统文化，因为总的来说，新一代赫哲族人的大部分梦想完全“现代化”的生活，就是到沿海发达地区，进入完全工业化、商业化、信息化的都市社会生活，而不是从事这种依旧属于传统产业的职业（这种产业也会升级，但不可能很快达到青年人的要求）。即使可能会有一部分人出于种种原因继续从事这种职业，但从中国市场经济的长远来说，人口的职业流动和变换是基本的正常的社会流动，不可能保持一个族群仅仅从事一个职业。随着市场化的发展，很可能这些人在市场经营或工作竞争中败给其他技能更强的人，不得不失去这一行业的就业机会。赫哲族人如果真要保持在这一行业的优势地位，仅仅靠捕鱼传统文化远远不够，未来的产业经营活动中，“传统”所起的作用将会很小，而现代市场经营的各种常规要求和素质会成为决定性因素，因此，尽管笔者十分重视这种利用族群传统就近转型的模式，但认为这种生产方式仍然是过渡性的，它提供了一种非常重要的新的机会和起点，但并不能“拯救”或“保住”旧的赫哲族文化。最理想的结果是,赫哲族人利用目前现存的一点传统优势和社会各界的支持,占据这一行业,但必须立即自我调整,提高现代市场经济和新技术所要求的各种素质以此保持在这一行业的竞争力,实现赫哲族人生产方式的真正升级,以此创造出一种全新的赫哲族的生产方式,以及相应的全新的文化。

4. 可能更具决定性的族际环境

作为一种参照,我们也考察了在生产方式之外赫哲族人与其他族群的关系,作为探讨影响赫哲族传统文化的社会因素。从目前的情况来看,融合的趋势几乎是不可避免的。目前的区域自治制度,本来是为了保持特定族群的特性,但实际上,在赫哲族的特定情况下,相对宽松的环境反而促使这个族群没有那种保持自身特征的敏感性和警惕性,而是欣然接受其他文化的影响,也欣然接受诸如通婚等比较直接导致族群融合的行为。对于一个人口只有 4000 多人的小族群来说,这种通婚现象如果持续发展(目前没有任何因素阻挡它),很快就会出现族群融合。当然在族群身份和认同上,这些通婚的赫哲族以及他们的后代,会仍然保持“赫哲族”的身份和心理,但在实际思想观念和风俗习惯上,会大大弱化族群特征,而融合为地方特色。现在唯一留下的问题,是人们的价值观肯定还是否定这种融合的问题,笔者个人的观点是,如果这种融合过程是完全出于自愿,就是一种积极的现象,它本来也是中国族群关系的基本趋势,[4]也符合人类的基本理想,如果我们仅仅为了保存“传统”和“族群特色”,而否定自愿的族群融合,搞任何意义的“民族隔离”,都将是一种荒谬的逻辑。事实上,考虑到这方面的因素,关于赫哲族“传统文化”和“现代化”矛盾的讨论,可以完全找到一个新的维度,但那已经超出本项目研究的范围了。

六、结语

通过本次研究,几个问题可以概括如下:

1. 赫哲族对其他族群和文化的基本态度和心理,是排斥还是乐于接受?

赫哲族对外来“文化”(社会学人类学意义的)没有戒备心理,完全开放，只要不与传统直接对立（极少情况，仅涉及某些禁忌），就欣然接受。

2. 目前赫哲族究竟面临什么问题？传统文化受到什么“挑战”？

真正的挑战，是生产方式的困境，但由于赫哲族现存生产方式构成现存“传统”的主体部分，所以成为“文化”危机。

3. 现实中有没有解决这种困境的努力和途径？效果如何？

在现有的三种模式中，饶河模式理论上比较理想，但并不是“拯救”赫哲族传统文化的法宝。

4. 赫哲族所处的族际环境如何？与其他族群的一般关系状况如何？

赫哲族与其他族群关系融洽，如果没有人为隔离，会出现融合的趋势。

基于此，笔者认为原来的假设并不完全成立，主要是概念方面不是十分切中赫哲族目前问题的要害，其核心问题，是对于赫哲族“文化”的理解过于“标准化”，忽视了赫哲族所谓“文化”与“生产方式”高度重合这一特征。事实上，普通赫哲族本身并不感觉到“现代化”在威胁他们的传统，也决不拒绝“现代”或“其他族群”的影响；目前赫哲人希望保留传统渔业生产，不是从“族群文化”角度考虑的，而是从一般意义的经济收入、生产技能、劳动习惯等方面考虑的。此外，目前的矛盾，几乎和族群关系问题没有相关性。

赫哲族的问题，在学术意义上是“文化”问题，但在现实中，则是面临强制性的“产业转型”和“产业升级”的问题，实际上是市场经济条件下的一种经常性的调整。保存文化的着力点，不能放在简单地维持旧的生产方式上。我们不可能、也不应该阻止和拒绝这种产业转型和升级，而应该掌握主动，设法鼓励和加快这种转型，特别是推动那些代价小、痛苦少、条件方便的转型升级方案，并基于此发展出新的赫哲族文化。这种积极的面向未来的心态，才是赫哲族成功迎接挑战的保证。

原文刊登于《广西民族学院学报（哲学社会科学版）》2003年第2期

参考文献：

[1] 黑龙江省同江市人民政府. 街津口赫哲旅游度假村总体规划[Z]. 1999.

[2] 王永生，张晓光. 赫哲族群经济文化切实的腾飞点——黑龙江饶河四排新兴渔业的调研[Z]. 1999.

[3] 中共佳木斯市委员会、佳木斯市政府. 佳木斯市经济社会发展情况汇报[Z]. 1999.

[4] 费孝通. 中华民族的多元一体格局[Z|. 1988 年 8 月 22 日日在香港中文大学 Tan ner 演讲.

[5] 黑龙江省饶河县人民政府. 黑龙江省饶河县四排赫哲族乡名特优育苗繁育、商品鱼养殖基地项目可行性研究报告[Z|. 1999.

[6] 姚中晋，王吉厚. 赫乡散记[M]. 香港：天马图书有限公司，1995.

[7] 费正清主编张建刚等翻译. 剑桥中华民国史[M]. 上海：上海人民出版社，1992.

[8] 高丙中. 现代化与族群生活方式的变迁[M]. 天津：天津人民出版社，1997.

[9] 刘忠波. 赫哲人[M]. 北京：民族出版社，1981.

[10]《中国少数族群简史丛书》编辑组. 赫哲族简史[M]. 哈尔滨：黑龙江人民出版社，1984

[11] 黑龙江省族群研究会赫哲族研究会. 赫哲族研究通讯(内部发行)[Z]. 黑龙江：赫哲族研究通讯编辑部，1996.

论赫哲族传统文化与自然环境的互动和适应

何玉芳[①]

摘　要：人类同所有动物一样，一直面临着适应环境的问题，这个环境包括自然地理环境和社会人文环境。赫哲族在远古时为了适应极为严酷的自然地理环境创造了自己独特的经济文化类型——渔猎文化。这种经济文化类型建立起人类与自然的和谐关系，达到了人类与自然的完美结合。

人类起源于自然界，其生存必然要依靠自然，特别是在生产工具极为落后的条件下更是如此。恩格斯论述了人与自然界的统一性。人类是自然之子，人永远不能割断与自然界的联系，不能凌驾于自然界之上。人类一方面按照一定的目的以自己的劳动，改造着自然界，使自然不断地适应人类的发展；另一方面，人类也必须改造自身以适应自然界的发展，这是人类生存的前提。因为人类的活动作用于自然界的同时，作为客体的自然界也反作用于人类，即把人类对自然界的影响反馈给人类。这种反馈不仅仅是给人类提供生存发展的物质资料，同时也以一种异己力量呈现在人们面前。所以，必须形成人与自然协调统一的关系，实现人与自然的互动适应。

我们这里所说的适应是指地球上的生物种群通过自身变化与周围环境达成协调并繁衍下去的过程。人类的适应则包括生物性适应和文

① 何玉芳，女，赫哲族，黑龙江饶河人，北京交通大学马克思主义学院教授、博士生导师。研究方向为赫哲族传统文化与变迁。

化适应。[1]人的生物性适应主要指人体同周围环境保持生理、心理和行为上的体制协调。寒带地方人类的末梢肢体则较为短粗，加上他们普遍的矮胖身材被认为是保存体热的一种生物性适应的结果。例如北极圈附近的爱斯基摩人和生活在黑龙江、松花江、乌苏里江流域的赫哲人就有这类体型。“伯格曼定理”和“艾伦定理”就是关于环境影响体型的诠释理论成果之一。[2]人的文化适应则是通过改变生活方式的策略达成和自然与社会环境之和谐。

赫哲族是我国人口最少的民族之一，赫哲族历史悠久，世世代代沿江倚山而居，长期与环境互动，创造了较有特色的传统渔猎文化，如特别需求的食鱼肉，穿鱼(兽)皮衣、冬用狗拉雪橇、夏用桦皮船，使用鱼叉等狩猎技术和组织，就是他们在环境压力下其传统文化与环境互动适应的表现。

一、赫哲族的历史迁徙、分布与自然环境的互动适应

赫哲族的远祖在秦汉以前主要生活在黑龙江以北外贝加尔湖以东地区。这里山脉纵横，原始森林分布，河网众多是黑龙江和勒拿河(俄罗斯境内)的发源地。在一望无际的林海和崇山峻岭中，栖息着各种珍禽异兽，为古老的赫哲族原始狩猎提供了丰富的资源。这一时期的赫哲族主要以狩猎为主、捕鱼为辅，过着原始的游猎生活，居住地不确定，生产工具较为原始，势必影响捕获量。而且在当时仅靠狩猎已经满足不了赫哲族的生活所需，狩猎必须和其他经济活动——捕鱼和采集结合在一起，互为补充，才能保证赫哲族所需的食物和其他生活资料。正如恩格斯所说:“像书籍中所描写的纯粹的打猎民族，即专靠打猎为生的民族，是从来没有过的，靠猎物维持生活是极靠不住的。”[3]愈是荒古时期，情况越是如此。

赫哲族作为“北通古斯的一支，10 世纪时，在大批南迁黑龙江、松花江、乌苏里江流域的过程中，与奇勒尔和当地的费雅喀及一小部分虾夷混合，又继续南迁与南通古斯相互交错杂处，共同成为现时赫哲族的主体。”[4]那么赫哲族人口为什么大量南迁而不北迁呢？这是与赫哲族居住地、渔猎生产方式与自然生态环境有着极为密切的关联。

赫哲族随着人口的繁衍增多，各群体之间经常为争夺狩猎场或渔场而发生冲突，战败的群体被迫退出自己生存的地区。勒拿河在贝加尔湖以东地区的支流很少，由于受气候因素的影响，所以北迁的数量远远少于南迁的数量。北迁的人逐渐分布在北冰洋沿海地区，后来逐渐演变成爱斯基摩人。贝加尔湖以东地区是黑龙江的发源地，这里有近百条的河流都是黑龙江的支流，那时人口批量迁移最好的交通工具是船（木筏），加上顺江漂流比较方便，因此赫哲族选择南迁的人口数量比较多。

南迁的赫哲人，至清朝咸丰年间已分布在面积广大的黑龙江流域，南至松花江、乌苏里江上游，东至库页岛沿海的广大地区，分布面积近一百万平方公里。黑龙江中下游地区同外贝加尔湖地区相比，前者的自然条件和自然资源比后者更为优越，这里不仅气候相对温和，物产也相当丰富，河道宽阔，水网相接，湖泊密布，大的支流有精奇里江（现俄罗斯境内结雅河）、牛满河（又称布列亚河），中国境内有松花江、乌苏里江等。宽阔的水域，众多的支流为赫哲族渔业生产提供了丰富的鱼类资源。同时，黑龙江两岸山脉连绵，美丽富饶的河山，蕴藏着极为丰富的动物和植物资源，给赫哲族人以舟楫之利，以衣食之源，为民族的繁衍生存创造了优厚的物质条件，充分保证了赫哲族人民的世代生存。

二、赫哲族语言、姓氏与自然环境的互动适应

赫哲族有本民族的语言，无文字。早年以削木、裂革、插草来记事。语言属于阿尔泰语系——满通古斯语族，属于黏着语类型。赫哲族因与邻族长期交往，语言方面受影响较深，因此“赫哲语实为一种混合语：即以本来的赫哲族语为主干，加入满洲语、蒙古语、古亚洲语及一小部分汉语混合而成。”[5]语言中的词汇多与居住地周围的地形，渔、猎场周围的山名，河流的名称有关。但渔业生产方面的词汇占居多数，除日常用语外，各地区有关生活和地理方面的词汇受到居住地区地理环境的影响。赫哲语也因居住地不同存在方言上的差异，这种差异主要以黑龙江沿岸居民点勤得利为界。以此界向上游的黑龙江、松花江沿岸的赫哲人自称为“奇楞”，黑龙江下游、乌苏里江沿岸的赫哲人自称“赫

真”。这两个大的区域的赫哲族在民族语言词汇上有着明显区别。这主要是与他们为公平分配自然资源，村落彼此间居住相隔遥远，各自生存的自然环境和社会人文环境不同以及与其它民族接触的程度不同有着显著的关联。如曹廷杰在其所著的《西伯利东偏纪要》中有如下记载：“伯利东北行一千二百余里至阿吉大山，以上沿黑龙江两岸居者，通称黑斤，亦称短毛子，共约五六千人。其男皆剃发，女未字则作双髻，已字则垂双辫。鼻贯金环，语言多与国语同，衣服亦悉如制度。”“至阿吉大山顺松花江东北行，又西北行。共约八百余里，至黑勒尔地方以上，沿两岸居者，通呼长毛子，共约二三千人。风俗习尚与剃发黑金同，唯语言各异。男不剃发，垂辫。杂济勒弥俗，以弄熊为乐，遂分两类，昔称额登喀喇，今区剃发黑斤，与此不剃发黑斤为两地耳。”[6]这里所说的“剃发黑斤”是指居于黑龙江中游、松花江沿岸的赫哲人地理位置距离满族统治中心较近，其民族语言受满族和其他民族的影响相对较多；而黑龙江下游、乌苏里江的赫哲族为“不剃发黑斤”，因偏居一隅，距离满族统治中心较远，受满族的影响较小，其民族语言在语音词汇上受满族和其他民族的影响程度次之，因此出现赫哲语因地理位置不同，有不同的方言。

赫哲族的姓氏与各个氏族自身生存的自然地理环境有密切的关系，所以称姓氏为“哈拉”，最早在姓氏后面都有“哈拉”二字。赫哲族绝大部分姓氏是从各自氏族所居住地的地名、河流、山川和图腾崇拜而来的。起源于河流名称的有“毕”“何”“尤”“吴”等，“毕”姓原意是“毕拉哈拉”或“毕拉达克哈拉”，“何”姓原意是“何哲日哈拉”或“毕拉哈拉”。满通古斯或满语支各族称“河”为“毕拉”，“毕拉”即“河沟”的意思，因此“何”姓与“毕”姓，都是由“河”字音和意义转变而来的或是从“毕拉河”而得名的；“尤”原意是“尤克拉哈拉”（又称“奇楞哈拉”）是从“齐木因河”得名；“吴”原意是“吴丁克哈拉”是从“吴勒敏河”得名或来源于“吴丁克河”；“齐”姓是根据其居住地而得名的，如历史上对居住在勤得利以下的赫哲人，称其上游的人为“奇楞斯勒”即“姓齐的人们”之意；而“付”姓“的卡哈拉”“付斯哈拉”出自“旱柳”之意；舒姓“舒目鲁哈拉”“苏木鲁哈拉”是出自图腾崇拜“独角龙”之意。“哈拉”赫哲语是姓氏的意思。在汉族没有进入本地区之前，各氏族都是按原意称呼的，汉族大量进入本地区后，同汉族接触的机会增多，繁琐的称呼比较麻烦，所以都习惯用各氏族姓氏中第一个字的音作为自己的姓氏，就这样，受汉族影响的姓氏沿袭下来。我们也可以从赫哲族的大部分姓氏来分析各氏族较为原始的活动区域。还有其他姓氏来源于地名、山名。从赫哲族姓氏的总体来看，起源于河名以及与江河环境有关的姓氏占多数，这应该与赫哲族捕鱼生产占主导地位有关。赫哲族由多元姓氏变为单字姓，年代并不久远，从清朝末期到现在也就一百多年。

三、赫哲族的衣食住行与自然环境的互动适应

赫哲族早年的衣服、被褥多是用鱼、兽皮制成，故有“鱼皮部”之称。但做衣服的原料也因居住地不同而有区别。乌苏里江流域、松花江流域及黑龙江的中游地段勤得利以上流域，主要以狍、鹿皮做衣料，鱼皮次之。这是因为依山沿江居住的赫哲人既捕鱼又狩猎，因此，冬衣兽皮，夏衣鱼皮。清朝《皇清职贡图》记载“奇楞人，男女衣服皆鹿皮，鱼皮为之。”因此衣料的来源与自然环境有本质的联系。勤得利以下（黑龙江下游地区）的赫哲人多以鱼皮做衣料，这个地区沿江两岸，沼泽、湖泊、平原居多，渔业生产占主导地位，所以鱼皮是主要的衣饰原料，这是与居住的自然环境分不开的。

赫哲族早年传统的食物都是以兽鱼肉为主食，粮食进入赫哲族食谱是清朝末期以后的事情。从过去到现在赫哲人无论冬夏都习惯吃生鱼片，从鱼皮、鱼籽到鱼肉、鱼脆骨都有生吃的妙法。“刹生鱼”、烤“塔拉哈”、“刨花鱼片”，是赫哲族最具特色的传统饮食习俗、并视为上等菜，是待客的佳肴。这种饮食习惯一是同自然环境所决定的赫哲族的生产方式有着密切的关系。赫哲人捕鱼都是整日乘船在江上漂流，很少上岸，在船上不能生火，特别是春秋两季这一地区正是冷暖气团的交汇点，经常刮风，所以不利于在船上生火做饭生食鱼片最方便；二是因为身体的营养所需。同“因纽特人类似，他们传统的食物几乎都是鱼类和兽类，这种饮食比较单一，很容易出现营养偏差的情况，然而如果按照他们吃生食和冷冻食物的传统饮食方式的话，就能确保维生素和无

机质等必需营养素的最低数量。”[7]实际上赫哲族人和因纽特人其生产方式和生活方式有许多共同之处。因此，赫哲族人喜食生鱼是保证体内获得的维生素和蛋白质的需要。

黑龙江支流的水位、冰冻期随季节而变，直接影响渔猎经济活动。冬天植物枯萎，捕鱼、狩猎、采集活动因寒冷、日照时间短和冰雪的障碍而变得效率极低。为了度过严寒的冬天，就必须储备大量的食物。因此赫哲族就利用生态环境特点保存和加工食物。夏季主要食新鲜的鱼肉和新鲜的野菜、蘑菇等，春秋二季气候相对温暖干燥，鱼、肉均以盐腌渍后，晾晒在木架上或鱼篓子里，脱水风干后成鱼条、鱼干、鱼坯储藏起来以备淡季食用。夏秋之际，为防止冬春季蔬菜的不足，则将野菜和蔬菜或晾晒或腌渍起来备用。

赫哲人居住的地方处于寒温带，气候寒冷加之特殊的生产生活方式使得赫哲族喝酒的习惯由来已久。当捕鱼季节时人们起得很早，天气寒冷，春秋两季气温也比较低，冬季要在冰上捕鱼作业，喝酒则可以加速血液循环，保持恒定的体温。同时生产方式决定赫哲族人们二至三人或单独作业，因此在广袤的、茂密的森林中狩猎和在茫茫的、宽阔的江面上捕鱼时，人在神秘莫测的自然界面前显得渺小无助，会产生一种难以排遣的孤独寂寞和苦闷，漫长而寒冷的气候又加剧了这种情绪，这时就特别需要酒来给自己壮胆、沟通感情，在温暖自己的同时，也调整了他们的身心、调节了他们的人际关系。因此，喝酒早已成为其渔猎文化的一个组成部分。

赫哲族的村落一般坐北朝南，选择向阳的山坡或背风的地方，以利于防寒和接受阳光，并且房屋建筑在江岸的高岗处，以免发大水淹没住处。赫哲族的住房有临时和固定之分。临时住房多是因打猎和在渔场捕鱼的时候为躲避风雨或防雪御寒而随地搭盖的临时住房，如“撮罗安口”（撮罗是“尖”，安口是“棚”，即“尖顶棚”之意），还有一种是“温特合安口”（尖顶上有二尺宽的通风口的棚），为躲避水、火灾和猛兽的袭击，在高大茂盛树木上搭木板建成的小屋；固定住房大体有“卓”（马架子）、“昔日免克”（地窨子）和正房。赫哲人在修建“地窨子”时多是利用天然地貌，然后挖地表土三、四尺深，筑墙三、四尺高，架木覆土其上。而马架子多修建在平地上，起初是草木结构的，后借鉴地窨子的建筑经验，以土堆培马架子更牢固耐用。赫哲人以前住的正房和现在没有什么大的区别。

因依山傍水，赫哲族在春夏秋季，使用交通和传递信息的工具主要是船，冬季主要是狗拉雪橇、滑雪板。这是赫哲人长年劳动，生活在江、河、湖、泊的沿岸和寒冷地区的结果。赫哲族的居住地，桦树分布十分广泛，因此用桦树皮制作船是赫哲族的一大文化特色。夏季，就是在水路通行时，用桦树皮制作的如赫哲语“乌没日沉”（桦皮船）可载 1 至 2 人行于江中，用它叉鱼、传递消息，既迅速又灵活，如“遇浅滩时不致搁浅；刮大风下雨时可以迅速靠岸躲避。两条水域，中间隔陆地、相距又不远，为避免绕行费时，可直从陆路穿行，一个人可以扛起，体积小，重量轻而易行，可以扛着船捷至另一水域滑行。”[8]赫哲人冬季行路和搬运的主要工具有“拖日气”（狗拉雪橇）、滑雪板，赫哲语“克依俄勒”或称“恰尔气刻”，这些既是古老的生产工具又是交通工具。赫哲族居住地区冬季寒冷，冰封雪飘的时间长达五个多月，在山林中往往积雪很厚，猎人脚踏“滑雪板”追逐野兽驰骋如飞，滑行起来蹿山跳涧、灵活自如；而江上则封冻结冰，平如镜面，很适于使用“拖日气”（狗拉雪橇），在森林小道以及河道冰面上穿行十分方便灵活。早在元、明时期在松花江黑龙江沿岸，赫哲族的居住地设了许多狗站，一度成为这一地区冬季交通运输和传递信息的枢纽。赫哲人善于使用狗拉雪橇，奔走如飞，可日行二百多华里，因此狗拉雪橇也成为当时政府传递信息的主要工具。

这些交通工具主要在民国以前使用。现在赫哲人已开始使用机帆船捕鱼，而且无论冬夏汽车早已取代了狗拉雪橇而成为赫哲人的主要运输交通工具了。

四、宗教信仰、禁忌与自然地理环境的互动适应

赫哲族信仰萨满教，这一原始宗教崇拜鬼神，崇拜自然界，相信万物有灵。赫哲族的这种自然崇拜是以神灵的名义进行的一项积极主动的生态保护方式。赫哲人认为万物都是神在主宰，天、地、日、月、星辰、山川、岩石、草木、水、火、风雷、闪电、都由神来主管。赫哲族尤其重视

对火的崇拜，如“火”有火神爷爷“佛架玛玛”，并供有使用火的“都热马林”神。对火爱护备至，并有许多禁忌，如点火时要磕头，烧火时，木棍的根要朝里，枝朝外，不能用锐器捅火。赫哲人也常祭神树，这是渔猎时代带给所住土著民族的自然观念。人们有什么祈祷之事，必通过大树（神树）或神杆告知天神，这种习俗一直在赫哲族的老人中还保持着。

赫哲族每当开江时节祭江和阴历七月十五要敬河神，并当成自己重大的节日庆典。每年四月下旬，江风怒吼，不断传来天崩地裂的轰鸣声，这是封冻的江面开冻的预兆，赫哲渔民带上祭品来到江边，摆上一只斗大的香炉，装饰一新的桦皮船上披红挂彩、卧着一只木制的巨大鳇鱼，祭江仪式开始时由佩带弓箭、鱼叉、猎枪的长者带领人们跪下，向大江叩头，然后站起身来，接过旁人端来的一大碗酒，高高举过头顶，再把酒慢慢倒入江里。而到了阴历七月十五的时候，赫哲族人过的是“鬼节”，家里的成年人都要在白天去自己家的祖坟地拜祭祖先和已经先世的亲人。回来后各家各户忙着做河灯，晚上要敬河神，放河灯，祈求“河神显灵，保佑当年风调雨顺，渔业丰收”，“保佑江水不再泛滥，淹毁他们赖以生存的家园，在出江捕鱼、过急流险滩或者风大浪高时，能保佑他们平安，并捕获大鱼”等。

赫哲人所信仰萨满教的诸神约有十九种，普通人家供奉的神约有十五种，共三十四种：鸟类二，兽类十三，人形偶十一，器物四，爬虫二，鱼类二。从赫哲族信仰的神的种类来看，兽的种类很多，而鱼的种类比较少，这是为什么呢？这是因为赫哲人认为每种动物都有神灵主宰，因而崇拜虎、熊、鹿等大小不一的动物。如赫哲人崇拜虎、熊，是因为虎、熊是森林之王，万兽之王，是动物中最难捕获的，而且有危险。由恐惧而产生敬畏，视之为“山神爷”加以崇拜，乞求狩猎能平安，能丰收。可见“动物是不可缺少的必要的东西，人之所以为人，要靠动物本身，而人的生命和存在所依靠的东西，对人类来说就是神。”[9]因此从事渔猎生产的赫哲族崇拜各种动物是必然的。

在赫哲族所崇拜的神中，鱼的种类比较少，原因有二：一方面，鱼是赫哲族人生存的衣食之源，因此不能作为神的主宰，因为如果把大量的鱼作为崇拜的对象，那就不能再作为猎取的对象了，那么以渔猎为生的赫哲人就无法生存了；另一方面，也可以看出赫哲族的信仰虽然是对自然界的“万物”崇拜，但还是有一定的限度和侧重的，实际上这是赫哲族生存的适应性策略的一种表现。

赫哲人的树木崇拜、火神崇拜、河神崇拜、动物崇拜反映了他们古老的崇拜观念，同时也表明了赫哲族人对大自然衣食之源的重视和保护以及感恩的一种宗教形式。赫哲族崇拜这些自然力和自然物，正如费尔巴哈所说“人们并不是崇拜石头、动物、树木、河流本身，而是崇拜它们里面的神灵，崇拜他们的马托尼，崇拜他们的精灵，根据便在此。”[10]

总之，赫哲族作为祖国民族大家庭中的一员，在长期的历史发展和民族融合过程中，在不同的历史发展阶段，也在不同程度上仍然保留着本民族固有的经济活动方式和精神文化特征，从而表现出了一个民族适应自然地理环境的能力和创造精神，但传统的渔猎文化单纯地依赖自然环境的本身也限制了赫哲族其更大规模的地域分布和民族自身的繁荣。

在21世纪，随着全球化步伐的急剧加速，赫哲族也和其它兄弟民族一样面临着生态环境的恶化，传统的渔猎文化受到前所未有的冲击。因此，在赫哲族转产以及全面建成小康的过程中，相信在党和政府的关怀下，重新恢复和倡导赫哲族自身原有传统的、合理的生态价值观，辅之于现代科学技术的进步，重建人与自然，人与社会和谐共生共荣的关系。创造民族发展的新型模式，传播一种新型人类生态文明的理念，是新时期赫哲族发展的重要途径之一。

原文刊登于《黑龙江民族丛刊》2007年第1期

参考文献：

[1] Daniel G. Bates, Elliot M. *Fratkin*, *Cultural Anthropology*. Pearson Education Inc, 2003, pp. 11—13.
[2] 庄孔韶主编.《人类学通论》[M]. 太原：山西教育出版社，2002：95.
[3] 马克思恩格斯选集[M]. 北京：人民出版社，1972：18.
[4] 赫哲族简史编写组.《赫哲族简史》[M]. 哈尔滨：黑龙江人民出版社，1984：15.

[5] 凌纯声著.《松花江下游的赫哲族》(上册)[M]. 国立中央研究院历史语言研究所,单刊甲种之十四,中华民国二十三年,南京,1935 年出版,(序言)第 1 页.
[6] 丛佩远,赵鸣岐. 曹廷杰集(上册)[C]. 北京: 中华书局,1985: 121.
[7] [日]秋道智弥、市川光雄、大柳太郎编著,范广融、尹绍亭译.《生态人类学》[M]. 昆明: 云南大学出版社,2006: 40.
[8] 赫哲族简史编写组.《赫哲族简史》[M]. 哈尔滨: 黑龙江人民出版社,1984: 106.
[9] 费尔巴哈著.《宗教的本质》[M]. 北京: 生活·读书·新知三联书店,1962: 438-439.
[10] 费尔巴哈著.《宗教的本质·三六》[M]. 北京: 北京人民出版社,1953: 39.

生态变迁下赫哲族的生存与发展研究

———基于街津口的实地调研

李瑶[①]，吴国邦[②]

摘　要：赫哲族有着悠久的历史及璀璨、独特的文化发展历程，并在演唱、舞蹈、绘画、服装设计等艺术门类的民族独特性中占据着十分重要的位置。究源，则在于其渔猎文化、宗教习俗在与生产、生活方式互构过程中的不断发展。然而，随着自然环境与政治生态的变化，赫哲族固有的生产生活方式及其派生出的各类非物质文化遗产均遭遇了重大变故。基于此，落脚于渔猎文化残存样态描述、赫哲族人生产生活方式演变分析及赫哲族非物质文化遗产传承与保护对策研究的张力结构便成为调研之维。

一、关于"生态变迁"的界定

"生态"一词源于古希腊 olkos，原意指"住所"或"栖息地"，《现代汉语词典》将"生态"定义为"生物在一定的自然环境下生存和发展的状态，也指生物的生理特性和生活习性"。1866 年，德国生物学家 E·海克尔最早提出"生态学"的概念，即"研究动植物及其环境间、动物与植物之间及其对生态系统的影响的一门学科"。因此，在生态学语境下，

---

① 李瑶，女，赫哲族，黑龙江同江人，香港中文大学硕士，哈尔滨工程大学讲师，研究方向为事思想政治教育学研究。

② 吴国邦，男，山东滕州人，哈尔滨工程大学 2012 级学生，国家心理咨询师（三级），主要研究方向西方法哲学、法律社会学研究。

可将“生态变迁”阐释为“一定区域生态环境的历史面貌及现状的客观演变过程”，其所揭示的是限定范围内生物生存、发展状态与其赖以生存环境间历时性的互构过程。

时间推移至20世纪60—70年代，资本主义经济世界的各种矛盾集中暴露，世界生态环境随之恶化、各地能源危机层出不穷，促使人们对环境问题有了更进一步的认识和更深层次的思考；由此，旨在警醒人们重新审视人与自然关系的“生态政治运动”在世界范围内轰然展开，各类生态组织悄然兴起；承此影响，“生态学”逐渐走入了“政治学”的视野，并演化出“生态政治学”与“政治生态学”两种不同侧重的交叉研究领域。前者以“生态环境问题”为起点，在政治学视阈下组织研究进路、提出解决措施并指导环保实践；而“政治生态学”则是把“政治现象”作为系统化了的研究对象，以系统论的原理将“政治”肢解为“政治人”“政治体系”“政治结构”“政治环境”四个要件，通过生态学的理论、观点和方法研究政治学问题，二者存在着体、用上的倒置关系。但无论何种进路，均揭示了“生态学”与“政治学”在社会经济发展框架下的紧密姻亲关系，故，可作二者概念体系的勾连。

基于本次研究可知，自然环境与政治生态是形塑赫哲族发展脉络的两大主因，故而将“生态变迁”界定为“自然环境的变化”与“政治生态的改化”，后者具体指向政府行为以及与之关联的各类政治、经济制度的变迁。

二、国内各界对赫哲族相关问题研究的进展

中国当代著名的民族学家、人类学家凌纯声先生自20世纪20年代末开始调研赫哲族，并形成了中国民族学开创性的历史丰碑——《松花江下游的赫哲族》。凌纯声先生对赫哲族的调研被誉为“中国民族学的第一次科学田野调查”，其著作则被誉为“中国民族学研究上的第一本科学民族志”。继凌纯声先生开启民族学意义上赫哲族调研之序幕后，国内各界就赫哲族文化的诸维度作了纵深，大致分为以下几个方向：

1. 文化人类学视角下赫哲族文化变迁与文化现状的描述性研究。

此类研究多以建构出的文化变迁原因为逻辑前提展开，将“传统文化”的概念体系作文化学意义上的复原，即由族群分布形态发端，涉及民族语言、姓氏、衣食住行与宗教信仰，基本与凌纯声先生所呈现的“赫哲族文化”之内涵一致。较为典型的研究如北京交通大学人文学院社会科学系副教授何玉芳所作的《试论赫哲族传统文化与自然环境的互动与适应》等。

2. 以历史学的方法对赫哲族文化变迁所作的复合型研究。此类研究多在划定的、有特殊意义的历史场域内，就所建构的文化概念体系或其中一支作描述性阐发及原因探析。较为典型的研究如佳木斯大学人文学院历史系刘敏教授所作的《对赫哲族历史文化传承与演变的认识》。

3. 现代化语境下赫哲族转型的解释性研究。此类研究多承袭现代性的宏大叙事方式，较少以微观视角切入，并引入“现代化”概念作为研究场域，在此基础上将精力投放至赫哲族文化发展与生产、生活转型等方面的状态描述与解释机制构建。较为典型的研究包括北京大学社会学人类学研究所副教授于长江所作的《现代化过程中的赫哲族：“文化”还是“生产方式”？》。

4. 生态人类学与环境社会学视野中关涉地区环境变迁的复合型研究。此类研究的范式为单纯就自然生态变迁及与之关涉的社会学、人类学问题作境况描述、解释机制构建或对策分析。较为典型的研究为中央民族大学高鑫所作的《1644—2006松花江下游赫哲族地区环境变迁——一个生态人类学视野下的区域历史研究》。

5. 宗教社会学视阈内对萨满文化的描述性研究。此类研究多是以萨满教为样本，将宗教社会学的基本关注点投射至赫哲人的信仰体系中，进而形成丰满的萨满文化理论体系。较为典型的研究如黑龙江省民族研究所波·少布研究员与黑龙江省民族博物馆助理馆员徐景民合作的《赫哲萨满派系、种类、名称和职能》等。

6.（政府）对赫哲族发展问题与发展思路的多维分析。此类研究偏重现实关涉，是少数民族民生与发展问题的具体实践，多是在调研基础上发现问题、结合赫哲族历史发展状况与经济显示状态阐发问题并借助政府力量解决问题或提出新型的发展思路。较为典型的研究包括黑龙江省民委课题组所作的《关于我国赫哲族聚居区推进全面建设小康社会进程的调研报告》等。

7. 对赫哲族非物质文化遗产传承与保护现状的描述及其对策的分析。此类研究囊括了赫哲族鱼皮服饰、鱼皮画艺术、鱼骨画艺术、伊玛堪说唱艺术、萨满舞等非物质文化遗产的传承与保护。此方向的研究又可辟为两支流：一是普遍视角下的非遗研究，较为典型的包括黑龙江大学应用外语学院副教授所作的《赫哲族非物质文化遗产现状研究》等；二是教育学视阈内赫哲族语言传承的相关研究，较为典型的包括东北师范大学王立国所作的《基于赫哲族文化的校本课程开发》等。

综合以上来看，国内各界对赫哲族研究的关照涉猎颇广，基本涵盖了民族研究的各个层面。但不难发现，以上研究或存在以下几个方面的缺漏：

1. 侧重描述性研究，较少涉及现象背后的机理阐释。碍于赫哲族文化体系的庞杂，描述性研究的成本已骇人，研究者往往难再有精力顾及“阐释”；但文化背后的透视却是各学科门类研究所无法回避的问题，具体化至此处即为赫哲族文化现象形成的机理分析、赫哲族文化变迁的原因阐释及赫哲族文化体系运行的基本规律等。

2. 研究虽涉及政府行为，但缺乏对政治生态的背景化归纳。赫哲问题及发展出路研究、赫哲非遗传承与保护研究中均涉及行政行为的层面，但仅偏重于对策分析、为工具性角色，而缺乏对其背景化、基础化的阐释与说明。但通过调研发现，政治生态是形塑赫哲变迁的重要因素之一，此维不可或缺。

3. 各类研究间缺乏必要的融合媒介，难以突破类型化限制与学科壁垒。如赫哲文化变迁的描述性研究可与区域环境变化之研究作因果勾连，再如赫哲问题分析及对策研究可与非遗保护研究共生为赫哲文化传承与保护的复合型研究，又如赫哲艺术的理论价值探讨可与文化变迁、文化传承研究作嵌入式的交融：孤立的赫哲研究并不利于其文化的探掘与保护，与研究初衷相悖。

本研究进路并未超出各位学界先进的范畴，仅是就以上几个方面的缺漏作了修正或补充：拓展解释机制构建的思路，融合“自然环境变化”与“政治生态变迁”两方面的元素，就凌纯声先生之“赫哲族文化”的概念体系作机理阐释，着重强调非遗保护的对策分析，产生以下三个部分的阐述。

三、渔猎文化残存样态

（一）物质生活

1. 饮食

赫哲世有“鱼食民族”之称，因为其食料以鱼肉为主，如鲤鱼、鲑鱼（俗称“大马哈鱼”）、草根鱼、细鳞鱼等。其次为兽类，鹿肉、狍子肉居多，有老人回忆说，鹿、狍肉的味道与牛、羊接近，有膻味；除此之外，熊、獐、野猪、山兔、獾子、野鸡、雁等亦可入食。

在建国以前，赫哲人聚居地米类作物的出产量极低，故，谷食常作为菜肴而非主食出现在赫哲人的餐桌上。建国以后，赫哲人的饮食习惯趋于汉化，鱼食逐渐固化为赫哲人款待贵宾的风味佳肴及独特的旅游文化品牌，但其喜食鱼的偏好并未改变，甚至促使赫哲鱼饮食文化的体系更为丰满。赫哲鱼类的吃法大致分为以下几种：

（1）鱼干，赫哲语称“才尔嘎查”。晒鱼干的鱼必须是瘦鱼或鱼的瘦肉部分。

（2）鱼肉松（炒“鱼毛”），赫哲语称“它斯根”。与鱼干正相反，须以肥鱼或鱼的肥肉部分作为食材，赫哲人多用胖头鱼、怀头鱼、草根鱼等制作鱼肉松。

（3）烤鱼，赫哲语称“稍鲁”。制作过程非常简单，即将鱼条、鱼肉块、鱼披子上架熏烤，制成后可用开水泡开吃或是炖食、煎食、掺到鱼毛中混着吃均可。

（4）鱼条，赫哲语称“乌奇格特”。食材必须是瘦鱼，将鱼肉切成一条条的细条晒干，可生吃、亦可烤食。

（5）大马哈鱼干，赫哲语称“达乌敖日古楚”。大马哈鱼干各部分有不同的名称：脊干，赫哲语称“给林”或“古龙”；偏脊皮里肉外干，赫哲语称“西须默”或“乌日雅覃”；偏脊贴骨肉干，赫哲语称“西格得力”或

“西格特恩得”；肚囊干，赫哲语称“乌日克色”或“汇克”；骨干，赫哲语称“刻奇雅得搭”。之所以要将一尾鱼切成两条、八部分晒干，是因为其与其他鱼不同、其肉各部分肥瘦区别显著，故无法整条晒干且如此分食便于选择肥瘦。

（6）大马哈鱼籽干，赫哲语称“查发”。大马哈鱼籽晒干储存至冬季弄碎掺在粥里吃。

（7）刹生鱼，赫哲语称“塔拉哈”或“塔拉卡”。刹生鱼多以鲤鱼为材，其制作工艺为：先用刀从鱼鳃放血，再将鱼肉从鱼骨上剔下两个整条，然后连着皮被切成薄薄的肉片，最后切成细丝从鱼皮上片下来。赫哲人喜食生鱼，刹生鱼则是其中的经典代表，更是赫哲人招待贵客的佳肴。

（8）鱼片，赫哲语称“拉布塔哈”。是生鱼的另一种吃法，即将鲜鱼切成薄薄的片，加食盐生吃。

（9）刨花，赫哲语称“苏拉卡”。冬季将冻鱼皮剥掉，再用刀子切成如同刨花般的长薄片，加食盐生吃。

2. 服饰

建国前，赫哲人大都穿皮制服装，故封建社会内的汉族统治者戏谑其为“鱼皮鞑子”“狍皮鞑子”“鹿皮鞑子”等。在调查过程中，赫哲老人回忆说，他们小时，长辈并不是只穿一种鱼皮或狍皮，而是鱼皮、狍皮及鹿皮兼用，或可以用“夏用鱼皮，冬用兽皮”作为概括。

赫哲人做衣服以鲑鱼、鮠鱼、遮鲈鱼皮为多；狗鱼皮也可作衣料，更可染彩色、剪成花边做衣服的贴边（作装饰皮用）；鲟鱼皮除作衣料外，亦可作皮条。虽中华民族的庞大体系中衣鱼皮者不只赫哲一族，以鱼皮为生活用具原料者更不只赫哲一族，甚至凌纯声先生认为“鱼皮鞑子”并非对赫哲的专指，而是对衣鱼皮民族的统称，但不可否认的是，鱼皮衣饰已逐渐成为赫哲鱼文化的独特标识，见证着古老赫哲族的历史沉浮。现将调研所获取的鱼皮衣饰形制梳理如下：

（1）鱼皮女衣。长 11.45cm，衣分两节，如古时汉族人夏天所穿的“接衫”。下节用长 41.5cm，宽 13.5cm 的鱼皮缝制而成；皮为蓝色，大袂下衩有红、紫、白三色绲边。下节亦用鱼皮拼缝，其拼法甚为复杂，先拼成背心型，四周以鱼皮制成的对花边绲边，最后上衣袖，胸前背后，均有堆花装饰。上节鱼皮大都染紫色，堆花边有蓝色、红色及紫色三种，上下两节连接处亦缀有堆花边。花边与堆花的做法甚为精细，以狗鱼皮染各种彩色、剪成花样，另以一本色鱼皮为底，即以花样缉在其上。

（2）鱼皮套裤。长 62.5cm，裤管下 20.5cm、上 33cm。制作方法十分简单：用两块鱼皮缝制，裤上端为平口，不如汉人套裤成斜口的适用；下管无绲边，上管即以鱼皮折成贴边，边口附有一环，上扣一皮带，以便扎结。

（3）鱼皮绑腿。长 179.4cm，宽窄不等，宽度最大可达 9.4cm，用两条长鱼皮连缀而成。一段稍宽较平，附有一鱼皮带，长 23cm、宽 1.4cm；一端呈尖梢形，附有长 44cm、宽 0.5cm 的鱼皮带两条。

（4）鱼皮鞋。形制与“布袜”类似，底长 24cm、高 18cm；鱼皮鞋防滑功用甚好。

（5）鱼皮口袋。形如葫芦，长 30cm，最阔处 25.5cm，用多块遮鲈鱼皮拼接缝制而成。口袋边缘均以紫色绲边，袋的两面均缉有鱼皮堆花，袋顶附皮带一条，带之下端分成三支缝在袋顶。带长 53cm，用以储存零散物件。

3. 打渔

打渔是赫哲族人早期赖以生存和发展主要经济部门和物资来源，（其历史沿革将在第四部分作具体阐述，）赫哲人捕鱼可分江鱼、海鱼两种，江鱼时时有、海鱼却要分时令捕捞，故其捕鱼的方法及所得鱼种均因季节而存在着显著差异。

（1）捕鱼季节。赫哲族捕鱼活动主要有以下几个季节，详细见表 1：

表 1　赫哲族捕鱼活动基本信息一览表

时节	方法	工具	鱼种	数量
从开江的“谷雨”到“芒种”（端午节附近）的春季渔汛期	以网捕为主，辅以钩钓、叉鱼	1）网捕：拉网、漂子、沉网石；（2）钩钓：快钩；（3）叉鱼：鱼叉	网捕大量鲟鱼、鳇鱼，钩钓、叉大量鳇鱼及各类杂鱼	网捕：一网最多可得三千余斤，最少亦七八十斤

续 表

时节	方法	工具	鱼种	数量
从“夏至”到“小暑”约半月时间	钩钓	黑蚯蚓作鱼饵	鲤鱼	零散
从“小暑”后至“白露”前	“休伏”但偶有以下方法捕鱼： (1) 挡亮子； (2) 钩钓； (3) 豆饼喂涡子	偶有捕鱼所用工具与“左”一一对应： (1) 扒网、挡簗子； (2) 甩钩； (3) 旋网	以扒网捕鲤鱼，以甩钩捕胖头、发罗鲤鱼，以旋网捕各类杂鱼	零散
“白露”后一月的秋季渔汛期	网捕、“闷杠”法、挡亮子为主，钩钓、叉鱼为辅	“闷杠”法：闷杠网、木桩、柳条编织的篱笆；其余不再赘述	网捕、挡亮子、钩钓、叉大量的鲟鱼、鳇鱼和其他杂鱼，主要以“闷杠”法补鲑鱼	数量仅次于春季鱼汛期
进入冬季后	冰底网鱼、冰上叉鱼(“坐咚库”捕鱼)、冰上钓鱼	(1) 网鱼：拉网、普通木杆、一头有两叉的木杆； (2) 叉鱼：鱼叉、绳； (3) 钓鱼：“三齿挠”钩、金属片	各类杂鱼	相对春、秋两季较少

(2) 捕鱼工具。赫哲族常用的捕鱼工具有渔船、网、钩、叉等，还有卡子、挡亮子等用以配合、起辅助作用。赫哲人常用的渔船种类包括桦皮船、三页板船、“花鞋”船、快马子船、丝挂船等，常用的网类工具包括拉网、扒网子、旋网、丝挂子网、蹚网、待河网(“朦哥”或称“闷杠”)、铃铛网等，常用的钩类工具包括鳇鱼钩、快钩、鲤鱼钩、鲫鱼钩、浪当钩、鳊花钩、蹶达钩、毛毛钩、底钩等，常用的叉类工具包括鳇鱼叉、鱼叉等。

4. 狩猎

需要强调的是，狩猎经济生产已完全消逝在了赫哲人的日常生活中，第四部分还将就此作深入分析。

(1)(入山)狩猎时间。春季的目标猎物通常为火狐、獾、黄鼠狼、狍等，约每年正月初五出发，二月十五左右返回。夏季的目标猎物通常为茸角、黑熊、野猪等，狩猎区间为每年的四月初至六月底。秋季的目标猎物通常为狍、鹿、熊、野猪等，狩猎区间为每年的八月半至九月十五。冬季的目标猎物通常为貂、獭、火狐、獾、黄鼠狼、狍子、灰鼠、熊、虎、豹等，约每年的十月初旬或中旬动身、十二月半至迟年底归来。

(2) 狩猎方法。赫哲族常用围猎法、陷阱法捕鹿，捕熊的方法经历了由激达向步枪的转变，捕虎的方法经历了由伏弩射虎向使用火器的转变，常用捕貂网、小伏弩射貂，常用猎犬捕火狐，常用捕鼠陷机捕鼠，常用捕雉陷机捕雉。

(二) 精神生活：宗教

1. 萨满教源流与赫哲人的"多神信仰"

同其他许多原始民族类似，赫哲人宗教的基本观念为"生气主义"：赫哲人崇拜祖先、鬼神，相信人与动物都是灵魂的存在、相信天灾人祸都是由鬼神主宰；赫哲人宗教信仰的显著特征在于"敬畏自然"，他们认为日、月、星辰、山、川、草、木均由神主管，即"万物有灵"、"功能神"普遍存在于各类自然景观与自然现象中。在赫哲生气主义的信仰环境中，萨满教氤氲成形。

萨满的基本理念，是相信鬼神的存在、相信人与神之间可以设法沟通，故承认有些人具有通神的能力、得神的帮助、用神法能知道神异的现象，这类"垄断神权"的人群逐渐在宗教中被固定下来，即称为"萨满"。

赫哲人认为宇宙分为上、中、下三界：上界为天堂，诸神住所；中界为人间，是人类生存、繁衍之地；下界为地域，恶魔所在。魔鬼为世间罪人的"执罚者"，然"造物"(主神)为制衡其威势、便派其他诸神保护人民。故，赫哲人除萨满供奉的神外，还信奉其他许多神，其中最重要的当属"三星神"。据说三星神十分洁净，妇女和小孩均不得靠近，家中有人感冒、发烧，就祈求"三星神"保佑；病好之后，须杀猪或杀鸡还愿。

赫哲的萨满信仰是一种封闭式的信仰体系：一方面，赫哲人无从获知其他宗教的神明观念；另一方面，赫哲人在"多神信仰"的架构中仅就同一系统的不同层级划分具有易感性，而不认为其他神系同自我信仰间具有高下之分。

2. 萨满神帽

初级神帽以一铁圈，外面包有皮或布；铁圈的前端有一小铁神，发挥帽准作用；圈的下面缀以琉璃珠，珠下有流苏，数目不一、最多至十余根。女萨满所戴神帽的形制便与初级神帽相似(不戴鹿角神帽)，唯有不同处为帽圈的外周围以荷花瓣的小片、下垂以飘带。其余神帽仅在“鹿角”“飘带”与“摇铃”三方面有异，具体呈现情况见表2：

表2 (非女)萨满神帽基本信息

品级	鹿角	飘带	摇铃	晋升间隔
初级	无	无	无	
1级	三叉	布带九条，无皮带	11个	初级后两三年
2级	五叉	不详	17个	不确定
3级	七叉	不详	不详	不确定
4级	九叉	不详	不详	不确定
5级	十二叉	不详	不详	不确定
6级	十五叉	布带五十二条，皮带十九条	19个	初级后四五十年

此外，神帽还能够反映出萨满的派别。萨满共分三派：河神派、独角龙派和江神派。三派的以神帽上的鹿角为标识：河神派鹿角左右各一枝，独角龙派左右各两枝，江神派左右各三枝。但无论各派，其等级划分的方法均同表2，即数叉数计其中一枝即可。在萨满神帽前部的正中部分还有一铜镜，功用在于保护头，故名“头镜”；神帽鹿角中间有铜或铁做的一只鸠神，有时帽子上挂有求子袋。

3. “跳大神”

“跳大神”是萨满教特有的文化符号：主要用于生病驱鬼和年底节庆。“跳鹿神”活动的规模很大，每次约有200人左右参加且每人骑一匹马；跳神的萨满头戴神帽，帽上有几只铁叉，腰间系有铃铛，胸前背后挂着几个如同碗口、盘子大小的铜镜，手里拿着神刀，一面挥舞、一面跳跃前行；一大队人随在后面，同样边舞边唱。

四、赫哲族生产、生活方式的变迁

(一) 生活方式

1. 社会组织

氏族是早期赫哲社会的基本组织。赫哲人称氏族同满洲人一样，有两个名称：一是“哈拉”，另一是“木昆”。哈拉与木昆的区别在于，一个哈拉可有一个或许多的木昆，而一个木昆却只有一个哈拉。在最初，氏族组织仅有哈拉，后因氏族人口膨胀、部分人口迁移至别处，便又成立了一个新的氏族组织，是为木昆。便如汉族人同姓不同宗一般，赫哲人同哈拉而不同木昆。

许多氏族聚居的地方，小者称之为屯，大者为城。屯由各氏族的姓长及族长选举，管理一屯之事。规模较大的屯约有三百余户，人口最多可达两千余。

然而，由于清朝末期至建国前的百余年中，赫哲人口迅速减少、家庭的裂变与再造能力萎靡，氏族组织因缺乏基本的构成单位和必要的能动力而逐渐消散；但赫哲人的氏族观念却不如汉族人的宗法观念根深蒂固，随着族际通婚的不断加深，既有的氏族观念亦消弭殆尽。

2. 人际关系

承上所述，血统纯正的赫哲人在街津口早已难觅：

(1) 为谋生计或拓展个人发展路径而步入上升渠道、开启社会阶层流动所衍生出的人口迁移；

(2) 迁出个体为固化现代化的生活模式而为的通婚行为；

(3) 原聚居地纯正赫哲人间大都存在着“三代以内旁系血亲”关系，与《中华人民共和国婚姻法》中关于“不得结婚”的禁止性规定有涉且不利于种族的优化繁衍，通婚势在必行。

综合以上，通婚打破族际隔膜，使赫哲人与汉人的交流更为顺畅，二者文化相互交融、相互碰撞，缔造出现今独有的赫哲旅游文化品牌。

(二) 生产方式

1. 生产工具

原有生产工具已在第三部分中作了较为详细的展示，改革开放后，由于农业生产技术的进步及农业经济体制的改革，以上生产工具均被废弃、改为机械化或半机械化作业状态，是为现代化条件下赫哲族转型升级的表徵之一。

2. 劳作方式(生产过程)

由于农业生产技术的革新及农业经济体制的变革，商品率较高的谷物种植业及精耕细作的农业生产模式替代了原有以渔猎为主的劳作方式，加之鱼类资源的锐减与国家野生动物保护政策的实施，渔猎生产方式几近退出经济生产领域。

3. 生产资源

承第三部分所述，赫哲“渔”之生产模式尚有残存，“猎”已无法觅得痕迹，后者原因明晰，即为自然生态环境致使野生动物数量减少、国家随之而提出的野生动物保护政策两方面叠加作用的必然效果，由此便就前者作细致分析：

(1) 自然环境的恶化(按时间顺序)：1)两次移民浪潮(第一次：顺治二年开始至伪满时期，移民方向为旗民聚居的关内至赫哲族聚居区；第二次：中华人民共和国成立后对“北大荒”的开发)导致迁入地区(赫哲人聚居区)土地肥力的过度开垦及围湖造田现象的普遍发生；2)第一次移民浪潮开始后，街津口赫哲人以革新的生产技术与生产工具对鱼类资源进行大肆开采，破坏了鱼类原有的繁衍周期；3)1947 年后，“北大荒”的开发中所存在的不合理现象严重损耗了赫哲族聚居地区的生物多样性，并造成了较为严重的土地荒漠化；4)建国初期，渔业资源权属不清，造成各县市松花江、乌苏里江无节制的繁复开发；5)建国初期，松花江水资源权属不清造成严重污染状况；6)建国初期，土地资源权属不清造成湿地资源严重破坏。

(2) 政治生态的变迁：1)清朝统治前期对东北地区贡品来源系属的政策转变：街津口由贡貂区转变为农垦区；2)清朝统治末期，中俄《瑷珲条约》的签订向俄国人打开了街津口商业贸易市场的大门，政治联动经济发展方式的变化悄然兴起；3)抗日战争时期，日本侵略者“以战养战”策略的推行，赫哲族聚居区深受屠戮；4)改革开放前，“北大荒”作为全国重要的商品粮基地，土壤肥力被过度消耗，加之不合理的开垦方式、又无必要的行政措施加以改善和制止，街津口的自然生态环境急剧恶化；5)改革开放后，家庭联产承包责任制的推行加剧了开垦力度；6)振兴“东北老工业基地”的产业结构部署为街津口笼罩了一层“现代化”的负面阴翳；7)多元化经济发展策略的呈现，街津口赫哲人的经济发展方式从农业中抽离，而以“单位制”方式包裹特色旅游业产业链各端口，即以“风情园”养一族、兴一族。

五、赫哲族非物质文化遗产传承与保护对策分析

赫哲族现已初步形成了以“伊玛堪”说唱艺术为主线，以“鱼皮画”“鱼骨画”为特色的非物质文化遗产保护体系。与此配套，街津口赫哲族聚居区形成了体系严谨、层次梯置分明的非遗传承人制度，各自设立传习所，将“家族传习”与“社会传习”相结合，营造出了“赫哲人以非遗为傲、非遗以赫哲为标”的赫哲族非物质文化遗产传承与保护氛围。现将调研过程中针对非遗传承与保护疏漏所拟制的对策列举如下：

1. 伊玛堪说唱艺术的现存文本中大多为当代创作作品，即因有赫哲语说唱部分为标识才被纳入此范畴，建议深入挖掘赫哲语语言表达的多样性，弱化汉文字及其调式的情感蕴藉，保持伊玛堪说唱艺术的纯正性。

2. 伊玛堪说唱艺术传习的另一疏漏在于，传承人未经过教育教学与心理学方面的专业训练，无法掌握授课传习的技巧、更无法知悉被传习人的记忆发展规律，往往造成传习效果不佳，甚至出现“学员”指导“导师”授课的窘境，建议政府组织专业人员就伊玛堪各级传承人进行课堂教学技巧培训，以求增强传习的实效性。

3. 伊玛堪校本课程开发及语言教育体系的完善举措力度仍欠，赫哲语的注释、音标规制庞杂且混乱，极易造成学习者的无所适从，建议政府组织专门力量编制赫哲语教材、统一音标规范，借助基础教育力量拓展伊玛堪传承路径。

4. 赫哲族非物质文化遗产的传承与保护过于偏重“伊玛堪说唱艺术”一部门，建议拓宽传承口径、加紧伊玛堪传承培养速率(以为其余两项非遗传承拓展人才空间)，为鱼皮画与鱼骨画传承夯实基础。

六、结语

由以上调研可知，赫哲族“渔猎文化”至今仅是人为建构出的残存样态，其以渔猎为轴的生产、生活方式在自然环境恶化与政治生态变迁的张力结构中渐趋消弭。亦正基于此，传承与保护赫哲族非物质文化

遗产、增强赫哲人以中华民族作为民族单元进行民族认同的归属感、提升“伊玛堪说唱艺术”“鱼皮画”“鱼骨画”等非遗门类的社会影响力便势在必行。

原文刊登于《佳木斯大学社会科学学报》2016 年第 2 期

参考文献：

［1］刘敏. 对赫哲族历史文化传承与演变的认识[J]. 佳木斯大学社会科学学报，2006(6)：89—92.

［2］何俊芳. 赫哲人的族际婚姻——关于同江市街津口赫哲族乡赫哲人族际婚姻的典型调查[J]. 中央民族大学学报，2004(2)：66—70.

［3］崔玉范. 赫哲族非物质文化遗产现状研究[J]. 黑龙江民族丛刊，2010(3)：147—152.

［4］于长江. 现代化过程中的赫哲族：“文化”还是“生产方式”?. 广西民族学院学报(哲学社会科学版)，2003(2)：46—54.

［5］白晶. 赫哲族传统渔猎文化的传承与保护[J]. 佳木斯大学社会科学学报，2008(6)：112—113.

［6］舒景祥. 关于赫哲族村生产生活基础设施状况的调研报告[J]. 黑龙江民族丛刊，2005(5)：119—123.

［7］谭杰. 赫哲族渔文化的形成及其传承机制[J]. 学术交流，2012(3)：64—68.

布里亚特蒙古族生产方式的变迁

包路芳[①]

摘　要：布里亚特是蒙古族中一个古老的部落。布里亚特蒙古族是跨界而居的民族，主要分布在俄罗斯、蒙古和中国。十月革命后，俄国境内的部分布里亚特人陆续迁居到呼伦贝尔草原，带来了在当时条件下比较先进的生产和生活方式，给这片草原的原有居民产生很深的影响。随着牧业体制的变革，布里亚特蒙古族的生产与生活方式也发生了变迁。

布里亚特蒙古族是跨界而居的民族，主要分布在俄罗斯、蒙古和中国。现在中国约有7000名布里亚特蒙古族，主要聚居在内蒙古自治区呼伦贝尔盟鄂温克族自治旗境内。

一

布里亚特是蒙古族中一支古老的部落，史籍曾称他们为“布里雅惕”、“布来雅”等。《蒙古秘史》写作“不里牙惕”，其先民一直在贝加尔湖附近活动。据《蒙古秘史》第239条记载，1207年，成吉思汗长子拙赤率领大军，征服“林木中百姓”，浩里土默特（浩里布里亚特）部落也和其他“林木中百姓”的各个部落一样被征服，成为成吉思汗蒙古帝国的一个部落。当时的布里亚特人主要从事畜牧业，饲养马、牛、绵羊、山

① 包路芳，女，蒙古族，内蒙古通辽人，博士，北京市社会科学院社会学所副研究员。主要研究方向为：民族文化变迁、城乡社会学。

羊、住蒙古包，也从事捕鱼、狩猎等辅助性生产，但牧业收入是他们生活的主要保证。

俄国十月革命波及到布里亚特人居住的地区，使布里亚特人居住区变成战场。在这种情势下，1918 年初，一部分布里亚特、哈木尼干（鄂温克）牧民带着家眷，赶着畜群，进入呼伦贝尔边界，呼伦贝尔衙门将这批布里亚特人安置在伊敏河的支流锡尼河两岸地区。根据协议，1922 年有 160 户、700 多人的首批布里亚特移民进入锡尼河地区，建立布里亚特旗，辖四个苏木。此后，布里亚特与哈木尼干人便不断迁入，人口不断增多，到 1928 年，达到 3000 人，扩建为 8 个苏木。[1]随同布里亚特蒙古人来呼伦贝尔的鄂温克人，大部分归属索伦左翼，编为两个佐，驻牧在海拉尔河、特尼河两岸（今属陈巴尔虎旗），也有一部分鄂温克人居住在布里亚特旗内。这样在呼伦贝尔多民族的大家庭中又增加了"锡尼河布里亚特"这一新成员。"锡尼"系蒙语，即"新"之意。1933 年 7 月，索伦左翼、索伦右翼、额鲁特、布里亚特四旗合并为索伦旗，旗公署最后设在南屯（今鄂温克自治旗巴彦托海镇）。1934 年布里亚特旗改建为锡尼河苏木，隶属索伦旗。1958 年将原锡尼河苏木以河为界分成东、西两个苏木。1958 年 4 月撤销索伦旗，在原索伦旗行政区划内成立鄂温克族自治旗。

西苏木是鄂温克族自治旗最大的牧业苏木，属温带大陆性季风气候。苏木有巴音胡硕、特莫胡珠、西博、好力保共四个嘎查。根据 2000 年的统计资料，苏木所在地（自然村）有居民户 324 户，1148 人，牧业户 645 户，2539 人，全苏木总户数 969 户，总人口 3687 人。由蒙古族、鄂温克族、达斡尔族、汉族、朝鲜族等组成。蒙古族 1964 年占全苏木人口的 92.2%，1990 年为 92.17%，人口中布里亚特蒙古人占绝对多数。

表 1－1　锡尼河西苏木人口变动情况（年末数）

年份	总户数	总人口	其中					人口密度（每平方公里）
			鄂温克	蒙古	达斡尔	汉	其他	
1957	297	1118						0.36

续 表

年份	总户数	总人口	其中					人口密度（每平方公里）
			鄂温克	蒙古	达斡尔	汉	其他	
1963	504	1908	24	1763	81	38	2	0.61
1966	522	1980	23	1826	87	42	2	0.63
1967	609	2647	76	2214	117	220	20	0.84
1982	807	3525	80	3120	193	127	5	1.12
1990	926	3643	111	3358	140	30	4	1.16

（资料来源：鄂温克族自治旗志）

1700年后，俄国移民大批地迁入布里亚特地区，他们的生产方式给布里亚特经济带来了很大启发和影响。布里亚特人逐渐养成了打草、修建牲畜棚圈、保护和改良牧场等习惯。放牧地域也相对固定了下来，夏营地、秋营地、春营地和冬营地被分得很清楚。由于受俄罗斯民族的影响，迁居到呼伦贝尔草原的布里亚特蒙古族带来了在当时条件下比较先进的生产和生活方式，给这片草原的原有居民带来了很深的影响。自俄国十月革命后陆续迁居到呼伦贝尔草原的布里亚特蒙古族，至今仍旧保持以牧业为主的生产和生活方式，处于由游牧向定居放牧转变的过程中。他们善于敏捷地吸收新鲜、先进的东西，并运用到生产和生活中。“他们1900年开始使用了马拉打草机、缝纫机、牛奶分离器等先进的生产和生活机器，这对他们的生产发展起了一定的作用。蒙古人自古以来就住在蒙古包，使用支式图拉嘎（支锅）。布里亚特人却制成了有铁皮炉筒的封闭式铁炉子，很快流行于蒙古族牧民之中，为他们在冬季取暖和快速做熟食物提供了很大方便。[2]”

俄国十月革命后迁居到呼伦贝尔草原的布里亚特蒙古族从俄国带来品种优良的牲畜-锡尼河马和锡尼河牛，经与本地牲畜杂交后，产生了鄂温克族自治旗第一批改良畜。此外，他们从俄国带来的生产工具也对呼伦贝尔草原原有牧民产生很深的影响，随着1902年中东铁路通车及1918年开始布里亚特蒙古族迁居锡尼河流域，俄式钐刀、畜力打草机、畜力集草器、搂草机和牛奶分离器等畜牧业机具便传入了如今的鄂温克族自治旗，并迅速得到了推广应用，对当地的畜牧业生产发展起了重要的推动作用。

二

畜牧业是呼伦贝尔草原的传统生产方式。马戎教授根据其在内蒙古锡林郭勒草原的调查，认为要理解草原蒙古族牧业社区在近几十年里所经历的历史文化变迁，最重要的是抓住体制变革这条线索。“抓住这一条主线，分析在各种体制下草原牧民作为个体、群体是如何生活、生产、如何与社区内部成员、外界人员交流互动。在两种体制交替的转型时期如何根据外界条件和自身的利益和理性调整自己的行为，就有可能帮助我们从总体社会发展、文化变迁的角度理解这个小小的社区，又反过来在透视这个社区的过程中力争理解和把握草原蒙古族社会发展、文化变迁的总体轨迹。”[3]随着牧业体制的变革，布里亚特蒙古族的生产和生活方式随之不断变迁。

呼伦贝尔地区作为幸免于大量开垦的游牧地区，其畜牧业生产一直保持了发展势头。布里亚特蒙古族迁居到呼伦贝尔草原以后，极力保持自己的游牧生产和畜牧业经济，由于生活安定，其经济生产得到了迅速的发展。他们拥有丰富的游牧生产经验，善于选择水草丰美的草场，放牧方式是一年四季都逐水草而居进行游牧，但大致上不同季节都有一定的营地。迁移有季节性移动和非季节性移动两种，牧场分冬营地和夏营地，牧场无个人私有权。夏季就水之便，以河流、沼泽附近为夏营地；冬季在山腰等避风处放牧，草吃光时就游牧到别处。20 世纪 30 年代布里亚特蒙古族的营盘地因地势视草场来设，每处 3 — 5 户，相距数华里，最近的地方也有 300 米的距离。一家一户以游牧为主，很少定居。

直到 20 世纪 40 年代，呼伦贝尔草原的畜牧业生产方式一直都是粗放的、靠天放牧的传统畜牧业。在私有制度下，多数的牲畜、草场集中在少数上层王公贵族、喇嘛和大牧主手中，广大贫苦牧民被迫给牧主当雇工放牧，即旧苏鲁克制。1948 年牧区民主改革，索伦旗(今鄂温克族自治旗)将恢复和发展畜牧业生产(包括牧主经济在内)当做中心任务，在草牧场公有，放牧自由的基础上，实行“牧工牧主两利”政策，牧主将畜群租给牧工放牧，畜群所产崽畜及畜产品由牧工、牧主合理分成，即新苏鲁克制。

解放前布里亚特蒙古族的畜牧生产方式虽然较之呼伦贝尔草原的巴尔虎蒙古族、额鲁特蒙古族、鄂温克族等先进，但依然没有摆脱自然的靠天养畜状态，牲畜仍受“夏肥、秋壮、冬瘦、春死”规律的支配。布里亚特蒙古族的游牧范围、聚落形态及居民点布局等都随着不同时期的社会经济发展而相应地发生了变化。

由于解放初期个体畜牧业经济在牧区占主导地位，生产和经营都体现在一家一户上。生产方式比较单一封闭，居住自然不易集中。随着生产的发展，这种经济形式占有的牲畜和劳动力很少，生产资金缺乏，工具简陋落后，经济力量薄弱，生产发展到一定程度，边际效益递减，其局限性日益显露出来。面对这种情况，牧民在牧业生产中产生了合作的需要。政府倡导的畜牧业社会主义改造，号召走畜牧业合作化道路，得到了广大牧民的积极响应。在合群放牧，替工换工的传统互助基础上，进一步在生产经营的某些环节上，进行劳动互助和其他生产资料的合作，相继建起了互助组、初级合作社和高级合作社。实行牲畜入社，统一经营，主要生产工具统一使用，并逐步地推行生产资料公有化，实行生产资料公有制基础上的按劳分配制度。这种新的生产关系的建立，大大解放生产力，各种生产要素开始在更大的范围内优化组合起来，牧民的生产和生活方式发生了深刻的变革。生产资料的集体所有，生产经营上的合作，也使得牧民在居住上相对聚集起来。

布里亚特蒙古族历来就有互助合作、互相帮助的生产习俗。建国初期，根据牧民生产活动中结伴互助的习俗，党和政府提倡牧民办互助组，以“浩特”、“呼日什”为单位进行。“浩特”意为畜圈，是几户牧民牲畜合为一群，共同放牧，共用一个圈。其中 1 户牧主、数户贫牧所形成的“浩特”有封建剥削性质，而亲友组成的“浩特”则以互助为主。“呼日什”本为邻居之意，牧业生产上是生产伙伴之意，3—5 户为伴，一起游牧，遇风、雪、火灾互相照应。1950 年，索伦旗组织了 157 个冬季互助组，互助组有季节性互助组和常年互助组之分。

当时的常年互助组主要有 5 个，除了鄂温克族为主的 3 个互助组和 1 个达斡尔族互助组外，布里亚特蒙古族互助组是以经验丰富、威信较高的牧民其木德为首。互助组内劳动力合理分布，任务明确，牲畜分群结构适当，有简单的生产计划，生产和抗灾能力都明显增强。西苏木于 1953 年 5 月发生了大风雪，积雪深达一尺，在其木德的领导下，互助组较好地发挥了集体的优势，组织和措施得力，几千头牲畜没有受到什么损失。1956 年，索伦旗政府对互助组整顿收缩，整顿后有 72 个互助组，组员 551 户，而入组牲畜增到 31457 头(只)，占旗牲畜总数的 21.6%。无论是“浩特”还是互助组，都是生产经营的形式，其主要生产生活资料——牲畜仍归个人所有。

1956 年，在全国农业合作化形式的推动下，索伦旗开始组建畜牧业生产合作社，个体牧民在自愿互利的基础上组成合作社。自治旗最早的合作社是在西苏木其木德常年互助组的基础上，于 1956 年 3 月升格而成，称为牧业生产初级合作社——伊拉力特(胜利)合作社。合作社规定：牲畜入股，分红 40%，以实物兑现，其余为劳动力分红，以现金兑现；生产工具作价入社，分期偿还。劳动力以劳动量和质量记工分，每个劳动日记 7 — 10 分，年终以劳动工分为分红依据。牧业生产合作社已不同于互助组，其主要特点是牲畜归合作社所有，牧民只有少量的自留畜。受“大跃进”、“共产风”的影响，直到文化大革命时期，这一体制严重脱离牧业生产实际，对畜牧业生产和牧民生活造成许多人为的困难。

60 年代初到 70 年代末，由于受“人民公社化”和“文化大革命”的影响，牧区套用农区的做法，牧民定居人数增多，居民点逐渐开始集中起来。但是，在这种“大一统”体制下形成的居民点，对牧区经济的发展没有起到促进作用。牧民基本以定居和半定居为主，牲畜也有了相对固定的棚圈和牧场。由于这个时期的居民点建设严重脱离牧区经济发展的实际，所以，与之相适应的一些职能没有显示出多大的优越性，也缺乏内部活力。由于受“左”的思潮影响，把刚刚兴起的牧区互助合作，一下子推到了顶端，实行“三级所有，队为基础”的人民公社体制，在这种体制下相应形成了高度集中的牧区居民点。

三

1983 年开始的经济体制改革，使草原地区再次发生了巨大的变化。“公社—大队”体制转变为“苏木—嘎查”体制，自治旗全面推行了作价归户、分散经营的方式，把“以集体经营为主”的畜牧业经营形式转移到以“以家庭经营”为基础的轨道上来。这一时期，自治旗作价归户牲畜 40726 头(只)，作价额 293 万元。与此同时，还推行了草牧场的“双权”固定工作，把草场的使用权固定到户或联户，并以户或联户固定冬春放牧场使用权，实行以草定畜的原则，兼顾劳动力、人口等因素。草场固定后 30 年不变。牲畜和牧场重新分给了牧民，这样牧民家庭又开始成为牧业生计的基本单位。

为了生产经营的便利，牧民又一家一户的流动放牧了，有的在原来居民点的四周放牧，有的走“敖特尔”(流动放牧)。这样，居民点在集中的前提下开始有所分散。但这时的集中有了新变化：一种是仍保留原型，夏秋之季出场流动放牧，建起临时“小居民点”。一种是彻底搬迁到自己的草场上，新建起长久的居民点，既有经济经营联合体，也有独家经营的邻里户。到 1990 年，绝大多数布里亚特蒙古族牧民已经结束了传统的草原畜牧业的经营形式，由逐水草而居的游牧经营向常年定点、季节放牧和固定营地牧养转化，实现了定居、半定居。

费孝通教授曾指出，“拥有财产的群体中，家庭是一个基本群体，它是生产和消费的基本社会单位，因此它便成为群体所有权的基础”。[4]在西苏木，随着草畜双承包制的确立，一家一户开始成为独立经营的单位，拥有自己的家庭牧场，普遍存在劳动力短缺和随之而来的雇工现象。亲属关系是构成同区居住的主要原因之一，但不一定同区居住的人都有亲属关系。雇佣关系也构成同区居住的原因。两家或两家以上有亲戚关系的牧户联合从事牧业生产活动，有的原本已分家的父母、兄弟又重新联合，有的是有婚姻关系的牧户联合，他们的住所彼此很近，甚至是东西邻居，这样可以协商分担打草、放牧等牧业生产活动，几家的羊群联合起来由雇工放养，费用由各家分摊。现在，越来越多的牧民开始联户经营，这样可在生产和生活上互相照顾。可见，畜牧生产经营活动已经影响到了布里亚特蒙古族牧民的居住方式，居住方式的变化又影响到了家庭、生产分工及亲属关系。目前，在布里亚特蒙古族中出现了一些按照自愿互利原则，实行集约化经营、具有规模效益的家庭牧场。有的是浩特邻居之间联合协作家庭牧场，有的根据扩大经营规模的需要，招收雇工，成为经营企业方式的家庭牧场。这是布里亚特蒙古族畜牧业正在变化中的趋势，也是未来牧业现代化的发展方向。

由于鄂温克族自治旗地处北部边疆，与俄罗斯、蒙古边境很近，呼伦贝尔盟与俄罗斯的贸易往来最初就是借布里亚特蒙古族与俄罗斯境内的布里亚特人之间的民间交往、探亲访友的机会进行的，并以此为基础，不断扩大与俄罗斯方面的贸易。随着 1988 年呼伦贝尔盟被批准为国家经济体制改革实验区，边境贸易日益活跃。有的布里亚特蒙古族牧民专门充当到中国做买卖的俄罗斯布里亚特人的翻译。在中俄之间还有很多布里亚特蒙古族牧民从事各种买卖活动，大多经营废钢、废铁、皮革、羊毛、木材等。于是有的布里亚特蒙古族牧民将自己的草场和牲畜完全转给雇工经营，自己则到边境城市满洲里开饭店，主营布里亚特包子和列巴，个人月纯收入可在 2000 元左右，远高于牧业收入。根据笔者 2001 年夏天的调查，在西苏木共有 12 家商店，有布里亚特蒙古族经营的，也有农区蒙古族经营的，都招收雇工。唯一的一个旅馆和澡堂都是由来自农区的蒙古族经营，并招收当地牧民帮工。在这些服务点里，不仅来来往往的外地人很多，就连本地牧民也经常光顾，生意非常红火。

随着由传统畜牧业向现代畜牧业的过渡，部分牧民已经开始在传统产业之外寻找出路。农村社区研究的理论告诉我们，在一定的经济条件下，一业为主，多种经营的产业结构是农民脱贫致富最为重要的生产经营方式，牧区的情况也是如此。以牧为主，农牧结合或牧商结合，将会带来超过单一产业的更多利益。在西苏木，从事多种经营的牧户，因其收入来源比较灵活多样，生活水平普遍高于单纯依靠牧业的家庭。第三产业的出现和蓬勃发展对传统畜牧业进行了改造，而第三产业的发展也需要大量新劳动力的补充，单一的产业结构势必受自然资源和生态状况的严重约束。随着牧区体制改革的深化及人口增长，布里亚特蒙古族的行业职业结构也在发生变化。尤其值得注意的是，随着草原生态环境的破坏，人口的增加，畜群规模的扩大，大规模的游牧生产已丧失生态前提。目前西苏木退化草场面积达到95202公顷，占自治旗退化草场面积的30.8%，居自治旗五个苏木之首。因此，牧区生态平衡的恢复程度影响着牧业社区的未来。

布里亚特蒙古族的畜牧生产方式已由粗放的自由放牧过渡到了定居放牧和半舍饲畜牧方式。家庭畜牧生产成为微观经济形式，经济市场促动牧民转变传统的经营思想。自治旗根据自然、经济等条件，总结畜牧业发展经验，调整畜牧业生产布局和结构，在稳定和完善畜牧业家庭经济责任制的基础上，逐步引导牧民从“户户有五畜，家家小而全”的自然经济形态，逐步向畜牧业生产专业化、社会化的商品经济转化。以牧为主，多种经营，全面发展应是一条符合实际的发展路子。

笔者注意到，牧区经济体制改革为畜牧业生产模式、牧民的思想观念、农牧文化交流等方面，从内容到形式上均带来了巨大的变化。布里亚特蒙古族、来自农区的蒙古族、达斡尔族、鄂温克族和汉族之间的交流在一种全新的形式下展开，给这个偏远的牧业社区注入了新鲜的因素，进一步推动着这个牧业社区向前发展。

四

由于联产承包责任制加速了牧区社会分化过程，牧民在消费方式上已呈现出很大的差异性。富户扩大再生产的能力较强，其生产资料和生活资料方面的支出都高于中等户和贫困户。哈丽娜把这种消费方式的变迁称作由基本均衡消费向级差消费转变。[5]实行牲畜作价，户有户养的生产责任制之前，牧民收入基本处于同一水平线，消费也基本处于均衡状态。实行责任制后，由于劳动力、文化素质及生产性固定资产占有量的不同，使牧户之间收入差距拉开，引起消费上的差别。这种差别最明显的表现，就是属于“贫困户”和“温饱型”的生活比较拮据，消费主要用于“吃、穿、用”上，收入不稳定，经不起天灾人祸的打击；而属于“富裕户”的生活水平较高，生活全面改善，并趋向城市化和高档化，牧民生活耐用品和电器用品拥有量的增加及新盖住房的成倍增加，就是这种趋势的反映。

经济体制改革以后，牧民家庭成为独立的经济实体，牧民越来越意识到棚圈建设、草库仓建设的重要性，用于生产经营方面的支出逐年增加，在整体消费支出中所占的比例越来越大。消费结构的变化是和牧民消费观念的变化分不开的。根据1990年旗统计局对30户牧区住户抽样调查资料，牧民收入水平提高后，用于家庭经营支出和购置生产性固定资产支出总计53136元，生活消费支出总计97481元，人均554.87元。其中，生活消费品支出91190元，占消费支出总额的93.55%。在生活消费品支出中，食品支出占66.33%，衣着支出占12.19%，住房支出占0.21%，燃料支出占11.71%，日用品及其它支出占9.56%。文化服务、生活服务等非商品支出6291元，占消费支出的6.45%，是生活消费品支出的一半。根据消费意愿，布里亚特牧民首先想购买的是那些与自已经济条件相适应的、对满足物质生活基本需要相对重要的物品，对精神文化消费重视不够。

由于在牧民的消费意愿上缺乏政策诱导，没有为牧民创造一个良好的投资环境，在牧民中普遍存在着考虑眼前利益，满足近期需要的短期行为。牧民家庭经营支出只占总支出的32.5%，生活消费支出占61%，说明牧民的思维方式还停留在自给自足、小富即安的水平上。这限制了生产规模的进一步扩大，也就很难享有高水平的消费。

传统的生活方式依旧影响着牧民生活的方方面面，在消费理念上仍旧保留传统的消费模式，一般是先盖房，再购置高档商品、娶媳妇等，具有传统性和狭隘性。部分牧民消费观念不健康，存在攀比心理。有的牧民盲目消费，不顾自己的实际情况。在西苏木，只有一个由三名工作人员组成的文化站，活动也只限于办舞会、放电影，文化设施差，缺乏多层次丰富牧民文化需求的途径。牧民几乎家家设佛龛，不定期在家中举行祭祀活动，请锡尼河庙喇嘛念经，杀牛宰羊，宴请宾朋，耗费了大量的时间和金钱。如何丰富牧民的精神文化生活，是牧业发展中必须面对的一个迫切问题。

文化服务消费是消费层次中最高层次的消费，其比重高低决定着整个消费水平的层次，它取决于消费者个体的文化素质。这几年，牧区的商品经济活动日益活跃，市场上物质消费资料品种、数量大幅度增长，极大地丰富了牧民的物质文化生活。文化消费比重虽有增长，但与食品、衣着、耐用品的增长相比微乎其微，造成牧民精神文化生活匮乏，酗酒就是一个典型例子。因此，要提高布里亚特牧民的文化素质，必须积极发展苏木的文化服务事业，引导牧民积极健康的精神文化消费，苏木文化站应该更好地发挥自身的纽带作用。

"如果把文化总体结构分为物质、制度和精神三个层面来考察的话，那么，在我们走上现代化建设过程中，不得不重视与技术引进、制度改革密切相关而最深层面的精神观念层面问题，即探讨我国传统文化的心理结构、思维方式、价值观念、宗教信仰、审美情趣等等在人们中间有着阻碍我们迈开现代化步伐的消极因素。"[6]凯恩思曾指出，一个国家变革的阻力来自两个方面，即既得者利益和人的观念，后者是最主要的阻力。

牧民定居半定居后，生活相对稳定，在这种环境中，他们产生了进一步改善生活条件的强烈愿望，同时也使这些愿望有了付诸实施的物质条件。特别是电视机进入牧民家庭，使牧民开阔了眼界，增长了见识，对提高生活质量有了更高的要求。传统的生活方式导致了牧民文化生活单一，生活质量普遍不高。解决的关键在于从根本上提高牧区的生产、生活水平。与此同时，通过可行的技术注入，传播异质文化，进而提高牧民的市场观念、消费观念。发明和发现是一切文化变迁的根本源泉，但只有当社会接受了发明或发现并且有规律地加以运用时才谈得上文化变迁。[7]生活方式的文化变迁总是在各种发明、发现、传播、吸收、融合、创新的过程中，以渐变或突变的形式实现的，从来也没有停止过。对此，我们可以有所作为，也对布里亚特蒙古人未来的发展，充满信心。

原文刊登于《内蒙古民族大学学报（社会科学版）》2003 年第 3 期

参考文献：

［1］呼伦贝尔盟民族事务局编. 呼伦贝尔盟民族志［M］，呼和浩特内蒙古人民出版社，1997：38.

[2] 宝敦古德·阿毕德. 布里亚特蒙古简史[M]. 呼伦贝尔盟历史研究会，1985：91，51.
[3] 马戎. 体制变革、人口流动与文化融合[A]. 社区研究与社会发展[C]. 天津：天津人民出版社，1996：532.
[4] 费孝通. 江村经济[M]. 南京：江苏人民出版社，1986：25.
[5] 哈丽娜. 牧民消费方式的变迁[A]. 内蒙古社会发展与变迁[C]. 呼和浩特：内蒙古大学出版社，1991：202.
[6] 容观琼. 人类学方法论[M]. 南宁：广西民族出版社，1999：48.
[7] [美]C. 恩伯，M. 恩伯. 文化的变异[M]. 沈阳：辽宁人民出版社，1988：532.

图书在版编目(CIP)数据

环境、语境与民族生境：中国近北极民族生态人类学研究/曲枫主编. —上海：上海三联书店，2021.5
（近北极民族研究丛书）
ISBN 978 - 7 - 5426 - 7260 - 5

Ⅰ.①环… Ⅱ.①曲… Ⅲ.①民族人类学—研究—北方地区—近代 Ⅳ.①K28

中国版本图书馆 CIP 数据核字(2021)第 069413 号

环境、语境与民族生境：中国近北极民族生态人类学研究

主　　编 / 曲　枫
副 主 编 / 王丽英

责任编辑 / 郑秀艳
装帧设计 / 一本好书
监　　制 / 姚　军
责任校对 / 王凌霄

出版发行 / 上海三联书店
(200030)中国上海市漕溪北路 331 号 A 座 6 楼
邮购电话 / 021 - 22895540
印　　刷 / 上海惠敦印务科技有限公司

版　　次 / 2021 年 5 月第 1 版
印　　次 / 2021 年 5 月第 1 次印刷
开　　本 / 640×960　1/16
字　　数 / 250 千字
印　　张 / 19
书　　号 / ISBN 978 - 7 - 5426 - 7260 - 5/K・634
定　　价 / 68.00 元

敬启读者，如发现本书有印装质量问题，请与印刷厂联系 021 - 63779028